KB268848

Diccionario de Conversación en Español

스페인어 회화사전

조 경 호 지음

조 경 호 (趙敬浩)

- 한국외국어대학교 스페인어과 졸업
- 한국외국어대학교 서어서문학과 (서어학) 석사
- 한국외국어대학교 서어서문학과 (서어학) 박사과정 수료

- 한영외국어 고등학교 스페인어 담당 역임.
- (신림동) 춘추관 법정연구회 스페인어 전임 역임.
- 한국외국어대학교 BK21 박사과정 연구원 역임.
- (서울 종로)청문외국어학원 스페인어 전임 역임.
- 현, 한국외국어대학교 부속외국어 고등학교 스페인어 담당.

저서 및 논문
- 카탈루냐어 문법(1997)
- 이베리아반도 내의 모음규칙 연구(2000) 외 다수 논문
- 스페인어 능력시험 DELE(2006)
- 스페인어 언어학 · 문법 사전(2007)
- 꿩먹고 알먹는 라틴어(2007)
- 최신 스페인어 문법(2008)
- 라 · 영한 라틴어 소사전(2009)
- 한서영 주제어 포켓 단어장(2010)

스페인어 회화사전

초판 1쇄 인쇄 | 2010년 8월 5일
초판 1쇄 발행 | 2010년 8월 10일

저   자 | 조경호
발행인 | 서덕일
발행처 | 도서출판 문예림
출판등록 | 1962년 7월 12일 제 2-110호
주소 | 서울 광진구 군자동 1-13호 문예하우스 101호
전화 | 02-499-1281~2
팩스 | 02-499-1283
http://www.bookmoon.co.kr
E-mail : book1281@hanmail.net

ISBN 978-89-7482-555-3 (11770)

책머리에

오늘날 해외로 나가는 한국인의 수는 10여년 전과 비교할 수 없을 만큼 증가했습니다. 특히 최근에는 미국과 무비자 협정국이 되면서 보다 쉽게 미국에 갈 수 있게 되었고, 이에 따라 스페인어에 대한 관심도 높아지고 있습니다. 스페인어는 미국인들이 가장 많이 선택해서 공부하는 제1의 외국어일 뿐만 아니라 미국에 살고 있는 5천만의 히스패닉으로 인해 스페인어 공용화에 대한 논의가 일어나기도 했습니다. 또한 미국은 중남미로 연결되는 항공기의 중간 정착지이자 중남미 무역의 가교 역할을 하고 있습니다.

이러한 이유에서인지 최근 스페인어를 사용하는 사람들을 보다 많이 접하게 되었습니다. 이제는 영어 이외에 외국어 하나쯤 더하는 일은 필수라는 인식이 확산됨과 더불어 일을 하거나 공부하는 사람들 중 스페인어를 공부하는 사람을 어렵지 않게 찾을 수 있습니다.

스페인어를 막 배우기 시작했을 때 기초 문법과 어휘 관련 지식을 활용해서 외국인과 간단한 의사소통을 하면서 내 마음대로 되지 않는 회화 능력에 쓰라림을 느꼈을 것입니다. 상황을 잘 반영하는 표현을 알면 의사소통이 될 것 같지만 막상 외국인 앞에서 스페인어를 사용할 때 어느 정도의 수준에 이르지 못하는 그 답답함과 막막함……

여러분이 전달하고자 하는 바를 적절히 드러낼 수 있는 유사 표현을 풍부히 알고 있다면 예상하지 못한 상황에서도 분명히 여러분의 생각을 전달할 수 있을 것입니다. 이 책은 기존의 회화책의 일정한 패턴보다 좀 더 구체적이고 다양한 주제를 제시함으로써, 우리 일상 곳곳에서 쓰일 수 있는 표현을 담으려 했습니다. 하지만 활자의 형태로 회화를 전달하는 데 따르는 제약과 이 책에서 다루는 주제가 한정되어 있다는 아쉬움이 있습니다. 이를 뒤로 하고 정해진 제약 내에서 최대한 충실히 수록하고자 했습니다.

끝으로 여러분의 고견을 항상 기다리겠습니다. 여러분이 원하는 상황이나 주제가 있다면 출판사 홈페이지에 글을 남겨 주십시오. 여러분들의 의견을 토대로 지속적으로 개정하고 증보하도록 하겠습니다. 항상 힘이 되어 주시는 김충식 선생님과 문예림 출판사의 서덕일 사장님, 그리고 직원 여러분께 감사드립니다.

2010년 7월
저자 조 경 호

Contents

■ 스페인어 발음   **15**

■ 스페인어 문법 요약   **21**

<table>
<tr><td>I</td><td>인사 표현</td></tr>
</table>

01 일상적인 인사   **40**

간단한 인사 / 아침 · 낮 · 저녁에 만났을 때 / 근황을 물을 때 / 안색을 살필 때

02 초면 인사   **44**

처음 만났을 때 / 이름과 명함을 주고받을 때 / 전에 이야기를 들었을 때

03 소개할 때의 인사   **48**

자기소개의 기본 표현 / 자신에 대해 소개할 때 / 다른 사람을 소개할 때 / 친구를 소개할 때 / 상대를 알기 위한 질문

04 오랜만에 만났을 때 하는 인사   **55**

오랜만에 만났을 때 / 우연히 만났을 때 / 상대방의 안부를 물을 때 / 타인의 안부를 물을 때

05 헤어질 때의 인사   **60**

헤어질 때 / 밤에 헤어질 때 / 다시 만날 것을 기대하며 헤어질 때 / 연락을 바라며 헤어질 때 / 안부를 전할 때 / 전송할 때

06 감사의 인사   **65**

고마울 때 / 친절과 수고에 대해 감사할 때 / 도움이나 행위에 대해 감사할 때 / 감사의 선물을 줄 때 / 감사의 선물을 받았을 때 / 감사에 대해 응답할 때

07 사과와 사죄의 인사   **70**

미안함을 표시할 때 / 실례를 구할 때 / 사과 · 사죄의 말에 응답할 때

08 축하와 환영의 인사   **73**

축하할 때 / 축복을 기원할 때 / 환영할 때

09 화장실 이용   **76**

위치를 물을 때 / 화장실을 가고자 할 때 / 화장실에 문제가 있을 때

 **화술 표현**

01 사람을 부를 때   80

인사를 하여 부를 때 / 모르는 사람을 부를 때 / 호칭을 부를 때

02 말문을 틀 때   82

말을 걸 때 / 대화 도중에 말을 걸 때 / 대화에 동참시킬 때 / 용건을 물을 때 / 모르는 사람에게 말을 걸 때

03 질문과 설명   87

질문할 때 / 질문을 받을 때 / 질문에 답변할 때 / 설명을 요구할 때 / 설명할 때 / 집중을 요구할 때

04 의문   92

의문사 및 관계사 [Cuándo] / 의문사 및 관계사 [Dónde] / 의문사 및 관계사 [Quién] / 의문사 및 관계사 [Qué] / 의문사 및 관계사 [Cuál] / 의문사 및 관계사 [Por qué] / 의문사 및 관계사 [Cómo. Cuánto]

05 응답   101

긍정적으로 대답할 때 / 대화를 경청하고 있음을 표시할 때 / 부정적으로 대답할 때 / 불확실하게 대답할 때 / 의심을 갖고 대답할 때

06 맞장구   105

확실하게 맞장구칠 때 / 애매하게 맞장구칠 때 / 긍정의 맞장구 / 부정의 맞장구 / 이해의 맞장구 / 잠시 생각할 때

07 되물음   110

잘 알아듣지 못했을 때 / 상대가 이해하지 못할 때 / 되물을 때 / 같은 말을 반복할 때 / 다시 한 번 말해달라고 할 때

08 이해와 확인   115

이해를 확인할 때 / 이해를 했을 때 / 이해를 못했을

09 대화의 막힘과 재촉   119

말이 막힐 때 / 말을 꺼내거나 주저할 때 / 적당한 말이 생각나지 않을 때 / 말하면서 생각할 때 / 말을 재촉할 때

Contents

10 대화의 시도와 화제 전환   **123**

대화를 시도할 때 / 화제를 바꿀 때 / 대화 도중에 쓸 수 있는 표현 / 간단히 말할 때 / 대화를 마칠 때 / 전화상의 대화를 마칠 때

Ⅲ 의견 표현

01 의견과 견해   **130**

자신의 의견과 견해를 말하고자 할 때 / 의견과 견해를 물을 때 / 의견을 이해할 때 / 의견에 대해 긍정할 때 / 의견에 대해 부정할 때 / 의견을 칭찬할 때

02 동의와 찬반   **136**

동의를 구할 때 / 동의할 때 / 부분적으로 동의할 때 / 동감할 때 / 상대방이 옳고 자신이 틀렸다고 할 때 / 상대방이 틀리고 자신이 옳다고 할 때 / 찬성할 때 / 반대할 때 / 참을 수 없을 때 / 불확실하게 대답할 때

03 주의와 타이름   **148**

주의를 줄 때 / 꾸짖을 때 / 타이를 때 / 변명을 듣고 싶지 않을 때

04 충고와 의무   **153**

충고할 때 / 조언할 때 / 의무·당연을 나타낼 때 / 비밀 지킬 것을 강조할 때

05 제안과 권유   **157**

제안할 때 / 제안·권유를 거절할 때

06 부탁과 도움   **160**

부탁할 때 / 구체적으로 부탁할 때 / 가벼운 명령 투로 부탁할 때 / 부탁을 들어줄 때 / 부탁을 거절할 때 / 완곡하게 거절할 때 / 도움을 주고받을 때

07 지시와 명령   **165**

지시할 때 / 명령, 권유할 때 / 금지할 때 / 경고할 때

08 재촉과 여유   **168**

재촉할 때 / 여유를 가지라고 할 때

09 추측과 확신　　170

확신을 물을 때 / 확신할 때 / 확신하지 못할 때

10 허가와 양해　　173

허가나 허락을 구할 때 / 양해를 구할 때

11 희망과 의지　　176

희망을 말할 때 / 의향을 물을 때 / 기대감을 표할 때

12 가능과 불가능　　179

가능을 말할 때 / 불가능을 말할 때

Ⅳ 감정 표현

01 기쁨과 즐거움　　182

기쁠 때 / 즐거울 때 / 재미있을 때 / 행복할 때

02 걱정과 긴장　　185

걱정을 물을 때 / 걱정스러울 때 / 걱정하지 말라고 할 때 / 긴장되거나 초조할 때 / 긴장과 초조함을 진정시킬 때

03 슬픔과 우울함　　190

슬플 때 / 우울할 때

04 귀찮음과 불평　　192

짜증날 때 / 불평할 때 / 불만을 나타낼 때

05 망각, 후회 그리고 실망　　195

망각할 때 / 후회할 때 / 실망할 때

06 비난과 다툼　　198

비난할 때 / 말싸움할 때 / 욕설할 때 / 꾸짖을 때

Contents

07 감탄과 칭찬   **202**

감탄을 나타낼 때 / 칭찬할 때 / 우정을 표현할 때

08 격려와 위로   **205**

격려할 때 / 위로할 때 / 믿음을 보일 때

09 좋아함과 싫어함   **209**

좋아하는 것을 말할 때 / 싫어하는 것을 말할 때

Ⅴ 사교 표현

01 약속   **214**

약속을 청할 때 / 스케줄을 확인할 때 / 약속 시간과 날짜를 정할 때 / 약속 장소를 정할 때 / 만나자는 제안을 승낙할 때 / 만나자는 제안을 거절할 때

02 초대   **220**

초대할 때 / 초대에 응할 때 / 초대에 응할 수 없을 때

03 방문   **224**

방문했을 때 / 손님을 맞이할 때 / 방문객을 대접할 때 / 방문을 마칠 때 / 주인으로서의 작별 인사 / 나갈 때

04 식사   **229**

식사를 제안할 때 / 식사할 때 / 술을 권할 때

05 전화   **231**

전화를 걸기 전에 / 전화를 걸 때 / 전화가 걸려왔을 때 / 전화를 받을 때 / 전화를 바꿔줄 때 / 전화를 받을 수 없을 때 / 다시 전화할 때 / 메시지를 부탁할 때 / 잘못 걸려 온 전화를 받았을 때 / 장거리 및 국제전화를 이용할 때 / 교환을 이용할 때 / 통화에 문제가 있을 때 / 전화를 끊을 때

VI 화제 표현

01 개인 신상   **240**

출신지에 대해서 / 나이에 대해서

02 가족관계   **242**

가족에 대해서 / 형제자매에 대해서 / 친척에 대해서 / 자녀에 대해서

03 데이트   **247**

데이트를 신청할 때 / 애정을 표현할 때 / 사랑을 고백할 때

04 결혼   **250**

청혼에 대해서 / 결혼에 대해서

05 취미와 여가   **252**

여행에 대해서

06 엔터테인먼트   **253**

공연관람에 대해서 / 연극과 영화에 대해서

07 스포츠와 레저   **256**

기타 운동에 대해서 (수영 / 축구 / 테니스 / 농구)

08 날씨와 계절   **260**

날씨를 물을 때 / 기후에 대해서 / 날씨를 말할 때 / 일기예보에 대해서

VII 일상 표현

01 하루의 생활   **266**

일어날 때 / 외출을 준비를 할 때 / 집으로 돌아올 때 / 저녁식사를 할 때 / 휴식과 취침 / 휴일을 보낼 때 / 돈이 없을 때

Contents

02 레스토랑　　**271**

식당을 찾을 때 / 식당을 예약할 때 / 식당 입구에서 / 메뉴를 물을 때 / 음식을 주문할 때 / 음식을 주문 받을 때 / 주문에 문제가 있을 때 / 음식을 먹으면서 / 디저트에 대해서 / 식사를 마칠 때 / 음식값을 계산할 때

03 카페와 술집　　**280**

음료를 권할 때 / 술을 마시자고 할 때 / 술을 주문할 때 / 술·안주를 추가로 주문할 때 / 건배할 때 / 술을 마시면서 / 합석을 권할 때

04 대중교통　　**285**

택시를 이용할 때 / 시내버스를 이용할 때 / 고속버스를 이용할 때 / 관광버스를 이용할 때 / 지하철을 이용할 때 / 열차를 이용할 때 / 항공기를 이용할 때 / 배를 이용할 때

05 자동차 운전　　**295**

렌터카를 이용할 때 / 주유소에서 / 자동차를 체크할 때

06 은행　　**297**

은행을 찾을 때 / 은행의 열고, 닫는 시간 확인할 때 / 환전할 때 / 잔돈을 바꿀 때 / 계좌를 개설할 때 / 입출금과 송금할 때 / 신용카드

07 우체국　　**304**

우체국을 찾을 때 / 우표를 살 때 / 편지를 부칠 때 / 소포를 부칠 때

08 이발과 미용　　**307**

이발소에서 / 미용실에서

09 세탁소　　**310**

세탁물을 맡길 때 / 세탁물을 찾을 때

10 부동산과 관공서　　**312**

부동산 중개소에서 / 관공서에서

Ⅷ 긴급 표현

01 난처한 상황   **316**

난처할 때 / 말이 통하지 않을 때 / 위급한 상황일 때 / 도움을 요청할 때 / 응급
치료

02 분실과 도난   **322**

분실했을 때 / 도난당했을 때 / 도난 신고를 할 때

03 교통사고   **324**

교통사고를 당했을 때 / 교통사고를 냈을 때 / 교통사고 경위를 묻고, 설명할 때

04 지연재헤외 회재   **327**

자연재해와 화재에 대해서

05 병원   **329**

예약 또는 병원에 갈 때 / 병원 접수창구에서 / 증상을 물을 때 / 증상을 말할 때 /
병력이나 발병 시기를 물을 때 / 통증을 호소할 때 / 검사할 때 / 내과에서 / (정형)
외과에서 / 피부과에서 / 치과에서 / 안과에서 / 이비인후과에서 / 신경외과에서 /
산부인과에서 / 응급실에서 / 환자의 상태를 물을 때 / 의사 처방

06 약국   **350**

약국을 찾을 때 / 처방전을 보이며 약을 달라고 할 때 / 증상을 말하며 약을 달라고
할 때 / 약의 복용법에 대해서

Ⅸ 여행 표현

01 비행기   **354**

항권권을 구할 때 / 탑승 수속할 때 / 탑승할 때 / 비행기 시간 변경 및 연착 안내할 때 / 좌
석을 찾고 앉을 때 / 기내 방송을 할 때 / 기내 서비스를 받을 때 / 기내식을 먹을 때 / 비행
기 내에서 대화할 때 / 기내 면세품을 구입할 때 / 입국카드를 작성할 때 / 통과 · 환승할 때

Contents

02 공항   372

입국심사를 받을 때 / 짐을 찾을 때 / 세관을 통과할 때 / 공항 안내소에서 / 마중을 나올 때

03 숙박   379

숙박처를 찾을 때 / 객실을 예약할 때 / 체크인할 때 / 체크인에 문제가 있을 때 / 방을 확인할 때 / 룸서비스를 이용할 때 / 숙박처 시설물을 이용할 때 / 외출할 때 및 카운터에서 / 숙박 이용에 문제가 있을 때 / 체크아웃을 준비할 때 / 체크아웃을 할 때 / 숙박비를 계산할 때

04 길안내   388

길을 물을 때 / 장소를 물을 때 / 시간과 거리를 물을 때 / 길을 가르쳐줄 때 / 자신도 길을 모를 때 / 길을 잃었을 때

05 관광   393

관광안내소에서 / 투어를 이용할 때 / 입장권을 살 때 / 관광지에서 / 관람할 때 / 기념 촬영을 할 때 / 카메라 상점에서

06 쇼핑   400

쇼핑센터를 찾을 때 / 매장을 찾을 때 / 가게로 가고자 할 때 / 가게에 들어설 때 / 물건을 찾을 때 / 물건을 보여 달라고 할 때 / 색상을 고를 때 / 사이즈를 고를 때 / 디자인을 고를 때 / 품질을 물을 때 / 물건의 값을 물을 때 / 물건 값을 흥정할 때 / 값을 계산할 때 / 포장을 부탁할 때 / 배달과 배송을 부탁할 때 / 교환ㆍ반품ㆍ환불을 원할 때 / 면세점을 구입할 때 / 매장의 열고, 닫을 때를 물을 때

07 귀국   414

귀국 편을 예약할 때 / 예약을 재확인할 때 / 항공편을 변경하거나 취소할 때 / 공항에서 / 탑승 수속을 할 때 / 비행기 안에서

X 비지니스 관련 표현

01 구인과 취직   418

구직 서류를 작성할 때 / 일자리를 찾을 때 / 면접에 응할 때 / 면접을 할 때 / 면접을 받을 때 / 취직을 했을 때

02 사무실   **426**

업무를 부탁할 때 / 업무를 시작할 때 / 업무의 진행과 확인 / 팩스와 복사 / 컴퓨터 / 인터넷과 이메일

03 회사 방문   **432**

방문객을 접수할 때 / 거래처를 방문했을 때 / 방문객과 인사를 나눌 때 / 회사를 안내할 때

04 회의   **436**

회의 준비 / 회의 진행 / 회의 종료

05 상담   **439**

바이어를 맞이할 때 / 회사를 설명할 때 / 제품을 설명할 때 / 구입을 희망할 때 / 협상할 때 / 결정을 유보할 때 / 조건에 합의할 때 / 조건을 거부할 때

06 납품과 클레임   **446**

납품할 때 / 클레임을 제기할 때 / 클레임에 대응할 때

XI 학교 생활

01 수업시간에   **450**

질문 / 대답 / 숙제를 못한 경우 / 준비물을 안 가지고 온 경우

02 학교 생활   **453**

소개 / 교육과정 / 학교 생활 말하기 / 성적관련 말하기 / 시험관련 말하기 / 전공 말하기 / 입학관련 말하기 / 도서관

① 자모표(Abecedario)

A a	[a] 아	J j	[xóta] 호따	R r	[ére] 에레
B b	[be] 베	K k	[ka] 까	S s	[ése] 에세
C c	[θe] 쎄	L l	[éle] 엘레	T t	[te] 떼
Ch ch	[tʃe] 체	Ll ll	[éye] 에예	U u	[u] 우
D d	[de] 데	M m	[eme] 에메	V v	[úbe] 우베
E e	[e] 에	N n	[éne] 에네	W w	[úbe doble] 우베 도블레
F f	[éfe] 에페	Ñ ñ	[éɲe] 에녜		
G g	[xe] 헤	O o	[o] 오	X x	[ékis] 엑끼스
H h	[átʃe] 아체	P p	[pe] 뻬	Y y	[igriéga] 이그리에가
I i	[i] 이	Q q	[ku] 꾸	Z z	[θéda] 쎄다

▶ 1992년 스페인 한림원(Real Academia Española)에서 스페인어의 알파벳을 모두 27자로 통일 시켰다(단, /rr/ 음소는 발음으로 존재할 뿐 자모음 표에서는 나타나지 않는다).

② 발음

▶ 단모음

a 아	e 에	i 이	o 오	u 우

• b	ba 바	be 베	bi 비	bo 보	bu 부
• c	ca 까	ce 쎄	ci 씨	co 꼬	cu 꾸
• ch	cha 차	che 체	chi 치	cho 초	chu 추
• d	da 다	de 데	di 디	do 도	du 두
• f	fa 파	fe 페	fi 피	fo 포	fu 푸
• g	ga 가	ge 헤	gi 히	go 고	gu 구
**g	∅	gue 게	gui 기	∅	∅
	∅	güe 구에	güi 구이	∅	∅
• h	ha 아	he 에	hi 이	ho 오	hu 우
• j	ja 하	je 헤	ji 히	jo 호	ju 후
• k	ka 까	ke 께	ki 끼	ko 꼬	ku 꾸
• l	la 라	le 레	li 리	lo 로	lu 루
• ll	lla 야	lle 예	lli 이	llo 요	llu 유
• m	ma 마	me 메	mi 미	mo 모	mu 무
• n	na 나	ne 네	ni 니	no 노	nu 누
• ñ	ña 냐	ñe 녜	ñi 니	ño 뇨	ñu 뉴
• p	pa 빠	pe 뻬	pi 삐	po 뽀	pu 뿌
• q	∅	que 께	qui 끼	∅	∅
• r	ra 라	re 레	ri 리	ro 로	ru 루
• rr	rra 르라	rre 르레	rri 르리	rro 르로	rru 르루
• s	sa 사	se 세	si 시	so 소	su 수
• t	ta 따	te 떼	ti 띠	to 또	tu 뚜
• v	va 바	ve 베	vi 비	vo 보	vu 부
• w	wa 와	we 웨	wi 위	wo 오	wu 우
• x	xa ㄱ사	xe ㄱ세	xi 그시	xo ㄱ소	xu ㄱ수
• y	ya 야	ye 예	yi 이	yo 요	yu 유
• z	za 싸	ze 쎄	zi 씨	zo 쏘	zu 쑤

예 Casa(영 house) 집	Cerdo(영 pig) 돼지
까사	쎄르도
Queso(영 cheese) 치즈	examen(영 exam) 시험
께소	엑사멘
Antigüedad(영 antiguity)고대	guerra(영 war) 전쟁
안띠구에닫	게ㄹ라

③ 음부

▶ acento(강세)

(a) 강세를 나타낼 때
　　예 estación(영 station, season) 역, 계절
　　　　에스따씨온
(b) 의미의 내용이 다름을 나타낼 때

| 예 sí (yes) 네 | si(영 if) 만약 −라면 |
| 씨 | 씨 |

(c) 의문문과 감탄문의 경우

| 예 Qué(영 What) 무엇 | Cómo(영 How) 어떻게 |
| 께 | 꼬고 |

▶ Diéresis(분음)

무음(無音)을 유음(有音)으로 만든다.
　예 Vergüenza(영 shame) 부끄러움
　　　베르구엔싸

▶ Tilde(파형부호)

구개음화한 'ㄴ'을 나타낸다.
　예 niño(영 boy) 소년
　　　니뇨

④ 발음상의 주의
(a) 'u' 음은 한국어의 '우' 와는 달리, '원순음' 이라 하여, 입술을 되도록 내밀면
　　서 발음한다. 영어의 'wood' 또는 'food' 에 있는 [u:]음임으로 신경을 쓰면
　　서 말음을 하면 더 좋은 발음을 낼 수 있다.

| 예 luna(영 moon) 달 | Cuba(영 Cuba) 쿠바 |
| 루나 | 꾸바 |

(b) 'c', 'z' 라는 두음은 'c' 가 ce[쎄], ci[씨]일 때는 같은 음이다. 영어의 [θ]발음이
　　다. 다만 중남미에서는 [씨]의 발음이 [ㅅ]으로 모두 됨으로 크게 신경쓸 것은 없다.

　　㈃ cinco(옝 five) 5　　　　　　　zapato(옝 shoe) 구두
　　　씬꼬　　　　　　　　　　　　싸빠또

(c) 'g', 'j' 라는 두음은 'g' 가 ge[헤], gi[히]일 때는 같은 음이 된다. 이 발음은 목
　　구멍 안에서 거센 마찰을 일으켜 내는 소리로 'k' 와 'h' 의 중간 음이다.
　　'gue', 'gui' 일 때, g는 [ㄱ]으로 읽게 하는 것으로 'u' 는 발음하지 않는다.
　　㈃ Gente(옝 people) 사람들　　　Jardín(옝 garden) 정원
　　　헨떼　　　　　　　　　　　　하르딘
　　　Siguiente(옝 following)
　　　시기엔떼

(d) 'r', 'l' 라는 두음은 영어의 'r', 'l' 철자와 똑같이 구분하면 된다.
　　㈃ Pero(옝 but) 그러나　　　　　Pelo(옝 hair) 머리카락
　　　뻬로　　　　　　　　　　　　뻴로

(e) 'rr' 라는 음은 혀의 진동이 계속 되는 'r' 음이다. 혀에 힘을 빼고 [르]라고 거
　　세게 발음하면 된다.
　　㈃ rico(옝 rich) 부유한　　　　　carro(옝 car) 차
　　　르리꼬　　　　　　　　　　　까르로

(f) 'y' 음은 모음 사이에 끼어 있을 때 'i' 음으로 발음을 한다.
　　㈃ mayo(옝 may) 5월　　　　　　yo(옝 I) 나는
　　　마요　　　　　　　　　　　　요

⑤ 이중자음
　　다음의 이중자음들은 뗄 수가 없음으로 하나의 자음으로 취급한다. 따라서 읽을
　　때는 하나의 자음과 같이 읽으면 되고, 음절 분해할 때도 절대 분리할 수 없다.

　　　　　pl, pr, bl, br, fl, fr, cl, cr, gl, gr, tl, tr, dr

　　㈃ Pluma(옝 pen) 펜, 깃털　　　Flor(옝 flower) 꽃
　　　쁠루마　　　　　　　　　　　플로르
※ 위의 이중자음 이외에는 음절을 분리해서 발음하고, 음절분해도 할 수 있다.
　　㈃ Lec-ción(옝 lessen) 수업
　　　렉-씨온

⑥ 이중모음
　　강모음을 'a', 'e', 'o' 라고 하고, 약모음을 'i', 'u' 라고 하는데, 강약의 모음이
　　결합되었을 때, 이를 2중모음이라고 한다. 이중모음은 강모음을 중심으로 한 하
　　나의 모음으로 간주한다
　　㈃ Aire(옝 aire) 공기　　　　　　Baile(옝 dance) 춤
　　　아이레　　　　　　　　　　　바일레

※ 삼중모음

강모음을 중심으로 약모음이 두 개가 앞, 뒤로 붙어 있는 경우를 일컫는데, 이 또
한 하나의 모음으로 간주한다.

(예) Estudiáis(영 study) 공부한다[직설법 현재 2인칭복수]
에스뚜디아이스

⑦ Acento(강세)와 Entonación(억양)

▶ 강세

스페인어의 강세는 아주 간단하여 다음의 3가지 경우만 알고 있으면 된다.

(a) 모음 및 n, s로 끝나는 단어의 강세는 끝에서 두 번째 음절에 있다.

(예) Ca-sa(영 house) 집　　　　　Lu-nes(영 Monday) 월요일
까―사　　　　　　　　　　　루―네스

(b) n, s 이외의 자음으로 끝나는 단어는 강세가 맨 마지막 음절에 있다.

(예) Ciu-dad(영 city) 도시　　　　A-rroz(영 rice) 쌀
씨우―닫　　　　　　　　　아ㅡㄹ로쓰

(c) 위 두 가지 상황이 아닌 예외의 경우는 강세부호가 붙어 있다.

(예) Ca-fé(영 coffee) 커피　　　　ár-bol(영 tree) 나무
까―페　　　　　　　　　　아르―볼

※ 의미의 차이를 두기 위해 강세가 필요없는데 찍는 경우가 있다.

(예) si(영 if) 만약 - sí(영 yes) 네

▶ 억양

(a) 억양에 관해서는 단어와 단어의 연음 및 문장 전체의 고저에 관해서 생각해
볼 필요가 있다. 단어와 단어의 연음에 대해서는 자음과 모음이 계속될 때 떼
어서 따로 읽지 않는 다는 것이다.

(예) en el...[에넬]

(b) 문장에서 뜻이 계속될 때는 문장의 마지막 부분을 내려 읽지 않고 끝을 올리
며, 의미가 모두 끝나거나 일단 부분적으로 끝낼 땐 내려 읽는다. 의문문에서
의문사가 있을 때는 끝을 올려 읽을 필요가 없고, 의문사가 없을 때는 끝을 올
려 읽는다. 단, 의문사가 있는 의문문도 끝을 올려 읽어서 이상할 것은 없다.

(예) ¿Quié es Ud.?(영 Who are you?) 누구시죠?
끼엔에스 우스뗄

⑧ ll 발음에 관해
ll음은 3가지 방식으로 스페인어 사용지역에서 사용된다.

(a) 스페인 본토와 볼리비아 등지에서 사용되는 경우.
ll음의 이중 자음을 하나하나 모두 읽어 주는 것이다.
ⓔ Calle(영 street) 거리, 길
깔레

(b) 중남미 여러 지역에서 주로 쓰이는 발음. [ㅈ] 발음으로 읽는다. 이는 발음 기
관의 위치는 같은데, 탁음(濁音)으로 거세게 발음하는 방식이다.
※아르헨티나에서는 [ㅅ]으로 발음함.
ⓔ Calle(영 street) 거리, 길
까제

(c) 스페인 남부, 멕시코, 페루, 칠레 등지에서 사용되는 방식으로, 이중자음은 발
음하지 않고 뒤에 따라오는 모음을 이중 모음화 시킨다.
ⓔ Calle(street) 거리, 길
까예

※ 위 3가지 읽기 방법 중 가장 많은 지역에서 많은 사람들이 사용하고 있는 것은 (c)
방식이다.

⑨ 한국어와 영어에 없는 음.
발음기호 [x]로 표시되는 [ㅎ]음과 [R]로 표시되는 [ㄹㄹ]음은 한국어와 영어에
없다. 하지만 이를 연습하려면 한국어의 발음보다는 영어에서 더 유사한 음을 찾
을 수 있다. 'Hurricane' 과 'her' 라는 어휘의 밑줄 그은 부분을 세게 읽으면 [x]
발음이 구현되며, 'Very' 라는 어휘를 거세게 발음하면 많이 진동하는 rr이 되어
[R]에 가까운 발음이 구현된다.
ⓔ Japón(영 Japan) 일본　　　　　　　　Perro(영 dog) 개
하뽄　　　　　　　　　　　　　　　빼르로

⑩ 중남미의 발음
스페인의 발음과 중남미의 발음 차이는 c, z음을 스페인 본토에서는 [ㅆ]으로, 중
남미에서는 [ㅅ]로 발음한다는 것이다.
대개 중남미의 발음이 완만하나 느낌이 든다. 이유는 모음을 발음하는 것이 스페
인보다 길어서 전체적인 말이 느리게 들리기 때문이다.
ⓔ Cabeza(영 head) 머리
스페인식 : 까베싸
중남미식 : 까베사

■ 스페인어 문법 요약

1. 정관사

[형태]	단수	복수
남성	el	los
여성	la	las

예 el muchacho   소년   la muchacha   소녀
     los muchachos   소년들   las muchachas 소녀들

※ 대부분의 어휘의 어미가 다음과 같이 끝나는 어휘는 여성어휘인 경우가 많다.
/-a/, /-d/, /-z/, /-umbre/, /-ión/

■ a (또는 ha)로 시작하는 단수 어휘에서 여성어휘임에도 불구하고 관사 el을 붙인다.
  ※ 단, a(또는 ha) 위치에 강세가 있는 경우에 한정된다.
  예 el agua   물   el hacha   도끼

  단, 복수어휘가 되었을 때는 다시 여성관사 las를 붙인다.
  예 las aguas   홍수, 바다   las hachas   도끼들

■ "lo 남성단수 형용사"의 경우 추상명사로 사용된다.
  예 lo malo   악(惡)   lo hecho   행한 것(일)
     lo dicho   말한 것(일)   lo útil   유용한 것(일)
     lo difícil   어려운 것(일)   lo posible   가능한 것(일)
     lo necesario   필요한 것(일)

■ 정관사가 사용될 때
  ⓐ 추상명사 앞에 쓰일 때
    예 La verdad vale más que las riquezas.
       진실은 부유함보다 더 가치 있다.
  ⓑ 신분을 언급하는 명사 앞에 쓰일 때
    예 los soldados 군인들
       los generales 장군들
  ⓒ 언어명 앞에 쓰일 때(단, 다음과 같은 일반 동사 "hablar, saber, aprender,

estudiar, etc"와 전치사 "en" 바로 뒤에서는 전치사를 생략함)

  예) El español no es difícil. 스페인어는 어렵지 않다.

  Ella habla bien el inglés. 그녀는 영어를 잘 말한다.

  Dígalo Ud. en inglés. 당신은 그것을 영어로 말씀하세요.

  Hablo español. 난 스페인어를 말한다.

ⓓ 시간의 표현은, 여성

  예) la una 한시

  las dos 두시

  las diez 열시

ⓔ 요일과 날짜 앞에는 남성 단수 관사

  예) Abren los domingos a las dos y media.

  일요일마다 2시반에 문을 연다.

  el lunes próximo(＝el próximo lunes)

  다음주 월요일

ⓕ 연도와 계절 등에 정관사

  예) el año 2010 2010년

  Ella vino el año pasado. 그녀는 작년에 왔다.

  la primavera 봄

  En (el) invierno hace frío. 겨울에는 춥다.

ⓖ 지역 이름에 붙는 관사

  예) El Brasil 브라질

  El Canadá 캐나다

  El Perú 페루

  El Urguay 우루과이

  El Ecuador 에콰도르

※ 최근에 국가명 앞의 관사는 대부분 생략한다.

▶ 중요

정관사는 신체의 일부분 표현에서 사용되거나 옷의 이름에서 사용된다.

 Me duele la cabeza.

 → 머리가 아프다.

 Quítese el abrigo.

 → 외투를 벗으세요.

2. 부정관사

[형태]	단수	복수
남성	un	unos
여성	una	unas

(예) un hombre　　　　　　한 남자
　　una mujer　　　　　　한 여자
　　unos hombres　　　　어떤(몇몇의) 남자들
　　unas mujeres　　　　어떤(몇몇의) 여자들

■ Unos / Unas 는 영어로 'some(어떤)' 또는 'a few(몇몇의)'로 사용됨.
　(예) unos días　　　　　몇 일
　　un día　　　　　　　(과거)어느 날

■ 부정관사의 생략
　ⓐ 순위, 직업, 무역물품, 국적 등등
　　(예) Soy capitán.　　　난 선장이다.
　　　Soy médico.　　　난 의사다.
　　　Soy español.　　　난 스페인 사람이다.
　　　Soy profesor.　　　난 선생님이다.
　ⓑ ciento (또는 cien), cierto, mil
　　(예) cien hombres　　　백 명의 남자들
　　　cierto hombre　　　어떤 남자
　　　mil hombres　　　천명의 남자늘
　ⓒ 전치사 sin
　　(예) Ella salió sin sombrero.
　　　그녀는 모자 없이 나갔다.

3. 축약
　① 전치사(de 또는 a)와 남성 단수 정관사(el)가 결합할 때.
　　■ de + el = del
　　　del hermano　　　　형(남동생)의[으로부터]
　　■ a + el = al
　　　al padre　　　　　아버지에게(로)

4. 남성과 여성
① 실제 성에 따라 남성과 여성의 명사가 결정됨.
　　(예) el padre　　　아버지　　　la madre　　　어머니
　　　el hijo　　　　아들　　　　la hija　　　　딸
　　　el hombre　　　남자　　　　la mujer　　　여자
　　　el toro　　　　투우소　　　la vaca　　　　황소

② 남성복수는 남성과 여성을 묶어서 말하는 경우가 있음.
    예 los padres   부모   los reyes   왕과 왕비
        mis hermanos   나의 형제, 남매들

③ 남성
  a) 어미가 /-o/로 끝날 때는 남성
      예 el cuerpo   몸   el cielo   하늘
          el dinero   돈   el libro   책
  b) 명사가 "r, n, l"로 끝날 때는 일반적으로 남성
      예 el calor   더위   el pan   빵
          el sol   태양   el doctor   박사
  c) 나무, 날짜, 요일, 달, 대양, 강, 산 등의 이름과 동사원형을 명사로 사용할 때는
     일반적으로 남성 취급함.
      예 el martes   화요일   el Atlántico   대서양
          el Tajo   따호 강   los Andes   안데스 산맥
          el ser joven   젊음   el ser humano 인간

④ 여성
  a) 일반적으로 -a(-dad, -tad, -tud, -ción, -ez, -umbre, -ie)로 끝나는 어휘는 여성
      예 la cabeza   머리   la ciudad   도시
          a virtud   덕   la condición   컨디션
          la costumbre   습관   la madurez   성숙(함)

      예외 el día   날(日)   el mapa   지도
          el drama   드라마   el poeta   시인

  b) 도시, 과일 이름은 일반적으로 여성
      예 Barcelona es muy bonita.   바르셀로나는 매우 아름답다.
          la naranja   오렌지   la manzana   사과

⑤ 성에 따라 의미가 바뀌는 경우
      예 el orden   질서, 순서   la orden   명령, 주문
          el cura   사제   la cura   치료
          el capital   자본   la capital   수도

5. 복수

   a) 강세가 없는 모음으로 끝날 때는 -s를 붙임.

| 예 | el libro | 책 |
| --- | los libros | 책들 |

   b) 자음으로 끝날 때는 -es를 붙임.

| 예 | el avión | 비행기 |
| --- | los aviones | 비행기들 |

   c) 자음 중에 -z로 끝나는 경우는 c로 바꾼후 -es를 붙임.

| 예 | la luz 〉 las luces | 빛 〉 여러 빛들 |
| --- | el lápiz 〉 las lápices | 연필 〉 연필들 |

   d) 명사의 단복수 형태가 같아 관사로만 구분하는 경우

| 예 | los martes | 화요일 마다 |
| --- | los Martínez | 마르띠네스씨 부부(가족) |

6. 소유의 표현

   전치사 de를 이용해서 소유의 표현을 나타냄.

| 예 | el libro de Juan | 후안의 책 |
| --- | los libros de los niños | 아이들의 책 |

7. 형용사

① 단수형태와 복수형태

예	un muchacho alto	키가 큰 소년
---	una muchacha alta	키가 큰 소녀
	dos muchachos altos	키가 큰 두 명의 소년들
	dos muchachas altas	키가 큰 두 명의 소녀들

※ **주의** 형용사는 자체적으로 어미형태(수와 성)가 바뀌지 않음. 명사의 형태에 맞춰 변화가 됨.

② 여성형태

   a) 형용사의 남성형태가 -o로 되어 있을 때, -a로 변경해서 사용해야 함.

예	alto / alta	키 큰
---	rico / rica	부유한, 맛있는
	bajo / baja	키 작은

   b) 성에 따른 변화가 없는 경우의 형용사

예	grande / grande	큰
---	azul / azul	파란색
	cortés / cortés	예의 바른

útil / útil   유용

triste / triste   슬픈

c) 국적을 나타내는 형용사의 경우 남성어휘 뒤에 -a를 덧붙이는 경우가 있음.

    (예) español / española   스페인(사람)의

           francés / francesa   프랑스(사람)의

           inglés / inglesa   영국(사람)의

d) 명사의 어미가 -án, -ón, -or 로 끝날 때 여성형은 뒤에 -a를 붙임.

    (예) holgazán / holgazana   게으른

           burlón / burlona   희희덕 거리는

           preguntón / preguntona   의심이 많은

           encantador / encantadora   매력적인

③ 남성 단수 앞에서 -o가 생략되는 형용사

(예) uno	하나(1)	bueno	좋은
malo	나쁜	alguno	어떤(긍정)
ninguno	어떤(부정)	primero	첫번째
tercero	세번째		
un buen amigo	좋은 친구		
ningún hombre	어떤 남자		
el mal tiempo	나쁜 날씨		

④ Grande은 남성과 여성 상관없이 단수 어휘 앞에서 변화됨.

    (예) un gran amigo   대단한 친구

           un gran poeta   위대한 시인

⑤ Santo는 일반적으로 남성 단수 명사 앞에서 san으로 변화함.
단, To- and Do- 앞에서는 santo를 유지함.

    (예) San Juan   성(聖) 후안

           San Luis   성(聖) 루이스

           Santo Tomás   성(聖) 토마스

           Santo Domingo   성(聖) 도밍고

⑥ Ciento는 백과 십만의 나타낼 때는 cien으로 사용됨.

    (예) cien dólares   백 달러

           cien mil personas   십만명의 사람

8. 형용사의 위치

① 묘사적 형용사는 일반적으로 명사 뒤에 위치.
    예 un libro blanco   흰 책
        una casa blanca   흰 집
        mi sombrero nuevo   새 모자
        un hombre inteligente   똑똑한 남자

② bueno와 malo는 습관적으로 명사 앞에 위치
    예 un buen muchacho   좋은 소년
        un mal ejemplo   나쁜 예

③ 관사, 수사 및 수량, 소유격 등은 명사 앞에 쓰는 경우가 대부분
    예 muchas personas   많은 사람들
        poca gente   극 소수의 사람들
        cuatro huevos   4개의 계란
        mis libros   내 책들

④ 형용사 위치가 명사 앞·뒤에 모두 올 수 있는 경우가 대부분
    예 una niña pequeña 또는 pequeña niña   작은 여자아이
        un día hermoso 또는 un hermoso día   아름다운 날

⑤ 형용사 위치에 따라 의미가 바뀌는 경우
    예 un hombre pobre   가난한 남자
        ¡Pobre hombre!   불쌍한 남자
        un hombre grande   덩치가 큰 남자
        un gran hombre   위대한 남자

9. 비교

① 규칙비교
    fácil   쉬운
    más fácil   더 쉬운
    menos fácil   덜 쉬운
    el más fácil   가장 쉬운
    el menos fácil   가장 덜 쉬운

② 불규칙 비교
    bueno   좋은
    - mejor   더 좋은
    - el mejor   가장 좋은

malo	나쁜
- peor	더 나쁜
- el peor	가장 나쁜
grande	큰
- más grande	더 큰
- mayor	더 나이가 많은
pequeño	작은
- más pequeño	더 작은
- menor	더 나이가 적은

㉾ Esta mesa es más grande que aquélla.
이 탁자는 저 탁자보다 더 크다.
Pedro es mayor que Juan.
뻬드로는 후안보다 나이가 많다.

③ más (menos) …… que~ ~보다 더(덜) …한
㉾ El español es más fácil que el inglés.
스페인어는 영어보다 더 쉽다.
※ Es más inteligente <u>de lo que parece</u>.
그(녀)는 보이는 것보다 더 똑똑하다.

④ tan (형용사/부사) como… 또는 tanto (명사) como…
…처럼 ~한
㉾ Ella habla español tan bien como yo.
그녀는 나만큼 그렇게 스페인어를 잘 말한다.
※ Él tiene tanto <u>dinero como Ud</u>.
그는 당신만큼이나 돈을 가지고 있다.

⑤ cuanto más (menos)… tanto más (menos)~
…하면할 수록 ~하다.
㉾ Cuanto más le trate tanto más le agradará.
그에게 잘 대해주면 줄수록 그를 좋아하게 될꺼다.

⑥ 절대 최상급 -ísimo
㉾ Es utilísimo.
매우 유용하다.

10. 대명사

① 주어

yo	나	tú	너
él	그	ella	그녀
usted	당신 (공손, 존대형)	nosotros/as	우리
vosotros/as	너희들	ellos	그들
ellas	그녀들	ustedes	당신들 (공소, 존대형)

② 전치사 뒤에 올 때, 인칭 대명사형태

para mí	나를 위해	para ti	너를 위해
para él	그를 위해	para ella	그녀를 위해
para usted	당신을 위해	para nosotros	우리를 위해
para vosotros	너희들을 위해	para ellos	그들을 위해
para ellas	그녀들을 위해	para ustedes	당신들을 위해

예) Esta carta es para ella.
    이 편지는 그녀의 것이다.

③ 직접목적형 인칭대명사

me	나를	te	너를
le	그를	la	그녀를
lo	그를	nos	우리를
os	너희들을	los	그들을
las	그녀들을		

④ 간접목적형 인칭대명사

me	나에게
te	너에게
le	그에게, 그녀에게, 당신에게
nos	우리에게
os	너희들에게
les	그들에게, 그녀들에게, 당신들에게

예) Le doy a él un regalo.
    난 그에게 선물을 준다.

⑤ 재귀형 인칭대명사

me	나 자신을	te	너 자신을
se	그[그녀, 당신] 자신을	nos	우리 자신을
os	너희들 자신을		

se   그들[그녀들, 당신들] 자신을
　　(예) Ella se levanta.
　　　그녀는 일어난다[자신을 일으킨다].

11. 대명사의 위치
① 간접, 직접 인칭대명사가 모두 있을 때는 동사 앞에 위치하는 축약형일 경우 순
　서가 항상 간접목적어 다음에 직접목적어가 위치함.
　　(예) Me lo da.　　　　　제게 그것을 주세요.
　　　Nos lo dan.　　　　　우리에게 그것을 주세요.
※ 간접목적어 le, les 뒤에 lo, la, los, las가 오게 되면 간접목적어는 se로 바뀜.
　　(예) Se lo diré.
　　　난 그(그녀, 당신, 그들, 그녀들, 당신들)에게 그것을 말할 것이다.

② se가 사용될 때
　a) 무인칭 동작
　　(예) Se dice.　　　　　사람들이 말하기에.
　　　Se la trató bien.　　　그녀는 잘 취급 받았다.
　b) 인칭목적어
　　(예) Se lo dice.　　　　그[그녀, 당신]에게 그것을 말한다.

③ 축약형 인칭목적 대명사는 동사 앞에 위치함.
　　(예) Lo veo.　　　　　나는 그를 본다.
　　　Se lo da.　　　　　그(녀)는 그[그녀, 당신]에게 그것을 준다.

단, 다음의 3경우는 동사 뒤에 붙임.
　a) 동사원형 뒤
　　(예) Voy a tenerlo.　　　나는 그것을 가질 것이다.
　b) 현재분사 뒤
　　(예) Estoy diciéndolo.　　나는 그것을 말하고 있다.
　c) 긍정명령 뒤
　　(예) Cómelo.　　　　　그것을 먹어라.

12. 접속사

y	그리고	o	또는
pero	그러나	mas	그러나
que	~것(사람)	pues	때문에
si	만약	sino	하지만
por qué	왜	porque	왜냐하면

ni… ni   …도 ~아닌

㉠ Roberto y Juan son hermanos.
　로베르토와 후안은 형제다.

※ y(그리고)는 뒤에 오는 명사가 i- 또는 hi- 시작할 경우에 e로 바꾸어 사용함.

㉠ María e Isabel son primas.   마리아와 이사벨은 사촌이다.

　Madre e hija   마리아와 딸

※ o(또는)는 뒤에 오는 명사가 o- 또는 ho-로 시작할 경우에 u로 바꾸어 사용함.

㉠ Siete u ocho horas   7 또는 8 시간

　Cinco u ocho meses 5   또는 8 달

　Quiero venir pero no puedo.   나는 오고싶지만 올 수 없다.

　Pensé que vendría mas no pudo. 난 올 것이라 생각했으나 올 수 없었다.

　No es francés sino inglés.   그는 프랑스 사람이 아니고 영국 사람이다.

　No viene hoy sino mañana.   그는 오늘 오지 않고 내일온다.

13. 의문사

① Qué   무엇

㉠ ¿Qué dice Ud.?
　당신은 무엇을 말씀하십니까?

② Por qué   왜

㉠ ¿Por qué dice Ud. eso?
　왜 당신을 그것을 말씀하시는지요?

③ Cómo   어떻게

㉠ ¿Cómo se dice en español esto?
　이것을 스페인어로 어떻게 말하는지요?

④ Cuánto   얼마나 많이

㉠ ¿Cuánto dinero necesita Ud.?
　얼마의 돈을 당신은 필요로 하십니까?

⑤ Cuál   어떤 것

㉠ ¿Cuál quiere Ud.?
　당신은 어떤 것을 원하십니까?

⑥ Quién   누구

㉠ ¿Quién vino con Ud.?
　당신은 누구와 함께 왔나요?

⑦ Dónde   어디

예 ¿Dónde está su amigo?
  당신의 친구는 어디에 있습니까?

⑧ Cuándo   언제

예 ¿Cuándo se marcha Ud.?
  당신은 언제 갈껍니까?

14. 부사

① 형용사 어미에 –mente를 붙이면 부사로 바뀜
  단, 형용사 어미는 여성형으로 바꾼 뒤 적용.
  예 exclusivamente   예외적으로
    Clara y concisamente   명확하고 정확하게
※ 부사를 연속적으로 사용할 때는 마지막을 제외한 모든 부사의 -mente를 생략함.

② 불규칙 부사

bien	좋게
mejor	더 잘, 가장 잘
mal	나쁘게
peor	더 나쁘게, 가장 나쁘게
mucho	열심히
más	더, 최고로
poco	덜
menos	덜하게, 가장 덜하게

③ 부사와 전치사로 동시에 사용되는 경우

부사) después	이후에
전치사) después de las cinco	5시 이후에
부사) además	게다가
전치사) además de eso	그것 외에도

④ 시간부사

hoy	오늘	ayer	어제
mañana	내일	temprano	일찍
tarde	늦게	a menudo	종종/자주
siempre	항상	nunca	결코 ~아니다
luego	이후에	rápido	빠르게
despacio	천천히	antes	전에

| después | 이후에 | | |

⑤ 장소 부사

aquí	여기	acá	여기(로)
ahí	거기	allí	저기
adelante	앞쪽으로	atrás	뒤쪽으로
dentro	안으로	arriba	위로
fuera	바깥쪽에	abajo	아래 쪽에
cerca	가까이	lejos	멀리

⑥ 양을 나타내는 부사

muy	매우	mucho	훨씬
poco	적게	más	더
menos	덜	además	게다가
cuánto	얼마나 많이	tan	그렇게 많이
tanto	그렇게 많이	demasiado	너무도 많이
apenas	거의 ~하지 않는		

⑦ 긍정 표현의 부사

sí	네	verdaderamente	진짜로
cierto	확실한	ciertamente	확실하게
claro	물론	desde luego	물론
por supuesto	물론		

⑧ 부정 표현의 부사

no	아니	nunca	결코 아닌
jamás	결코 아닌	nunca jamás	결코 아닌
ya no	이제는 아닌	todavía no	아직 아닌
tampoco	또한 아닌	no tal	참으로 아닌
ni	또한 아닌	ni…ni	도 아닌
ni siquiera	조차도 아닌		

15. 축소사와 증대사

① 축소사는 명사의 뒤에 다음의 어휘를 붙이는 것.

-ito(-cito, -ecito), illo(-cillo, -ecillo), -uelo(-zuelo, -ezuelo)

예 chico	소년	chiquillo(=chiquito)	어린 소년
señora	부인	señorita	아가씨
un poco	조금	un poquito	아주 조금

pedazo	조각	pedacito	작은 조각
gato	고양이	gatito	새끼 고양
cuchara	숟가락	cucharita	차 숟가락

② 증대사는 명사의 뒤에 다음의 어휘를 붙이는 것.
-ón(ona), -ote

| 예) tonto | 멍청이 | tontón | 심한 멍청이 |
| silla | 의자 | sillón | 큰 의자 |

16. 지시사
① 지시형용사

este / esta	이(것)의	ese / esa	그(것)의
aquel / aquella	저(것)의	estos / estas	이(것)들의
esos / esas	그(것)들의		
aquellos / aquellas	저(것)들의		
예) este muchacho	이 남자아이		
aquellos vecinos	저 이웃들		

Esa señora es muy amable. 그 부인은 매우 친절하다.

② 지시 대명사

éste / ésta	이(것)	ése / ésa	그(것)
aquél / aquélla	저(것)	éstos / éstas	이(것)들
ésos / ésas	그(것)들	aquéllos / aquéllas	저(것)들

※ 중성지시대명사는 단수만 존재.
　－모르는 사물을 지칭
　－앞에서 말한 내용을 지칭

| esto | 이(것) | eso | 그(것) |
| aquello | 저(것) | | |

예) No quería éste sino aquél
난 이것이 싫고 저것이 좋았다.
Me dijo que aquello fue horrible.
그가 내게 저것은 끔찍했다고 말했다.
María es muy bonita. Por eso ella se hizo la actriz.
마리아는 매우 예쁘다. 그래서 그녀는 배우가 되었다.

17. 부정 형용사와 대명사

todos	모두
tal	그렇게
ni uno	하나가 아닌
otro	다른
alguien	누군가
nadie	누구도 아닌
algo	어떤 것
ninguno	어느 누구도 아닌
alguno	누군가
varios	여러가지의
nada	아무것도 아닌 것
cualquiera	어떤 것(이라도)
quienquiera	누구라도

18. 부정

① 동사 앞에 no를 붙이면 부정.

⑩ No veo.	난 보지 않는다.
Él no habla.	그는 말하지 않는다.

② 동사 앞에 부정의미의 부사가 위치하면 부정.
※ 스페인어에 2중부정은 없다.

⑩ No veo nada.	난 어떤 것도 보지 않는다.
No voy nunca.	난 결코 가지 않는다.
No viene nadie.	어느 누구도 오지 않는다.
Nada veo.	난 아무것도 보지 않는다.
Nunca voy.	난 결코 가지 않는다.
Nadie viene.	어느 누구도 오지 않는다.

19. 동사

① ser와 estar
　－Ser는 변하지 않는 사실을 의미.
　　정의, 직업, 성격, 외모 등을 표현할 때 사용.

Ser		
	Sing.	pl.
1st	soy	somos
2nd	eres	sois
3rd	es	son

㉠ El papá es hombre.   아빠는 남자다.
 Ella es abogada.   그녀는 변호사다.
 Tú eres muy alta.   너는 매우 키가 크다.
 Ellos son inteligentes. 그들은 똑똑하다.

–Estar는 변하는 사실을 의미.
상태, 컨디션, 날씨, 위치 등을 표현

Estar		
	Sing.	pl.
1st	estoy	estamos
2nd	estás	estáis
3rd	está	están

㉠ Ella está enferma.   그녀는 아프다.
 Él no está bien.   그는 컨디션이 좋지 않다.
 Está nublado.   날씨가 흐리다.
 La escuela está en Seúl. 학교는 서울에 있다.

② 존재동사 Hay
 –위치와 존재만을 나타내는 동사.
 ㉠ Hay dos libros sobre la mesa. 탁자 위에 책이 두권있다.
  ¿Hay un hotel barato por aquí? 근처에 저렴한 호텔이 있습니까?

③ 일반동사 3가지: -ar, -er, -ir
 –규칙동사의 변화형

-현재 : 현재의 사실을 언급

-ar	Sing.	pl.
1st	-o	-amos
2nd	-as	-áis
3rd	-a	-an

-er	Sing.	pl.
1st	-o	-emos
2nd	-es	-éis
3rd	-e	-en

-ir	Sing.	pl.
1st	-o	-imos
2nd	-es	-ís
3rd	-e	-en

㉥ Ella habla español.　　　　　　그녀는 스페인어를 말한다.
　　Él come pan.　　　　　　　　그는 빵을 먹는다.
　　Ellos viven en Madrid.　　　그들은 마드리드에 산다.

-부정과거: 과거의 정확한 시기(시작과 끝이 명확한 시간).

-ar	Sing.	pl.
1st	-é	-amos
2nd	-aste	-aiseis
3rd	-ó	-aron

-er/-ir	Sing.	pl.
1st	-í	-ímos
2nd	-iste	-isteis
3rd	-ió	-ieron

㉥ Ella aprendió inglés ayer.
　　그녀는 어제 영어를 공부했습니다.
　　La guerra de Vietnam duró 3 años.
　　베트남전쟁은 3년 동안 지속되었었다.

-불완료과거: 과거의 부정확한 시기(시작과 끝이 불명확한 시간).

-ar	Sing.	pl.
1st	-aba	-ábamos
2nd	-abais	-abais
3rd	-aba	-aban

-er/-ir	Sing.	pl.
1st	-ía	-íamos
2nd	-ías	-íais
3rd	-ía	-ían

㉥ Cuando él era niño, vivía en España.
　　그가 어렸을 적에 스페인에 살았었다.

−미래 : 영어의 will 의미.   −가능법 : 영어의 would 의미.

[-ar/-er/-ir] + form		
	Sing.	pl.
1st	-é	-emos
2nd	-ás	-éis
3rd	-á	-án

[-ar/-er/-ir] form		
	Sing.	pl.
1st	-ía	-íamos
2nd	-ías	-íais
3rd	-ía	-ían

㉠ Me dicen que ella irá a Japón.
그들은 내게 그녀가 일본에 갈 것이라고 했다.
Me dijeron que ella iría a Japón.
그들은 내게 그녀가 일본에 갈 것이라고 했었다.

[접속법 : 가상의 표현]
−현재 : 가상적 현재를 표현

-ar		
	Sing.	pl.
1st	-e	-emos
2nd	-es	-éis
3rd	-e	-en

-er/-ir		
	Sing.	pl.
1st	-a	-amos
2nd	-as	-áis
3rd	-a	-an

㉠ Espero que ella venga pronto.
난 그녀가 빨리 오기를 바란다.

−과거 : 가상적 과거를 표현

-ar/-er/-ir		
	Sing.	pl.
1st	-a	-amos
2nd	-as	-ais
3rd	-a	-an

㉠ Si yo hablara chino muy bien, yo entraría en la empresa china.
내가 만약 중국어를 매우 잘 했었다면, 중국회사에 들어갈 수 있었을 텐데.

Tema I

인사 표현

01 일상적인 인사
02 초면 인사
03 소개할 때의 인사
04 오랜만에 만났을 때 하는 인사
05 헤어질 때의 인사
06 감사의 인사
07 사과와 사죄의 말
08 축하와 환영의 인사
09 화장실 이용

01 일상적인 인사

간단한 인사

안녕!
¡Hola!

모두들 안녕!
¡Hola, a todos!

저예요!
¡Soy yo!

여기에 네가?
¿Tú por aquí?

안녕! 잘 지내지?
¡Hola! ¿Qué tal?

어떻게 지내?(1)
¿Cómo estás?

어떻게 지내?(2)
¿Cómo te va?

너 좋아 보인다.
Te veo muy bien.

Diálogo breve

1. 안녕! ¡Hola!

A: ¡Hola, Sancho! ¿Qué tal?
B: Bien, gracias, ¿y tú?
A: Bien, gracias.

A: 안녕, 산초! 잘 지내지?
B: 잘 지내, (물어봐 줘) 고맙네, 그런데 너는?
A: 잘 지내 (물어봐 줘. 고맙네)

아침 · 낮 · 저녁에 만났을 때

안녕하세요.(아침)

Buenos días.

안녕하세요.(점심)

Buenas tardes.

안녕하세요.(저녁)

Buenas noches.

안녕히 주무세요.

Buenas noches.

안녕히 주무세요.

Que duerma bien.

근황을 물을 때

잘 지내니?

¿Qué tal?

(너) 아주 잘 지내지?

¿Cómo te va todo?

잘 지내시죠?

¿Cómo está Ud.?

모든 일이 어때?

¿Cómo van las cosas?

잘 지냅니다. 감사해요. 그런데, 당신은요?

Bien, gracias, ¿y Ud.?

건강은 어때요?(1)

¿Cómo se encuentra Ud.?

매우 건강합니다. 감사해요. 그런데 당신은요?

Diálogo breve

2. 잘 가 (안녕)! ¡Adiós!

A: Tengo que irme, Elena.
   Nos vemos mañana.
B: ¡Adiós!

A: 난 지금 가야만해, 엘레나. 우리 내일
   보자.
B: 잘 가!

Muy bien, gracias, ¿y Ud.?

건강은 어때요?(2)

¿Cómo le va a Ud.?

건강합니다. 감사해요. 그런데 당신은요?

Bien, gracias, ¿a Ud.?

최근에 바쁘셨죠?

¿Ha estado ocupado recientemente?

요즘에 뭐에 그리 빠져있었어요?

¿Dónde se ha metido estos días?

무엇 바쁘세요?

¿En qué está ocupado?

마드리드에서의 생활은 좋습니까?

¿Está Ud. bien de su vida en Madrid?

네! 아주 좋아요.

Sí, estoy muy bien.

모로코에서의 여름휴가는 좋습니까?

¿Está Ud. bien de su vacación de verano en Marrueco?

네! 좋습니다.

Sí, estoy bien.

안색을 살필 때

좋은 날씨입니다. 아닌가요?

¿Hace buen tiempo, no?

건강하시죠?

¿Está Ud. bien de salud?

아주 좋습니다. 감사합니다.

Muy bien, gracias.

Diálogo breve

3. 좋아! ¡Vale!

A: Voy a recogerte a tu casa
mañana a las nueve, ¿vale?

B: Vale, gracias.

A: 내가 너희 집으로 데리러 갈게.
오전 9시 괜찮니?

B: 좋아. 고마워.

오늘 기분이 언짢아 보이는데...
Te parece enojado(a)....

기운이 없어 보이네요.
Le parece deprimido(a).

우울해 보인다.
Te parece triste.

아주 좋아 보인다.
Te parece muy bien.

아뇨, 아닙니다. 오늘 컨디션이 좋지 않아서 그래요.
No, no estoy enojado(a). No estoy en forma.

무슨 일 있었니?
¿Qué te pasó?

무슨 일 있어?(1)
¿Qué te pasa?

무슨 일 있어?(2)
¿Tienes algún problema?

Diálogo breve

4. 충분해 ¡Basta!

A: Tienes que levantarte a las seis de la mañana, y empezar a trabajar a las seis y media, antes de las once quiero ver todos los platos limpios.

B: ¡Basta! ¡Rechazo este trabajo!

A: 넌 아침 6시에 일어나, 6시 반에 일을 시작해야 한다. 11시가 되기 전에 난 모든 접시가 깨끗한 것을 보길 원한다.

B: (그것으로) 충분해요! 이일을 그만 하죠!

초면 인사

처음 만났을 때

처음 뵙겠습니다.
Mucho gusto.

만나서 반가워요! (상대방 여자)
¡Qué gusto de conocerla!

만나서 반가워요! (상대방 남자)
¡Me alegro mucho de conocerle!

만나서 반갑습니다(화자는 남자).
Encantado.

만나서 반갑습니다(화자는 여자).
Encantada.

당신을 알게 되어 무척 기쁩니다.(1)
Mucho gusto en conocerle a Ud.

당신을 알게 되어 무척 기쁩니다.(2)
Es mi gran placer conocerle a Ud.

인사를 드리게되어 기쁩니다.
Encantado(a) de saludarle a Ud.

Diálogo breve

5. 맙소사! ¡Dios mío!

A: Sabes que el marido de Catalina murió en un accidente de avión ayer.

B: ¡Dios mío! No me digas. ¿Catalina ya se ha enterado de esta noticia? Pobrecita, cómo va a sobrevivir con dos niños.

A: 알다시피, 까딸리나의 남편이 작년에 비행기 사고로 죽었어.

B: 맙소사! 말도 안돼.
까딸리나는 이제 이 소식을 완전히 알아버렸겠지? 불쌍한 친구, 어떻게 두 아이를 데리고 살아갈까.

알게되어 반갑습니다.

Me alegro de conocerle.

만나서 반갑습니다.

Me alegro mucho de verle.

처음 뵙겠습니다.

Tanto gusto de conocerla.

당신을 알게되어 영광입니다.

Es honor conocerle a Ud.

인사드리게 되어 매우 영광입니다.

Es mi gran honor saludarle a Ud.

마침내, 당신을 알게되어 너무 흡족합니다.

Estoy contento de conocerle finalmente.

당신에 대해 많이 들었었습니다.

He oído mucho de Ud.

사람들이 제게 당신의 얘기를 많이 했었습니다.

Me han hablado mucho de Ud.

어디서 오셨습니까?

¿De dónde es Ud.?

어디서 왔니? [어디 출신이니?]

¿De dónde eres?

대한민국에서 왔습니다 [출신입니다].

Soy de Corea del Sur.

여기에 어떤 일로 왔니?

¿Para qué viniste aquí?

여기에 어떤 일로 오셨습니까?

¿Para qué vino Ud. aquí?

여행하러 여기에 왔습니다.

Vine aquí para viajar.

Diálogo breve

6. 제길! ¡Caramba!

A: ¡Caramba! He olvidado la llave
   en el coche.

B: ¿Qué hacemos entonces?

A: 제길! 차에다 열쇠를 둔 것을 잊었어.

B: 우린 그럼 뭐해야 하지?

얼마 동안 여행을 하실 것입니까?
¿Cuántos días viajará Ud.?

일주일 동안 마드리드를 구경할 것입니다.
Voy a viajar por Madrid [durante] una semana.

어디를 방문했었습니까?
¿Qué lugares ha visitado?

이미 바르셀로나와 세비야를 방문했었습니다.
Ya he visitado Barcelona y Sevilla.

이름과 명함을 주고받을 때

성함이 어떻게 되시죠?
¿Cuál es su nombre?

나의 이름은 ~입니다.
Me llamo ~.

당신의 이름은?
¿Cómo se llama Ud.?

성함 좀 알려주세요.
Dígame su nombre.

댁의 이름은요?
¿Su nombre, por favor?

댁의 성(姓)은요?
¿Su apellido, por favor?

제가 댁의 이름을 물어볼 수 있을까요?
¿Puedo preguntar cómo se llama?

Diálogo breve

7. 됐거든! ¡Déjalo estar!

A: No había pensado que Carlos era así.
Si lo hubiera sabido, no le habría dicho ese asunto.
B: ¡Déjalo estar!

A: 까를로스가 그랬을꺼라 생각하지 않았는데. 만약 그렇게 생각했었다면, 그에게 그일을 말하지 않았을 꺼야.
B: 됐다!

제게 명함을 주실 수 있습니까?

¿Podría darme su tarjeta profesional?

여기에 제 명함이 있습니다.

Aquí tiene mi tarjeta profesional.

죄송합니다. 지금 명함을 가지고 있지 않습니다.

Perdóneme. En este momento no tengo tarjeta profesional.

전에 이야기를 들었을 때

너에 대한 이야기는 많이 들었었어.

He oído hablar de ti.

드디어, 널 만나게 되었어!

¡Por fin te conozco!

오래 전부터 널 만나고 싶었었어.

Hacía mucho tiempo que quería conocerte.

개인적으로 널 정말로 만나고 싶었어!

¡Deseaba tanto conocerle personalmente!

난 정말로 널 만나고 싶었어!

¡Me moría de ganas de conocerte!

사람들이 내게 너에 대해 많은 이야기를 해줬어!

¡Me han hablado tanto de ti!

Diálogo breve

8. 서둘러 Deprisa

A: Deprisa, vamos a llegar tarde.

A: 서둘러, 우리 늦게 도착하게 될거야.

B: No te preocupes, todavía tenemos un cuarto de hora.

B: 걱정하지 마라. 아직 15분이 남았어.

03 소개할 때의 인사

자기소개의 기본 표현

전 모이세스라고 합니다.
Me llamo Moisés.

제 이름은 엘레나입니다.
Mi nombre es Elena.

제가 소개해도 되겠습니까? 전 산초입니다.
¿Puedo presentarme? Soy Sancho.

전 영어과 신입생입니다.
Soy estudiante nuevo del Departamento de inglés.

정중하게 인사드립니다.(1)
Cordialmente[Atentamente] le saludo.

이 기회를 빌어 애무 정중하게 인사드리고자 합니다.
Aprovecho esta ocasión para saludarles muy atentamente.

자신에 대해 소개할 때

저는 한국 사람입니다.
Soy coreano(a).

제 소개를 하겠습니다.
Permítame que me presente.

Diálogo breve

9. 와라! ¡Ven!

A: Ana, ¡ven!
B: ¿Sí, mamá?
A: Ayúdame a recoger la ropa,
  que va a llover.

A: 아나! 이리와!
B: 네? (왜요) 엄마.
A: 비가 오려하니, 옷 거두는 것을 도와
  주렴.

저는 스페인어를 잘하지 못합니다.
No sé hablar español bien.

저는 영어를 조금 합니다.
Hablo un poco de inglés.

제가 소개해도 될까요? 전 까딸리나입니다.
Permite presentarme, soy Catalina.

제가 간단한 소개를 하도록 하겠습니다.
Permíteme hacer una breve presentación.

허락하신다면, 제 소개를 하겠습니다.
Con su permiso, voy a presentarme.

실례합니다. 제 소개를 하겠습니다. 전 산초입니다.
Perdón, voy a presentarme. Mi nombre es Sancho.

전에 우리 본적이 없는 것 같은 데요. 전 호세라고 합니다.
No creo que nos hayamos visto antes, soy José.

안녕하세요. 당신은 김선생이[＝김씨(氏)가] 맞으시죠. 전 이 반 담임인 산초선생입니다.
¡Hola! Ud. debe ser el señor Kim. Soy Sancho, maestro de esta clase.

다른 사람을 소개할 때

제 아내를 소개하겠습니다.
Permítame presentarle a mi esposa.

이쪽은 호세이고, 그리고 이쪽은 엘레나입니다.
Éste es José, y ésta es Elena.

뻬드로 씨, 이 분이 뻬뜨라교수님입니다.
Señor Pedro, ésta es la profesora Petra.

전 당신께서 미겔 씨에게 인사하시길 바랍니다.
Quiero que Ud. conozca al señor Miguel.

Diálogo breve

10. 앉으세요! ¡Siéntese!

A: ¿Puedo charlar un momento con Ud.?
B: ¡Claro que sí! ¡Siéntese!

A: 당신과 잠시 담소를 나눌 수 있을까요?
B: 물론이죠. 앉으세요!

제가 제 친구 라울을 소개해드려도 될까요?

Por favor, ¿puedo presentarle a mi amigo Raúl?

제가 당신께 저희 회사 경영자이신 마누엘 사장님을 소개하니 영광입니다.

Para mí, es un honor presentarle al jefe Manuel, administrador de mi empresa.

전에 안면들이 있으신가요?

¿Se han visto Uds. antes?

친구를 소개할 때

제 친구입니다.

Es mi amigo.

넌 김 선생님을 알고 있니?

¿Conoces al profesor Kim?

네게 마누엘을 소개할께.

Te presento a Manuel.

이 친구가 산체쓰야.

Éste es Sánchez.

여기는 마리아고, 여기는 후안이야.

Aquí está María, y aquí está Juan.

후안, 마리아를 아니?

Juan, ¿conoces a María?

후안, 내 친구 마리아를 소개하고 싶어.

Juan, quiero presentarte a mi amiga María.

로사, 후아니따와 악수해!

Rosa, ¡dele la mano a Juanita!

여러분께 제 친구 아니따를 소개하게 되어 영광입니다.

Tengo el gran honor de presentarles a mi amiga, Anita.

Diálogo breve

11. 들어오세요! ¡Adelante!

A: ¿Se puede?

B: ¡Adelante![=¡Pasa, pasa!]

A: 들어가도 되나요?

B: 들어오세요!

안녕, 세르히오. 이쪽은 내 동료 로드리고야. 우리는 대학동문이지.
Hola, Sergio. Éste es mi compañero Rodrigo.
Somos de misma universidad.

상대를 알기 위한 질문

성함이 어떻게 되세요?
¿Cómo se llama Ud.?

성함을 부탁합니다.
Dígame su nombre, por favor.

당신의 이름은요?
¿Cuál es su nombre?

당신의 성(姓)은요?
¿Cuál es su apellido?

당신의 성함은 요?(이름 + 성)
¿Cuál es su nombre completo?

제가 성함을 여쭤봐도 되겠습니까?
¿Puedo preguntar cómo se llama?

당신은 뻬레쓰 씨임이 분명해요. 전 하이메입니다.
Ud. debe ser el señor Pérez. Soy Jaime.

전에 우리 서로본 적이 없는 것 같습니다. 전 까를로스입니다.
No creo que nos hayamos visto antes. Yo soy Carlos.

Diálogo breve

12. 어쨌든 간에! ¡De ninguna manera!

A: ¿Puedes prestarme diez mil wones?
Prometo devolvértelos dentro de una semana.

B: ¡De ninguna manera! Recuerda que todavía no me has devuelto el dinero que te presté el mes pasado y me dijiste lo mismo en ese momento.

A: 나한테 만원 꿔줄 수 있니? 일주일 내로 네게 돌려주도록 약속한다.

B: 안되겠어! 아직 넌 지난달에 돈 꿔준 것을 나에게 갚지 않았다는 것 기억하지. 넌 그때도 똑같이 내게 말했었어.

누구시죠?
¿Quién es Ud.?

당신이 로드리게스씨입니까?
¿Es Ud. el Señor Rodríguez?

제 이름은 아니따입니다.
Me llamo Anita.

저는 알베르또입니다.
Yo soy Alberto.

제 성(姓)은 조입니다.
Mi apellido es Cho.

제 이름은 경호입니다.
Mi nombre es Kyong-ho.

저를 산초라고 부르실 수 있습니다.
Puede llamarme Sancho.

어디에서 오셨어요?
¿De dónde viene Ud.?

당신의 고향은 어디입니까?
¿Cuál es su pueblo natal?

무슨 일 하세요?
¿Qué hace Ud.?

하는 일에 어떻게 되시죠?
¿Qué trabajo tiene?

어디서 일하세요?
¿Dónde trabaja Ud.?

어디서 공부하세요?
¿Dónde estudia Ud.?

대학에서 무엇을 공부하세요?
¿Qué estudia en la universidad?

Diálogo breve

13. 절대로! ¡En absoluto!

A: ¿No te arrepentirás?
B: ¡En absoluto!

A: 너 후회하지 않을 거지?
B: 절대로!

어디 사세요?

¿Dónde vive Ud.?

언제부터 여기에 계셨어요?

¿Desde cuándo está aquí?

한국에 얼마나 머무르실 겁니까?

¿Cuánto tiempo se quiere quedar en Corea?

한국에 오신 적이 있습니까?

¿Había venido a España antes?

이번이 처음입니다.

Es la primera vez.

한국에 온지 3일되었습니다.

Hace tres días que estoy en Corea del Sur.

어디에서 머물고 계십니까?

¿Dónde se queda Ud.?

전 사보이 호텔에서 머물고 있습니다.

Me quedo en el hotel SAVOY.

여기는 마음에 드세요?

¿Le gusta este lugar?

서울에서 사는 것에 적응하셨어요?

¿Se ha acostumbrado a la vida en Seúl?

이곳의 기후에 적응하셨어요?

¿Se ha acostumbrado al clima de aquí?

여가 시간에는 뭐하세요?

¿Qué hace en su tiempo libre?

어떤 스포츠를 가장 좋아하세요?

¿Qué deporte le gusta más?

Diálogo breve

14. 당신이 해야하는 것을 하세요. Haga lo que tenga que hacer.

A: Lo siento, tengo que irme ya porque tengo un asunto urgente.

B: No se preocupe, haga lo que tenga que hacer.

A: 미안해요. 난 이제 가야만해요. 왜냐하면 급한 일이 있거든요.

B: 걱정하지 마세요. 당신이 하셔야 할 것은 하셔야죠.

일 때문에 여기에 계시나요?
¿Está aquí por trabajo?

(당신의) 일은 어떠세요?
¿Qué tal su trabajo?

Diálogo breve

15. 닥쳐! ¡Cállate!

A: ¡Eso es injusto! ¿Por qué
Carlos puede ir y yo no
puedo?
B: ¡Cállate![=Cierra la boca]

A: 그것은 불공정해! 왜 까를로스가 갈
수 있고, 난 못하는 거지?
B: 입 좀 다물어.

16. 이것은 너와 아무 관계가 없다. Esto no tiene nada que ver contigo.

A: Esto no tiene nada que ver
contigo, no te metas.
B: Todo lo relacionado con
Cristina tiene algo que ver
conmigo.

A: 이것은 너와 아무 관계가 없다. 넌 개
입하지 마라.
B: 끄리스띠나와 관련있는 모든 것은 나
와 관련있는 것이다.

 04 오랜만에 만났을 때 하는 인사

오랜만에 만났을 때

이게 얼마만이야!
¡Cuánto tiempo sin verte!

와! 얼마나 살이 빠진거야!
¡Oye! ¡Cómo adelgazaste!

너 하나도 변하지 않았어!
¡No cambiaste nada!

너 못 본지가 여러 해 되었네!
¡Cuántos años hace que no te veía!

우리가 못 본지가 얼마나 되었는지?
¿Hace cuánto tiempo que no nos vemos?

안녕! 너 못 본지가 꽤 되었다!
¡Hola! ¡Hace mucho que no te veo!

다시 널 보게되어 기쁘다.
Encantado(a) de volver a verte.

건강한 모습을 뵙게 되어 무척 기쁩니다.
Me alegro mucho de verle en buena salud.

말해봐라, 어떻게 지내고 있는 거야?
Cuéntame, ¿qué andas haciendo?

지금은 뭐하고 지내?
¿Qué estás haciendo ahora?

Diálogo breve

17. 나가! ¡Fuera de aquí!

A: Rosi, perdóname, me he equivocado.
B: ¡Fuera de aquí! ¡No quiero verte!

A: 로시, 미안해, 내가 헷갈렸어.
B: 여기서 나가! 너 보고싶지 않아!

아직도 같은 회사에서 계속 근무하고 있어?

¿Todavía sigues trabajando en la misma empresa?

아직도 전화번호가 똑같은가?

¿Aún tienes el mismo número de teléfono?

애들은 모두 잘 있지?

¿Cómo les va a los niños?

우연히 만났을 때

실례합니다 [= 저기요].

Perdón. Oiga Ud.

당신을 여기서 보게되다니(놀랐어요)!

¡Qué sorpresa verle aquí!

너무 놀랍다! 얼마만이야!

¡Qué sorpresa! ¡Hace tanto tiempo!

널 여기서 보게되다니, 너무 좋다!

¡Qué bueno verte aquí!

널 보게되어 너무 좋다.

¡Me alegro tanto de verte!

네가 여기에 있다니! 난 믿을 수가 없어!

¡Tú estás aquí! ¡No me lo puedo creer!

당신을 여기서 보게 될 것이라고 상상도 못했어요.

No podía imaginarme que le encontraría aquí.

당신을 여기서 볼 수 있을 것이라고는 절대 상상도 안 했었습니다.

Nunca imaginaba que podía encontrarle aquí.

당신을 여기서 보게되어 너무 놀라워요!

¡Qué agradable sorpresa verle aquí!

Diálogo breve

18. 파이팅! ¡Ánimo!

A: Carlos, ¡Ánimo! ¡Ánimo!

B: ¡Tranquilo!

A: 까를로스, 파이팅! 힘내!

B: 진정해!

이 도시에서 뭐하고 있는 거예요?
¿Qué está haciendo en esta ciudad?

근래에 어디에 (푹)빠져 있었던 거야?
¿Dónde se ha metido estos días?

뭐에 바쁜거야?
¿En qué está ocupado?

학교에 있어야 하는 것 아니었나?
¿No tendrá que quedarse en la escuela?

이 시간에 회사에서 일하고 있는 것 아니었나요?
¿No tendrá que estar en el trabajo con su compañía a esta hora?

상대방의 안부를 물을 때

안녕하지?
¿Qué tal?

안녕하시죠?
¿Cómo está Ud.?

잘 지내죠?
¿Está bien?

건강하시죠?
¿Cómo se encuentra Ud.?

좀 좋아지셨어요?
¿Se ha mejorado?

아주 좋아요!
¡Muy bien!

좋아요!
¡Bien!

Diálogo breve

19. 조용히(하세요)! ¡Silencio!

A: ¡Silencio, señores!
　 ¡Escúchenme!

A: 조용히 해주세요!
　 제 말 좀 들으세요!

그저 그래요!(1)

¡Más o menos¡

그저 그래요!(2)

¡Así, así!

특별한 일이 없어요.

No tengo nada especial.

안 좋아요!

¡Mal!

아주 안 좋아요!

¡Muy mal!

좋아지고 있습니다.

Estoy mejorando.

더 좋을 수는 없습니다.

No podría estar mejor.

평상시와 다를바 없어요.

Como siempre.

해야할 일이 많아요.

Tengo mucho que hacer.

해야할 많은 것들이 있어요.

Tengo muchas cosas que hacer.

너무 바빴어요.

He estado muy ocupado.

숨쉴 시간도 없어요.

No tengo tiempo ni para respirar.

너무 걱정이 많아요.

Tengo muchísimas preocupaciones.

Diálogo breve

20. 짜증나! ¡Maldita sea!

A: ¡Maldita sea! Ha venido otra
   vez ese hombre.

B: No te preocupes, le voy a
   decir que no te estás.

A: 짜증나! 그 사람이 또 왔네.

B: 걱정하지마, 내가 너 없다고 그한테
   말할께.

타인의 안부를 물을 때

부인께서는 안녕하시지요?
¿Cómo está su esposa?

매우 좋으세요.
Está muy bien.

남편께서는 안녕하시지요?
¿Cómo está su marido?

esposa 부인	familia 가족
hermano 형제	hermana 자매
padres 부모	abuelo 할아버지
abuela 할머니	

건강이 좋지 못합니다.
No está bien de salud.

가족은 안녕하지요?
¿Cómo está su familia?

모두 건강합니다.
Toda la familia está bien.

Diálogo breve

21. 건배! ¡Salud!

A: Por nuestra amistad, salud.　　A: 우리의 우정을 위해, 건배!
B: ¡Salud!　　B: 건배!

05 헤어질 때의 인사

헤어질 때

안녕히 가세요!
¡Adiós!

잘 가!
¡Chao!

또 보자!
¡Nos vemos!

우리 곧 보자!
¡Nos veremos pronto!

내일 보자!
Hasta mañana.

수요일에 보자!
Hasta el miércoles.

조심해서 가!
¡Cuídate mucho!

나대신 마리아에게 인사 전해 줘!
¡Dígale hola a María!

이제 작별 인사할 때가 되었습니다.
Ya es hora de despedirnos.

떠나자니 너무 섭섭합니다.
Estoy muy triste por la despedida.

Diálogo breve

22. 무슨 일이야? ¿Qué pasa?

A: Sancho, ven.　　　　　　　A: 산초, 이리와.
B: ¿Qué pasa?　　　　　　　　B: 무슨 일이야?

난 우리가 작별인사를 말할 시간이라는 것이 싫다.

Temo que es hora de decir adiós.

제 부모님께서 당신께 대신 인사하라고 하셨습니다.

Mis padres me han hecho que le diga hola de su parte.

밤에 헤어질 때

좋은 밤 되라!

¡Buenas noches!

너무 늦었다. 우리 가자고!

Es muy tarde. ¡Vamos a irnos!

조심해서 가!

Adiós, ¡Ten cuidado!

미안합니다. 벌써 시간이 되었군요. 우리 가야합니다.

Perdón, ya es la hora, tenemos que irnos.

피곤할텐데, 푹쉬고! 잘가.

Estás cansodo(a), ¡Descansa mucho! ¡Adiós!

다시 만날 것을 기대하며 헤어질 때

우리 또 봐요!

¡Nos vemos otra vez!

나중에 봐!

¡Hasta luego!

그때 가서 봐!

¡Hasta la vista!

곧 보자!

Diálogo breve

23. 지금 당장. Ahora mismo

A: Alejandro, ¿estás listo?
B: Sí, ahora mismo.

A: 알레한드로, 준비됐니?
B: 응, 지금 바로 [됐어].

¡Hasta pronto!

아주 빨리 보자!
Hasta muy pronto!

내일 봐!
¡Hasta mañana!

좋은 하루 보내!
Que tengas un buen día.

우리 곧 봐요!
¡Nos vemos pronto!

우리 나중에 봐요!
¡Nos vemos luego!

연락을 바라며 헤어질 때

전화해!
¡Llámeme!

내게 편지하는 것 기억해라!
¡Acuérdate de escribirme!

우리 서로 계속 연락하자고요!
¡Mantengámonos en contacto!

집에 도착할 때 전화드릴께요.
Le llamaré al llegar a casa.

제게 편지하는 것 잊지 마세요.
No se olvide de escribirme.

시간 있을 때 제게 오세요.
Venga a verme cuando tenga tiempo.

Diálogo breve

24. 실례합니다. ¡Perdón!

A: Perdón, ¿puede Ud. indicarme dónde está el supermercado E-Mart?

B: Siga adelante, y luego gire a la izquierda en el primer semáforo.

A: 실례합니다. 이마트가 어디에 있는지 제게 알려주시겠습니까?

B: 앞쪽으로 쭉 가세요. 그리고 첫 번째 신호등에서 왼쪽으로 돌아가세요.

안부를 전할 때

네 형에게 안부 전해 줘.
Recuerdos[= Saludos] a tu hermano mayor.

제 이름으로 각별한 안부를 전해주세요.
Un saludo especial de mi parte, por favor.

진심으로 안부를 전합니다.
Le enviamos un sincero saludo.

> afectuoso saludo 애정(이 담긴) 안부
>
> respetuoso saludo 존경의 인사 [안부]
>
> cordial[= atento] saludo 정중한 인사 [안부]

자네 부모님을 뵙게 될 때, 내 대신 안부전해 주게.
Cuando veas a tus padres, salúdales de mi parte.

나대신 마리아에게 인사 전해줘!
¡Dígale hola a María!

제 부모님께서 당신께 대신 인사하라고 하셨습니나.
Mis padres me han hecho que le diga hola de su parte.

전송할 때

좋은 여행되세요!
¡Buen viaje!

안녕히 가세요(하나님이 함께하길)!
¡Vaya con Dios!

여행 맘껏 즐겨요!
¡Que disfrute mucho de su viaje!

Diálogo breve

25. 죄송합니다. ¡Lo siento!

A: ¡Lo siento! Llego muy tarde.	A: 미안합니다! 매우 늦게 도착했어요.
B: No te preocupes, todavía no hemos empezado.	B: 걱정하지마, 아직 우리 시작하지도 않았어.

행운이 함께 하기를!

¡Suerte en su viaje!

하나님이 동행하실 꺼야!

¡Que Dios le acompañe!

공항에 나와주셔서 대단히 감사합니다.

Muchas gracias por su despedida en el aeropuerto.

저 이만 가겠습니다.

Permítame marcharme ahora.

Diálogo breve

26. 이런! ¡Caramba!

A: ¡Caramba! He perdido los datos.
B: Ah, no me digas.

A: 제길! 데이터들이(＝자료가) 날아갔네.
B: 어, 말도 안돼 [내게 그렇게 말하지 마라].

27. 이 일은 나와 아무 관계가 없다. Este asunto no tiene nada que ver conmigo.

A: No me preguntes a mí, pues este asunto no tiene nada que ver conmigo.

A: 내게 물어보지 마라. 왜냐면, 이것은 나와 아무 관계가 없다.

 06 감사의 인사

고마울 때

대단히 고맙습니다.
Muchas gracias.

정말로, 좋습니다. 감사합니다.
En realidad muy bien, gracias.

감사합니다. 아주 좋습니다.
Gracias, bastante bien.

매우 감사합니다. 더 좋을 수는 없습니다.
Muchas gracias, no podía estar mejor.

좋아지고 있습니다. 감사합니다.
Estoy mejorando, gracias.

친절과 수고에 대해 감사할 때

당신께 경의를 표합니다.
Servidor de Usted.

친절함에 감사 드립니다.
Muchas gracias por su amabilidad.

 **Diálogo breve**

28. 쉬세요. Relájate.

A: ¿Qué podemos hacer? Es que no lleva ni un duro encima.	A: 우리가 뭘 할 수 있지? 실은 한푼도 더 없다고.
B: Relájate. No pasará nada. Si no tienes dinero, regresarás a casa.	B: 쉬어라. 아무것도 일어나지 않을꺼야. 만약 돈이 있다면, 집으로 돌아가라.
	**duro: 스페인 과거 화폐단위[=5 pesetas]

도움에 감사 드립니다.
Gracias por su ayuda.

환영해주셔서 감사합니다.
Gracias por su recibimiento.

여러모로 감사합니다.
Gracias por todo.

정말 즐거웠습니다.
Me divertí muchísimo.

몇 일 동안 정말 즐거웠습니다.
Estos días me he divertido mucho.

베풀어주신 호의를 잊지 않겠습니다.
Nunca olvidaré su amable hospitalidad.

도움이나 행위에 대해 감사할 때

고마워!
¡Gracias!

도와줘서 고마워!
Gracias por tu ayuda.

너무 친절하다.
¡Qué amable!

네가 그것을 하다니, 고맙다.
Gracias, hazlo tú.

당신에 협력에 감사드려요.
Gracias por su colaboración.

호의에 감사 드려요.
Gracias por su amabilidad.

Diálogo breve

29. 네? ¿Sí?

A: ¿Qué te parece esta foto? Es
   bonita, ¿no?
B: A mí me parece que ésta es
   mejor.
A: ¿Sí?

A: 이 사진 어때? 이쁘지? 아니니?
B: 내가 보기에는 이것이 더 좋은데.
A: 그래?

> [Gracias por + 명사: ~에 감사하다]
>
> sus palabras 당신의 말씀에
>
> su amabilidad = su gentileza 당신의 친절에
>
> su solicitud 당신의 요청에
>
> su cariñosa carta 사랑이 넘치는 편지에
>
> su atención 당신의 호의에
>
> haber animado 격려에
>
> haber dedicado su tiempo 시간 할애에
>
> su invitación 당신의 초청에
>
> su felicitación 당신의 축하에

귀하의 호의에 대단히 감사드립니다.

Agradecemos muchísimo su atención.

친절하신 협력에 대단히 감사 드립니다.

Agradezco mucho su amable colaboración.

저희 요청에 대하여 신속한 회답을 주셔서 대단히 감사 드립니다.

Su respuesta pronta a mi solicitud, será motivo de sincero agradecimiento.

저희 제의에 대해 긍정적 회답을 주셔서 대단히 감사 드립니다.

Su respuesta positiva a mi propuesta, será motivo de sincero agradecimiento.

감사의 선물을 줄 때

네게 줄 작은 거 하나 샀다.

Te compré una cosita.

네게 줄 작은 선물 하나 가져왔다.

Te traje un regalito.

너를 위한 깜짝 선물이다.

Es un sorpresa para ti.

Diálogo breve

30. 뭐라고? ¿Qué?

A: Ana se casó con Sancho.　　　A: 아나는 산초와 결혼했다.

B: ¿Qué? ¡No me digas!　　　B: 뭐라고? 말도 안돼!

네가 좋아했으면 좋겠다.
Ojalá te guste.

단지 기념품일 뿐이야.
Es sólo un recuerdo.

네게 유용하길 바란다.
Espero que te sirva.

날 잊지 말라고 주는 거야.
Es para que no te olvides de mí.

감사의 선물을 받았을 때

전 깜짝 선물이 너무 좋아요.
Me encantan las sorpresas.

열어 볼 수 있을 까요?
¿Puedo abrirlo?

너무 예쁘다. 고맙습니다.
¡Qué bonito! Gracias.

봐바! 내가 원했었던 바로 그거야.
¡Mira! Justo lo que yo quería.

당신의 선물에 감사합니다.
Muchas gracias por su regalo.

제 딸에게 보내주신 선물에 대단히 감사드립니다.
Muchas gracias por su obsequio para mi hija.

훌륭한 선물을 주신데 대해 진심으로 감사드립니다.
Mis más sinceras gracias por su delicado obsequio.

보내주신 훌륭한 선물에 대단히 감사 드립니다.
Agradezco mucho el magnífico regalo que me ha enviado.

Diálogo breve

31. 당연하지! ¡Por supuesto!

A: ¿Me hace el favor de moverse
　　un poco?
B: ¡Por supuesto!

A: 조금 움직이게 해주시겠어요?
B: 당연하지.

별말씀을 [천만에](1).

De nada.

별말씀을 [천만에](2).

No hay de qué.

별일 아닙니다.

Por nada.

고마워할 일 아닙니다.

Nada de gracias.

제가 즐거웠습니다.

Es mi placer.

별일 아니였습니다.

No tiene importancia.

제게 감사해야할 이유가 없으세요.

No tiene por qué agradecérmelo.

Diálogo breve

32. 동의한다. De acuerdo.

A: Tú te encargas de la primera
parte, y yo hago las otras,
¿vale?

B: De acuerdo.

A: 넌 처음 부분을 책임져라. 난 다른 것
을 할게. 괜찮아?

B: 동의해.

07 사과와 사죄의 인사

미안함을 표시할 때

죄송합니다.
Disculpe.

양해바랍니다.
Discúlpeme.

미안합니다.
Lo siento.

제 잘못입니다.
Es mi culpa.

무슨 말을 해야할지 모르겠다.
No sé qué decir.

고의가 아니었습니다.
Fue sin querer.

악한 의도가 아니였어.
No fue con mala intención.

악의로 그것을 하지 않았어.
No lo hice por mal.

악한 마음으로 그것을 하지 않았어.
No lo hice de mala fe.

모든 것이 제 잘못입니다.
Todo ha sido culpa mía.

Diálogo breve

33. 허풍떨다. Fanfarronear.

A: Eso es asunto de mujeres, yo nunca entro en la cocina.

B: No fanfarronees, hombre.

A: 그것은 여자 애들 일이고, 난 결코 부엌에 들어가지 않아.

B: 이봐, 허세 떨지 말라고.

네게 내 실수의 용서를 구한다.
Te pido disculpas por mi error.

내 용서를 받아 줘, 부탁이다.
Por favor, acepte mis disculpas.

네 마음을 상하게 하고 싶지 않았어.
No quería herir tus sentimientos.

다시는 그것을 하지 않는다고 네게 맹세할께.
Te juro que no lo hago nunca más.

사실은 내가 잘못을 했단다. 용서해 줘!
De hecho yo cometí un error, ¡perdóname!

실례를 구할 때

실례했습니다.
Discúlpeme.

실례합니다(1).
Perdón

실례합니다(2).
Perdóname.

실례합니다(3).
Con su permiso.

실례하지만, 창문을 열어도 될까요?
Perdón, ¿puedo abrir la ventana?

실례하지만, 담배를 피워도 될까요?
Perdón, ¿puedo fumar?

실례하지만, 여기에 앉아도 될까요?
Perdón, ¿puedo sentarme aquí?

Diálogo breve

34. 바보같은 소리. Disparates.

A: Ayer vi a Raúl.
B: Déjate de disparates
　　[=decir tonterías].

A: 어제 난 라울을 봤어.
B: 바보같은 소리 말라고.

잠깐 기다려 주세요.

Espere un momento, por favor.

사과 · 사죄의 말에 응답할 때

괜찮아요.

Está bien.

마음 두지 마세요.

No hay cuidado.

걱정하지 마세요.

No se preocupe.

중요한 것도 아니다.

No importa.

별일이 아니다(1).

No pasa nada.

별일 아니다(2).

No es nada.

문제없다.

Sin problema.

이제 그것 잊어버려.

Ya, olvídalo.

이제 그것 잊어버렸어.

Ya lo olvidé.

Diálogo breve

35. 조심해 [서 가라]! Cuídate.

A: Me voy.

B: ¡Cuídate mucho!

A: 나 갈께.

B: 조심해서 가라!

08 축하와 환영의 인사

축하할 때

축하해!
¡Felicidades!

대단히 축하합니다.
Muchas felicidades.

축하합니다.
Enhorabuena.

생일 축하합니다.
Feliz cumpleaños.

Feliz Navidad 메리 크리스마스	Feliz Año Nuevo 행복한 새해
Feliz aniversario 즐거운 기념일	Feliz en tu día 네 영명(靈名)축일에 행복해

네게 축하를 보낸다.
Te felicito.

온 마음으로 네게 축하를 보낸다.
Te felicitamos de todo corazón.

Diálogo breve

36. 벌받을 만하다. Recibir su merecido.

A: Dicen que le han detenido y ahora está en la cárcel.

B: Recibió su merecido.

A: 사람들이 그러는데 그가 붙잡혀서, 지금 감옥에 있다면서.

B: [그 놈은] 벌받을 만했지.

축복을 기원할 때

...하길 바란다.
Deseo que...

...하길 희망한다.
Espero que...

운이 있길!
¡Suerte!

행운이 있길!
¡Buena suerte!

네가 행운이 있기를 바란다!
¡Te deseo buena suerte!

네게 행운이 있길!
¡Que tengas un golpe de fortuna!

운이 많이 따르길 바란다!
¡Que tengas mucha suerte!

행복하고 번창하는 새해를 기원합니다.
Le deseo un feliz y próspero Año Nuevo.

네가 행복한 기념일을 보내길 바란다.
Deseo que pases un feliz día de aniversario.

네가 행복한 새해를 가지길 바래!
¡Que tengas un venturoso Año Nuevo!

행운이 너와 함께 하기를!
¡Que la fortuna te acompañe!

Diálogo breve

37. 진정해! ¡Tranquilo!

A: Es que no puedo, no sé nada del postmodernismo.

B: Tranquila, tranquila, no te preocupes, todavía tienes dos días para preparar algo.

A: 실은 나 할 수 없어. 난 포스트모더니즘에 관해 아무것도 몰라.

B: 진정해, 진정해. 걱정하지마. 아직 뭔가를 준비하기 위해서는 이틀이나 있다고.

환영할 때

환영합니다!
¡Bienvenido(a)!

[Bienvenido(a)a + 장소: ~로 오신것을 환영합니다]

a Corea del Sur 대한민국에　　　　a mi casa 제 집에

a mi oficina 제 사무실에　　　　　a la recepción 리셉션에

a nuestra escuela 저희 학교에　　　a nuestra empresa 저희 회사에

뜨겁게 환영합니다(개인에게)!
¡Sea muy bienvenido(a)!

뜨겁게 환영합니다(단체에게)!
¡Sean muy bienvenidos!

여러분께 뜨거운 환영인사를 드립니다!
¡Les doy una calurosa bienvenida!

제가 (대표로) 여러분께 우리의 뜨거운 환영인사를 보냅니다!
¡Déjeme expresarle nuestra calurosa bienvenida!

Diálogo breve

38. 귀 기울이세요! ¡Escuchadme!

A: Escuchadme, chicos, la profesora Kim va a regresar de España.

B: ¡Qué bien!

A: 들어봐, 애들아. 김교수님이 스페인에서 돌아오실 꺼야.

B: 와 좋다!

09 화장실 이용

위치를 물을 때

화장실이 어디에 있나요?
¿Dónde está el servicio[aseo]?

이 음식점 안에 화장실이 있나요?
¿Está el servicio en este restaurante?

화장실 문이 어떤 거죠?
¿Cuál es la puerta del baño?

이 근처에 공중 화장실이 없습니까?
¿No hay un servicio público cerca de aquí?

몇 층에 화장실이 있습니까?
¿En qué piso está el servicio?

화장실에 가고자 할 때

잠시만 기다려 주세요.
Espere un momento, por favor.

잠시만. 손을 좀 씻으러 갈께요.
Un momento, voy al lavabo.

조그만 기다려, 화장실 좀 갈게.
Espera un rato. Voy al baño.

Diálogo breve

39. 바보! ¡Tonto!

A: ¿Dónde está el banco?　　　　A: 은행이 어디에 있지?
B: Está a tu izquierda, ¡tonto!　　B: 네 왼쪽에 있잖아, 바보!

화장실을 가고 싶습니다.

Quiero ir al servicio.

화장실 좀 사용해도 되겠습니까?

Por favor, permítame usar su servicio.

화장실에서 문제가 있을 때

화장실이 너무 지저분합니다.

El servicio está muy sucio.

화장실에 휴지가 없습니다.

No hay papel higiénico en el servicio.

변기가 고장입니다.

El inodoro está averiado.

화장실 물이 내려가지 않습니다.

No vierte el agua del excusado en el baño.

세면대의 수도에서 물이 뚝뚝 떨어진다.

El agua gotea del grifo en el lavabo.

세면대의 비누가 없습니다.

No hay ni jabón en el lavabo.

Diálogo breve

40. 정말로? ¿De veras?

A: Tendremos quinientos dólares con motivo de la Fiesta San Fermín.

B: ¿De veras? Entonces podemos ir a España en septiembre.

A: 산 페르민 출제를 위해 우리는 500달러가 있어야 할 꺼야.

B: 진짜? 그럼 우리 9월에 스페인에 갈 수 있겠다.

Tema

II

화술 표현

01 사람을 부를때
02 말문을 틀때
03 질문과 설명
04 의문
05 응답
06 맞장구
07 되물음
08 이해와 확인
09 대화와 막힘과 재촉
10 대화의 시도와 화제 전환

01 사람을 부를 때

인사를 하여 부를 때

안녕하세요! (1)

¡Hola!

안녕하세요?! (2)

¡¡Qué tal!?

※ 이때는 안부를 묻는 것이 아닌, 그냥 단순 인사임.

아주 좋은 아침입니다.

May buenos días.

여기 분이세요?

¿Es Ud. de aquí?

여기 출신이니?

¿Eres de aquí?

모르는 사람을 부를 때

저...

Pues...

안녕하세요?

¡Hola! ¿qué tal?

저, 실례합니다.

Perdón, Señor.

Diálogo breve

41. 도와주세요! ¡Socorro!

A: ¡Socorro! ¡Socorro!

B: ¡Ah, Sancho se cayó en el agua!

A: 도와주세요! 도와주세요!

B: 아! 산초가 물에 빠졌다.

신사분!

¡Caballero!

아가씨!

¡Señorita!

저기, 부탁이 있는데요!

¡Oiga, por favor!

이봐, 들려!

¡Oye, escucha!

실례합니다, 실은 제가 여기 출신이 아닙니다.

Perdone, es que no soy de aquí.

그런데 제게 ...를 말씀해 주실 수 있겠습니까?

Pero ¿podría decirme...?

우리 전에 서로 본적 있지 않은가요?

¿No nos hemos visto antes?

호칭을 부를 때

안녕하세요. 로뻬스씨.

Buenos días, Señor López.

안녕하세요. 히메나 여사.

Buenas tardes, Señora Jimena.

안녕하세요. 까딸리나 양.

Buenas noches, Señorita Catalina.

반갑습니다. 모레노 박사님.

Mucho gusto, Doctor Moreno.

잘가요. 마리오.

Adiós, Don Mario.

잘가요. 마리아.

Adiós, Doña María.

Diálogo breve

42. 멍청이! ¡Imbécil!

A: ¿Por qué llevas el paraguas?	A: 왜 넌 우산을 안 가져가니?
B: ¿No ves que va a llover?	B: 비가 올 것이라 보이지 않잖아?
¡Imbécil!	멍청이!

02 말문을 틀 때

말을 걸 때

날씨가 추워요!
¡Qué frío!

> [Qué + 날씨 명사 / 형용사 = 너무 ~하죠]
> calor 덥죠　　　　　　　　fresco 선선해요
> viento 바람이 불어요　　　　seco 건조해요
> húmedo 습해요

비가 올 것 같죠?
Parece que va a llover.

담배를 좀 펴도 괜찮겠습니까?
¿Le molesta que fume?

(담배) 불 좀 있으세요?
¿Tienes fuego?

몇 시죠?
¿Qué hora es, por favor?

....아세요?
¿Sabe Ud. que....?

Diálogo breve

43. 바보짓! ¡Tonterías!

A: Mira qué ridículo, le han pintado barbas y gafas a la foto del profesor.
B: ¡Tonterías! Estoy muy ocupada ahora.

A: 얼마나 웃긴지 봐라. 사람들이 교수님 사진에 수염하고 안경을 그려놨다.
B: 바보짓거리야! 난 지금 매우 바쁘다.

무슨 일이 일어 난지 아세요?
¿Adivina qué pasa?

넌 그것을 믿을 수 없을 것입니다.
No va a creerlo.

믿기에 정말 어려워요!
¡Es realmente difícil de creer!

무슨 일이 있었는지 들었어?
¿Has oído qué pasa?

산초가 내게 말한 것을 넌 믿지 못할꺼야.
No vas a creer lo que Sancho me ha dicho.

내가 무엇을 봤는지 맞춰봐.
Adivina qué he encontrado.

넌 내가 들은 것을 상상할 수 없을 꺼야.
No te imaginas lo que he oído mencionar.

마지막 시간의 정보를 가지고 있니?
¿Tienes información de última hora?

대단한 소식을 들었니?
¿Has oído la gran noticia?

누가 네게 그것을 말했니?
¿Alguien te lo ha dicho?

대화 도중에 말을 걸 때

잠시만, 죄송합니다.
Perdón, un momento.

말씀 중에 실례해도 될까요?
Perdón, ¿podría interrupirle?

Dia:logo breve

44. 말도 마! ¡Qué va!

A: Dicen que eres la mejor
estudiante de vuestro grupo.
B: ¡Qué va! Fernando es mejor
que yo.

A: 사람들이 그러는데 네가 너희들 그룹
에서 가장 훌륭한 학생이라던데.
B: 말도 안돼! 페르난도가 나보다 더 낫다.

죄송합니다만, 제게 대화에 끼어도 될까요?

Perdón, ¿puedo intervenir en su conversación?

김 선생님, 저와 이야기를 좀 하실 수 있을까요?

Señor Kim, ¿puedo hablar con Ud.?

대화에 동참시킬 때

시간 있니?

¿Tienes tiempo?

우리 잠깐 이야기할 수 있나요?

¿Podemos hablar un poco?

이 문제에 관해 당신과 이야기할 수 있을까요?

¿Puedo hablar con usted sobre este problema?

대화하기 좋은 어떤 것을 생각해 봅시다.

Pensemos algo bueno para hablar.

흥미로운 주제인가요? 맞죠?

¿Es un tema interesante, no?

우리 얘기하자고요.

Vamos a charlar.

우리 대화에 함께 하겠어요?

¿Quiere participar en nuestra conversación?

당신과 얘기 좀 할 수 있을까요?

¿Podría tener una conversación con usted?

넌 우리와 이 문제에 관해 대화하는데 관심이 있니?

¿Estás interesado en hablar sobre este problema con nosotros?

Diálogo breve

45. 환상적이야! ¡Fantástico!

A: ¿Qué te parece la película?　　　A: 그 영화 어때?
B: ¡Fantástica!　　　　　　　　　　B: 환상적이야!

용건을 물을 때

제가 도와드릴 것이 있습니까?
¿En qué puedo ayudarle?

도움이 필요하세요?
¿Necesita Ud. ayuda?

네게 도움이 필요한 것 같다.
Parece que nesesitas ayuda.

필요하신 것은 어떤 것이라도…
Cualquier cosa que necesite…

저한테 뭔가 이야기하고 싶으세요?
¿Quiere decirme algo?

무슨 말을 하고 싶은신 거죠?
¿De qué querría hablar?

난처하신 것 같은데, 제가 도와드릴까요?
Le parece mal, ¿puedo ayudarle?

모르는 사람에게 말을 걸 때

실례합니다!
¡Perdón!

부탁인데요!
¡Por favor!

어이!
¡Hey!

어이, 너!
¡Hey, tú!

Diálogo breve

46. 내가 쏠게! ¡Pago yo!

A: Hoy pago yo [=te invito yo].　　　A: 오늘 내가 쏜다!
B: ¡Gracias!　　　　　　　　　　　　B: 고마워!

이봐!

¡Oye!

여기는 처음이신가요?

¿Es la primera visita?

한국어로 말할 수 있나요?

¿Puede hablar coreano?

신문 읽으시겠어요?

¿Quiere leer el periódico?

날씨가 좋죠. 안 그런가요?

Hace buen tiempo, ¿no?

몇 시인지? 부탁합니다.

¿Qué hora es, por favor?

…를 아시나요?

¿Sabe Ud. que…?

실례하지만, 전 이곳 사람이 아닌데, 제게… 말씀해 주실 수 있나요?

Perdone, es que no soy de aquí, pero ¿podría decirme…?

Diálogo breve

47. 이것은 믿을 수 없어! ¡Eso es increíble!

A: ¡Esto es increíble! Recuerdo que había dejado los documentos sobre la mesa y no los encuentro ahora.

B: Quizá alguien se los haya llevado.

A: 이것은 믿을 수 없어! 난 테이블 위에 서류들을 놨던 것으로 기억하는데, 지금 그것을 볼 수 없네.

B: 아마도 누군가 그것들을 가져갔을 꺼야.

03 질문과 설명

질문할 때

이것은 무엇입니까?
¿Qué es esto?

이것은 무엇을 의미합니까?
¿Qué quiere decir esto?

이것을 스페인어로 뭐라고 합니까?
¿Cómo se dice esto en español?

이 머리 글자들은 무엇을 의미합니까?
¿Qué quiere decire estas letras iniciales?

질문이 있습니디.
Tengo una pregunta.

질문 하나 해도 될까요?
¿Puedo hacer una pregunta?

구체적인 질문을 몇 개 더 하고자 합니다.
Voy a hacer unas preguntas detallidas.

질문을 잘 들으세요!
¡Escuche bien la pregunta!

제 질문에 대답하세요!
¡Conteste mis pregusntas!

누가 질문하고 싶습니까?
¿Quién quiere hacer pregunta?

Diálogo breve

48. 너무 어려워! ¡Qué difícil!

A: ¡Qué difícil es este ejercicio! No soy capaz de hacerlo.

B: ¡Ánimo! Sabes que querer es poder.

A: 이 운동 너무 어렵다! 난 그것을 할 수 없을 것 같아.

B: 힘내! 넌 좋아하는 것이 할 수 있다는 것을 알고 있잖아.

질문 없습니까?

¿No hay ni pregunta?

다른 질문 없습니까?

¿No tienen otra pregunta?

다음 질문 하세요.

¿Me hacen la próxima pregunta?

질문 있으면, 손을 드세요.

Levante la mano si tiene una pregunta?

여기까지 다른 질문 없습니까?

¿No tiene más pregunta hasta aquí?

질문에 답변할 때

좋은 질문입니다.

Es buena pregunta.

더 이상 묻지 마세요.

No hagan más pregunta.

더 답변하고 싶지 않습니다.

No quiero explicar más.

뭐라고 대답해야 좋을지 모르겠습니다.

No sé cómo contestar.

말하지 않겠습니다.

No hago ni comentario.

곧 알게될 것입니다.

Saben Uds. poco después.

Diálogo breve

49. 농담하지마! ¡No bromees!

A: Sancho, ¡no bromees más, explícamelo!

B: No estoy bromeando.

A: 산초, 더 이상 농담하지말고, 내게 그것을 설명해봐!

B: 나 농담하는 것 아닌데.

가능하면 빨리 답변하도록 하겠습니다.
Voy a contestar lo más pronto posible.

이유를 말씀해 드릴 수 없습니다.
No puedo explicarles el porqué.

설명을 요구할 때

...에 대해 좀 더 설명해 주시겠습니까?
¿Puede explicar más sobre ...?

이유를 설명해 주실 수 있습니까?
¿Puede explicar el porqué?

간단히 설명해 보세요.
Explique sencillamente.

더 자세히 말씀해 주세요.
Explique más detalladamente.

요점에 벗어났습니다.(1)
Eso no tiene nada que ver.

요점에 벗어났습니다.(2)
Eso no viene al caso.

요점을 말하세요!
¡Vaya al grano!

어찌된 것이죠? 말해주세요!
¿Qué pasa? ¡Dígame!

이것을 다시 한번 설명해 주시겠어요?
¿Me explicará esto otra vez?

더 쉬운 말로 다시 말씀해 주시겠어요?
¿Puede explicarlo otra vez con las palabras más fáciles ?

Diálogo breve

50. 아마도. Quizás.

A: Parece que Jorge no va a
venir hoy.
Dicen que su madre está
enferma.
B: Quizás[= Tal vez, Es probable].

A: 호르헤는 오늘 오지 않을 것으로 보
여. 그의 엄마가 아프다고들 하는데.
B: 아마도.

말로는 다 설명할 수 없습니다.

Eso es más allá de descripción.

말로는 표현하기 힘들어요.

Para mí, es muy difícil expresar con palabras.

어떻게 설명해야 할지 모르겠습니다.

No sé cómo explicarlo.

그밖에 달리 설명할 방법이 없어요.

No puedo explicarlo más con otros modos.

그래서 그런 겁니다.

Eso es el porqué.

말하자면 길어요.

Sería largo de contar.

그것은 상식이죠.

Eso es el sentido común.

집중을 요구할 때

사실은...

A decir verdad...

문제는 말야...

El problema es...

솔직히 말하자면...

Francamente...

Diálogo breve

51. 다른 때와 똑같아. Como siempre.

A: Hombre, ¡cuánto tiempo sin verte!
¿Qué me cuentas?

B: Como siempre, nada de nuevo.

A: 이 사람, 이게 얼마만이야. 내게 뭐 말좀 해봐?

B: 여느 때와 마찬가지야. 새로운 것은 없어.

여기요. 들리세요!

¡Escuchen aquí!

봐라!

¡Mira!

이것 봐라!

¡Mira esto!

그것을 잘 봐!

¡Míralo bien!

조용히!

¡Tranquilo!

좀 봐요!

¡A ver!

지금 제게 귀 기울이세요!

¡Escúchame ahora!

넌 (내 말을) 듣고 있는 거니?

¿Estás escuchándome?

주의를 기울였니?

¿Has prestado atención?

이것에 집중하세요.

Presta atención a esto, por favor.

잠시 내 말을 들어 줄 수 있니?

¿Podrías escucharme un momento?

Diálogo breve

52. 고집 세기는! ¡Qué terco eres!

A: Es muy difícil este ejercicio. Me ha costado un día entero y todavía no he podido resolverlo.

B: ¡Qué terco eres! ¿Por qué no le preguntas a Sancho?

A: 이 업무는 매우 어렵다. 내게 하루 종일 걸렸고, 아직도 그것을 해결할 수가 없다.

B: 고집 세기는! 왜 산초에게 그것을 물어보지 않는 거야?

04 의문

의문사 및 관계사 [Cuándo]

언제?

¿Cuándo?

넌 새차를 언제 살꺼니?

¿Cuándo comprarás un coche nuevo?

난 그에게 언제 갈지 물어보았다.

Le pregunté cuándo iría.

~때

Cuando~ (직설법 현재)

~라면

Cuando~ (접속법 현재)

해가 날 때, 난 해변에 간다.

Cuando hace sol, voy a la playa.

졸리면, 잘꺼다.

Cuando yo tenga sueño, me acostaré.

의문사 및 관계사 [Dónde]

어디?

¿Dónde?

Diálogo breve

53. 얼마나 피곤한지! ¡Qué cansancio!

A: ¡Qué cansancio!

B: Es verdad. ¡Hemos recorrido un parque de 72 hectáres!

A: 얼마나 피곤한지!

B: 사실이야. 우리는 72 헥타르[크기단위]의 공원을 걸었다고.

너 어디에 있니?

¿Dónde estás?

너 어디로 가니?

¿Adónde vas?

넌 어디에서 왔니 [출신이니]?

¿De dónde eres?

버스는 어디에서 출발합니까?

¿De dónde sale el autobús?

난 내가 원하는 곳으로 갈 것이다.

Voy donde (yo) quiera.

그 집은 우리 아버지가 태어나신 집이다.

Ésa es la casa donde nació mi padre.

의문사 및 관계사 [Quién]

누구?

¿Quién?

누구를 [에게]?

¿A quién?

누가 네게 그것을 말했니?

¿Quién te lo dijo eso?

어떤 사람들이 파티에 오니?

¿Quiénes vienen a la fiesta?

넌 누구를 봤니?

¿A quién viste?

그녀가 누구에 대해서 이야기했었니?

¿De quién hablaba ella?

Diálogo breve

54. 걱정 마세요! ¡No se preocupe!

A: ¿Le pisé el pie, no? Perdón, es que ese hombre me empujó.
B: No se preocupe.

A: 제가 당신 발을 밟았죠, 아닌가요. 죄송합니다. 실은 그 사람이 저를 밀었어요.
B: 걱정마세요[괜찮습니다].

어제 여기에 있던 사람.
El hombre que estaba aquí ayer.

내가 봤던 사람.
El hombre a quien vi.

그가 만났던 여자들.
Las mujeres a quienes él encontró.

내가 생각했던 여배우.
La actriz en quien yo pensaba.

원하는 남[여]자는 들어갈 수 있다.
El[La] que quiera puede entrar.

일찍 도착한 사람들은 상을 받게 될 것이다.
Los que han llegado temprano recibirán un premio.

의문사 및 관계사 [Qué]

무엇?
¿Qué?

무슨 일이야?
¿Qué pasó?

넌 무엇을 원하니?
¿Qué quieres?

넌 무엇을 생각하니?
¿En qué piensas?

넌 무엇을 꿈꿨니?
¿Con qué soñaste?

넌 무엇을 겁내니?
¿De qué tienes miedo?

Diálogo breve

55. 얼마나 아픈지! ¡Qué dolor!

A: ¡Ay! me has pisado el pie.
Uf, ¡qué dolor!
B: Perdón, perdón.

A: 아이고! 네가 내 발을 밟았어. 어휴, 아프다!
B: 미안, 미안.

다른 것 뭐[추가주문 할 때]?
¿Qué más?

이것은 무엇입니까?
¿Qué es esto?

그들은 직업이 뭐죠?
¿Qué son ellos?

재료가 뭐죠?
¿De qué es?

네 이름은 뭐니?
¿Cómo te llamas?

**이름을 묻는 경우는 qué를 사용하지 않음.

넌 무슨 일이 일어났는지 아니?
¿Sabes qué pasó?

너의 주소는 어떻게 되지?
¿Cuál es tu dirección?

너의 세례명은 뭐니?
¿Cuál es tu nombre de pila?

네가 가장 좋아하는 영화는 뭐니?
¿Cuál es tu película preferida?

몇 시?
¿Qué hora?

몇 시입니까?
¿Qué hora es?

몇 시에 가세요?
¿A qué hora se va?

어떤 날씨?
¿Qué tiempo?

Diálogo breve

56. 누가 그렇게 말했어? ¿Qué ha dicho eso?

A: Dicen que vas a estudiar a España.
¿Cuándo te vas?
B: ¿Quién ha dicho eso?

A: 사람들이 그러던데, 네가 스페인으로 공부하러 간다고. 언제 가니?
B: 누가 그것을 말했어?

오늘은 날씨가 어떻습니까?

¿Qué tiempo hace hoy?

~것

lo que ~

그것은 내가 원하는 것이 아니다.

Eso no es lo que quiero.

내가 가장 원하는 것은 장기놀이이다.

Lo que me gusta más es el ajedrez.

의문사 및 관계사 [Cuál]

무엇의 ~? [형용사적으로 사용]

¿Qué ~?

무슨 신문을 원하십니까?

¿Qué periódico quieres?

무슨 신발을 샀니?

¿Qué zapatos compraste?

어떤 것?

¿Cuál ~?

넌 뭘 원하니?

¿Cuál prefieres?

넌 뭐를 팔았니?

¿Cuáles vendiste?

새를 죽인 고양이는 내 고양이이다.

El gato que mató al pájaro es mío.

Diálogo breve

57. 제 정신이 아니다. No estar en sus cabales.

A: ¿Qué le pasa a Jorge? Ayer me gritó sin ton ni son.

B: No le hagas caso. Es que este hombre no está en sus cabales.

A: 호르헤에게 무슨 일이 있니? 어제 내게 아무까닭없이 소리를 질렀어.

B: 그에게 마음쓰지 마라. 실은 그 사람 제정신이 아니야.

그녀가 운전하는 차는 이탈리아 제이다.
El coche que ella conduce es italiano.

그것은 내가 생각했었던 가게들이다.
Ésas son las tiendas en las que yo pensaba.

그녀는 그녀의 숙모 댁에 방문을 했었고, 그것은 그녀에게 매우 즐거웠었다.
Ella fue a visitar a su tía, lo que le gustó muchísimo.

의문사 및 관계사 [Por qué]

왜?
¿Por qué?

넌 왜 그것을 했니?
¿Por qué lo hiciste?

그가 왜 갔는지 모르겠다.
No sé por qué se marchó.

~라는 이유
La razón por la que …

그것이 내가 네게 돈을 지불할 수 없는 이유이다.
Ésa es la razón por la que no puedo pagarte.

의문사 및 관계사 [Cómo. Cuánto]

잘 지내십니까?
¿Cómo está usted?

어떻게 지내?
¿Qué tal?
[=¿Cómo te va?]
[=¿Cómo te anda?]

Diálogo breve

58. 별거 아니다. No importa.

A: ¡Ah, te salió sangre por la
   nariz!
B: No importa[=No es nada
   grave].

A: 앗! 너 코피 난다.
B: 아무것도 아니야.

'help'를 스페인어로 뭐라 합니까?
¿Cómo se dice 'help' en español?

그것을 어떻게 쓰죠?
¿Cómo se lo escribe?

그 집은 얼마나 큰가?
¿Cómo es de grande la casa?

치수가 어떻게 되죠?
¿De qué tamaño es?

부산은 여기서 얼마나 멀죠?
¿Cuánto hay de aquí a Busan?

얼마나 빨리 차가 달릴 수 있죠?
¿A qué velocidad puede ir el coche?

그 상자는 얼마나 무겁죠?
¿Cuánto pesa la caja?

그 옷장은 얼마나 높이가 되나요?
¿Cuánto mide de alto la iglesia?

그 복도는 얼마나 길죠?
¿Cómo es de largo el pasillo?

그 영화는 얼마나 길죠?
¿Cuánto dura la película?

그들은 멕시코시티에서 얼마나 살았죠?
¿Cuánto tiempo vivieron en la Ciudad de México?

여기에서 산지가 얼마나 되었니?
¿Cuánto tiempo hace que vives aquí?

얼마죠?
¿Cuánto vale[=cuesta, es]?

Diálogo breve

59. 나쁘지 않다. No está mal.

A: Dicen que te casaste con la hija del presidente del Consejo. Hombre, no está mal, eh.

B: No es lo que piensas. En realidad, no nos hemos casado todavía.

A: 사람들이 그러는데 네가 위원장의 딸과 결혼했다면서, 이봐. 나쁘지 않아.

B: 네가 생각하는 것은 사실이 아니야. 실은 우리 아직 결혼하지 않았어.

아이는 몇 킬로입니까?

¿Cuánto pesa el niño?

얼마나 많은 밀가루를 샀니?

¿Cuánta harina de trigo compraste?

몇 마리의 소가 달리니?

¿Cuántos toros corren?

얼마나 자주 그녀에게 가보니?

¿Cuántas veces la visitaste?

넌 몇 살이니?

¿Cuántos años tienes?

그를 얼마나 잘 아니?

¿Lo conoces bien?

강 폭이 얼마나 되니?

¿Cuánto tiene de ancho el río?

Diálogo breve

60. 난 아니야! ¡No fui yo!

A: ¿Quién ha roto el florero?

B: ¡No fui yo!

A: 누가 꽃병을 깼니?

B: 내가 그러지 않았어.

긍정적으로 대답할 때

네!
¡Sí!

자명하네요!
¡Comprensible!

이해됩니다!
¡Lo entiendo!

그것 알고있습니다!
¡Lo sé!

난 맞다고 본다.
Yo creo que sí.

문제없어요!
¡No hay problema!

네가 말한 것을 이해했다.
He entendido lo que has dicho.

모두 이해했습니다.
Lo entiendo todo.

잘 이해되네요.
Bien entendido.

Diálogo breve

61. 넌 매우 능력 있어! ¡Eres muy capaz!

A: Ayer el entrenador me elogió y dijo que ya puedo manejar la máquina solo.

B: ¿Sí? ¡Eres muy capaz!

A: 어제 코치가 날 칭찬했어, 그리고 그는 이제 내가 혼자서 기계를 조종할 수 있다고 말했어.

B: 그래? 넌 매우 능력있다니깐!

듣고 있어.

Te oigo.

솔직히(양심적으로) 듣고 있습니다.

Estoy escuchando a conciencia.

잘 들었다.

Te he oído.

여전히 듣고 있습니다.

Todavía estoy escuchando.

네가 말하는 것에 신경쓰고 있다.

Atiendo a lo que hablas.

네가 말하는 것에 대단히 주의를 기울이고 있다.

Presto mucha atención a tus palabras.

네, 모든 것을 이해했습니다.

Sí, lo entiendo todo.

의도하는 것에 대해 완전히 이해합니다.

Comprendo completamente de qué se trata.

부정적으로 대답할 때

아뇨!

¡No!

뭐야!

¡Qué va!

아주 안 좋아요!

¡Qué mal!

Diálogo breve

62. 죽음이야! ¡Fatal!

A: ¿Cómo te salió el examen!

B: ¡Fatal!

A: 너 시험(결과) 어떻게 나왔어?

B: 죽음이야!

터무니 없어요!
¡Es absurdo!

말도 마라!
¡Ni hablar!

원하지 않아요.
No quiero.

제겐 좋지 않아요.
No me apetece.

가능성이 없어요!
¡No es posible!

그렇게 생각할 수 조차 없죠.
¡Ni pensarlo!

절대 아닙니다!
¡Absolutamente no!

분명히 아닙니다!
¡Claro que no!

전 반대입니다.
Estoy en contra.

당신과 동의하지 않습니다.
No estoy de acuerdo con Ud.

전 절대 반대입니다.
No estoy de acuerdo en absoluto.

당신의 의견을 지지할 수 없습니다.
No puedo apoyar su opinión.

불확실하게 대답할 때

그럴 수 있어요.
Es posible.

Diálogo breve

63. 너무 좋다! ¡Estar bastante bien!

A: ¿Qué te parece la película?
B: ¡Está bastante bien!

A: 영화 어땠어?
B: 너무 너무 좋았어!

그럴지도 모르겠어요.
Podría ser correcto.

아마도
Quizás[=Tal vez].

그렇다면 좋겠는데.
Espero que sí.

그건 경우에 따라 다릅니다.
Depende.

누가 알겠습니까?
¿Quién sabe?

의심을 갖고 대답할 때

믿을 수 없다.
No lo creo.

정말로?
¿Es verdad?

믿기 어려운데.
Para mí, es difícil creerlo.

난 그것이 이상하게 보인다.
Yo lo veo raro.

난 그것을 이상하다고 보지 않는다.
No lo encuentro raro.

내 생각에는 이상하다.
A mí me parece raro.

Diálogo breve

64. 바보짓 하지마! ¡No seas tonto!

A: Antonio me dice que está enamorado y que me quiere para siempre. Dios mío, ¡Qué feliz me siento!

B: ¿Antonio? ¡No seas tonta! ¡Es un Don Juan! Ha enamorado a más de cien mujeres.

A: 안또니오는 내게 사랑에 빠졌다고 말하고 영원이 날 좋아한다고 말하는데, 아우! 정말 행복한 느낌이야!

B: 안또니오가? 너 정신차려라. 그 사람은 바람둥이야! 백명 이상의 여자에게 사랑을 바쳤었다고.

농담이지?
¿Es broma?

농담하고 있지!
¡Estás bromeando!

너 진지하게 말하는 거 아니지, 그렇지?
No lo dices en serio, ¿verdad?

Diálogo breve

65. 너무 빠르군! ¡Tan rápido!

A: ¿Has terminado la tesis? ¡Tan rápido!

B: He pasado las vacaciones de verano encerrado en casa.

A: 논문 끝냈니? 정말 빠르다!

B: 여름 방학을 집에 처박혀서 보냈다고.

06 맞장구

확실하게 맞장구칠 때

그거야!
¡Eso es!

왜 안되겠어!
¡Por qué no!

정확해!
¡Correcto!

정확히 그렇지!
Precisamente así.

네게 동의하다
Estoy de acuerdo contigo.

조금의 의심할 바가 없다.
No cabe la menor duda.

애매하게 맞장구칠 때

아마도
Quizás[=Tal vez].

그럴지도 모르겠어.
Podría ser.

Diálogo breve

66. 휠씬 좋다. Mucho mejor.

A: ¿Cómo te sientes?　　　　A: 기분은 어때?
B: Mucho mejor.　　　　　　B: 휠씬 좋아.

그러기를 바랍니다.

Espero que sí.

네가 의미하는 것은 이해했어, 하지만…

Entiendo lo que quieres decir, pero…

어떤 부분까지는 동의한다.

Estoy de acuerdo hasta cierto punto.

난 정말 원했었지만, 하지만…

Me gustaría, pero…

긍정의 맞장구

그래요!

¡Es verdad?

맞아요[Okay]!

¡Vale!

당연하죠! (1)

¡Naturalmente!

당연하죠! (2)

¡Por supuesto!

당연하죠! (3)

¡Desde luego!

의심할바 없어요.

Es indudable.

당신이 옳아요!

¡Tiene razón!

동의합니다.

Estoy de acuerdo.

Diálogo breve

67. 졌다. Darse por vencido.

A: Date por vencido. No le puedo ganar.	A: 진 것을 인정한다. 난 그를 차지할 수 없어.
B: Quién sabe. Ya veremos.	B: 누가 알겠어. 이제 기다려보자고.

나도 같은 의견을 가지고 있어.
Tengo la misma opinión.

그것이 정확하게 내가 생각했던 것이다.
Eos es exactamente lo que yo pensaba.

난 우리가 같은 것을 생각한다고 본다.
Veo que pensamos lo mismo.

난 사안들을 너처럼 본다.
Veo las cosas como tú.

더 이상 말할 것이 없다.
No se hable más.

부정의 맞장구

분명히 아니다.
Claro que no.

절대 아니지!
¡No, en absoluto!

그렇게 생각하지 않아요.
Creo que no.

그래요? 저도 좋아하지 않습니다.
¿No lo quiere? yo tampoco.

잘 모르겠네요.
No lo sé exactamente.

그것은 무리입니다.
Eso es imposible.

물론 아니죠.
Desde luego que no.

Diálogo breve

68. 철면피! ¡Cara dura!

A: ¿Has invitado a Juan?
B: No. Viene sin invitación.
A: ¡Tiene la cara muy dura!

A: 후안을 초청했다고?
B: 아니. 그는 초청받지 않고 왔어.
A: 정말 철면피다.

난 반대다.
Estoy en contra.

제가 본 것은 그렇지 않습니다.
No es así como yo lo veo.

저는 다른 방식으로 사안들을 봅니다.
Yo veo las cosas de otra manera.

난 네 의견과 같지 않다.
No soy de tu misma opinión.

이해의 맞장구

맞아요.
Sí.

완전해요.
Absolutamente.

네가 옳아.
Tienes razón.

그것입니다.
Eso es.

흥미로운 것같아요.
Parece interesante.

거의 그렇네요.
Más o menos.

나도 같은 생각을 한다.
Pienso igual.

나도 같은 것을 생각한다.
Pienso lo mismo.

Diálogo breve

69. 그래서? ¿Entonces?

A: José me pidió la mano anoche.
B: ¿Entonces?
A: Nada, lo rechacé, porque no lo quiero.

A: 호세가 어제 밤 내게 청혼했어.
B: 그래서?
A: 아무것도 아니지. 난 거절했거든. 왜냐하면 난 그를 좋아하지 않아.

내가 말하고자 하는 것도 같다.
Lo mismo digo yo.

잠시 생각할 때

글쎄.
Pues[=este].

노 코멘트!
¡Sin comentarios!

음…
Hum, hum…

어디 보자!
¡A ver!

거 뭐랄까?
¿Qué podré decir?

뭐라 말해야 할지?
No sé cómo decir

의견을 내놓고 싶지 않다.
No quiero opinar.

잠시만 생각하게 해줘.
Deja que lo piense un momento.

잠시, 내 의견을 유보할께.
De momento, me reservo mi opinión.

난 …에 관해 어떻게 생각하는지 모르겠다.
No sé qué pensar de…

실은 무엇을 말해야하는지를 모르겠다.
Es que no sé qué decir.

Diálogo breve

70. 날 내버려둬! ¡Déjame en paz!

A: No bebas más, te has
   terminado una botella entera.
B: ¡Déjame en paz!

A: 너 더 마시지 마라, 네가 술 한병을
   완전히 다 마셨다고.
B: 날 내버려둬!

 07 되물음

잘 알아듣지 못했을 때

다시 한번만!
¡Otra vez!

그것을 다시 한번만 부탁해.
Déjame repetirlo.

그것을 다시 부탁합니다.
Permítame repetirlo.

좀 더 천천히 말해 주십시오.
Hable más despacio, por favor.

여기에 [글씨] 써주세요.
Escriba aquí, por favor.

이것은 무슨 뜻입니까?
¿Qué significa esto?
[=¿Qué quiere decer esto?]

이것은 무엇입니까?
¿Qué es esto?

무슨 말인지 잘 모르겠습니다.
No lo entiendo.

여기에 써 주십시오.
Escriba aquí, por favor.

Diálogo breve

71. 바보가 되다. Hacerse el tonto.

A: Es verdad que no sé nada de eso.

B: No te hagas el tonto, lo sabes mejor que nadie.

A: 사실 난 그것에 대해 아무 것도 알지 못해.

B: 바보인 척하지마. 넌 누구보다도 그것을 잘 알잖아.

이것은 무슨 뜻입니까?

¿Qué significa esto?

이것은 무슨 뜻입니까?

¿Qué quiere decir esto?

조금 더 천천히 말씀해주실 수 있습니까?

¿Podría hablar un poco más despacio?

그리고, 다음은?

¿Y después?

네가 말하려는 것이 뭐야?

¿Qué es lo que quieres decir?

넌 내게 뭘 말하려는 거야?

¿Qué vas a decirme?

요점이 뭐야?

¿Dónde está el punto?

문제의 핵심이 뭔데?

¿Cuál es la esencia del problema?

우리 주요 문제점들에 들어 가보자.

Entremos en los puntos principales.

우리가 나쁜(잘못된) 점을 집어 볼게.

Pongamos el dedo en la llaga.

핵심에 대해 우리 말해볼까?

¿Hablamos del hito?

넌 뭘 생각하고 있는 거야?

¿En qué estás pensando?

우리 결론을 이야기해 보자.

Hablemos del resultado.

Diálogo breve

72. 공부벌레! ¡Empollón!

A: ¡Oye, empollón, ven aquí!

B: ¿A quién llamas?

A: 이봐, 공부벌레, 이리 와!

B: 넌 누굴 부른 거냐?

반복할께…
Repito,…

즉(다시 말하면), … (1)
Es decir,…

즉(다시 말하면), … (2)
O sea,…

다른 방법으로 말하면, … (1)
Dicho de otro modo,…

다른 방법으로 말하면, … (2)
Dicho de otra manera,…

다른 말로 말하면, …
Dicho con otras palabras,…

천천히 내 말을 다시 들어봐!
¡Escucha despacio mis palabras otra vez!

이해할 수 있도록 그것을 내가 몇 번을 네게 말해야 하니?
¿Cuántas veces tengo que decírtelo para que lo entiendas?

내 의견을 다시 말할께.
Déjame repetir mi opinión.

잠깐만, 네게 다른 형식으로 다시 반복할께.
Espera, te lo repito de otra forma.

되물을 때

뭐요?
¿Cómo?

Diálogo breve

73. 원하는 것을 해라! ¡Haz lo que quieras!

A: No voy a participar en esta actividad tan peligrosa.

B: ¡Haz lo que quieras!

A: 난 그렇게 위험한 활동에 참여하지 않을꺼다.

B: 네가 원하는 대로 해.

실례합니다만, 다시 한번 부탁입니다.
Perdón, otra vez, por favor.

그것을 다시 반복해 주실 수 있나요?
¿Podría repetirlo, por favor?

그것을 다시 그것을 말해주실 수 있나요?
¿Podría decirlo otra vez?

뭐라고 말했죠?
¿Qué dijo Ud.?

죄송합니다, 제가 잘 못들었습니다.
Perdón, no lo oigo bien.

같은 말을 반복할 때

넌 또 그것을 말한다.
Lo repites otra vez.

이미 그것을 말했다.
Ya lo has dicho.

이 문제와 얽혀있지 않다.
No te enredes en este problema.

넌 이것과 관련이 있어야 하잖아?
¿Tienes que enredes en esto?

이미 우리는 이해하고 있다고.
Ya hemos entendido.

이미 우리는 너에 대해 들었다.
Te oímos, ya.

다른 주제로 옮겨갈 수 없겠어?
¿No puedes moverte a otro tema?

다시 한번 말해달라고 할 때

다시 한번 말씀해 주세요.
Otra vez, por favor.

그것을 반복해주실 수 있습니까? 부탁합니다.
¿Podría repetirlo, por favor?

다시 한번 그것을 말해주실 수 있습니까?

¿Podría decirlo otra vez?

실례합니다, 무엇을 말씀하셨죠?

Perdón, ¿qué dijo Ud.?

그것을 가지고 뭐를 말하려고 합니까?

¿Qué quiere decir con eso?

잘 그것을 이해할 수 없습니다.

No lo entiendo bien.

조금 더 천천히 말씀해 주시겠습니까?

¿Podría hablar un poco más despacio?

Diálogo breve

74. 누구에게는 작은 어려움도 없이 Sin costar a alguien el más mínimo esfuerzo.

A: ¡Enhorabuena! Ya que conseguiste un buen trabajo sin costarte el más mínimo esfuerzo.

B: Gracias.

A: 축하해! 넌 아무 어려움 없이 좋은 직장을 구했구나.

B: 고마워.

08 이해와 확인

이해를 확인할 때

분명하죠?
¿Claro?

명확하죠?
¿Está claro?

이해되니?
¿Entiendes?

그거 알겠어?
¿Lo sabes?

내가 무엇을 말하고 있는지 알겠니?
¿Sabes de qué estoy hablando?

내가 무엇을 표현하려는지 알겠니?
¿Sabes qué quiero expresar?

내가 더 설명을 해줘야겠니?
¿Tengo que explicarlo más?

의문이 있습니까?
¿Tiene dudas?

이해 됐습니까?
¿Has comprendido?

만약 이해 안되면, 내게 물어봐.
Pregúntame si no entiendes.

Diálogo breve

75. 호들갑을 떨지 마라! ¡No fanfarrones!

A: Te juro que me bebí 20 botellas de cerveza aquella noche.
B: ¡No fanfarrones!

A: 난 어제 밤에 맥주 20명을 마셨다는 것을 네게 확언한다.
B: 호들갑 떨지마!

아무것도 모르겠니?

¿No sabes nada?

상황이 이해 안되니?

¿No entiendes la situación?

넌 뭘 모르니?

¿Qué sabes tú?

왜 그렇게 멍청하게 굴었냐?

¿Por qué estabas tan estúpido?

넌 남쪽과 북쪽을 구분 못하는 구나.

No distingues el norte del sur.

문제를 가볍게 여기지 마라!

¡No ignores el problema!

이해를 했을 때

네!

¡Sí!

아하! [이제 알겠음]

¡Ya!

그것야!

¡Eso!

물론 맞지!

¡Claro que sí!

이해해요.

Lo entiendo.

알겠어요.

Lo sé.

Diálogo breve

76. 네 [=알겠습니다]! ¡Vale!

A: Cómprame una postal si
correos está abierto.

B: Vale.

A: 우체국 열었다면 내게 엽서 한장 사다
줘!

B: 오케이.

확신합니다.
Estoy seguro(a).

명확합니다. (1)
Es evidente.

명확합니다. (2)
Es cierto.

이제 그것을 믿는다.
Ya lo creo.

이해를 못했을 때

아뇨!
¡No!

이해 안 되요!
¡No lo entiendo!

모르겠어요.
No lo sé.

확실치 않아요.
No estoy seguro(a).

헷갈려요!
¡Está equivocado!

분명히 (이해) 안 되요!(1)
¡Claro que no!

분명히 (이해) 안 되요!(2)
¡Ciertamente no!

절대로 아닙니다!
¡En absoluto, no!

Diálogo breve

77. 말도 안 된다! ¡Ni pensarlo!

A: ¿Quieres engañarme? ¡Ni
   pensarlo!
B: No, es verdad que quiero
   colaborar contigo.

A: 넌 나를 속이고 싶니? 그렇게 생각하
   면 안돼!
B: 아니, 실은 난 너와 함께 일하고 싶다.

그것은 무슨 의미죠?

¿Qué quiere decir con eso?

진지하게 그것을 말씀하시는 건가요?

¿Lo dice en serio?

무엇을 해야할지 모르겠어요.

No sé qué voy a hacer.

넌 문제점이 어디에 있는지 모른다.

No sabes dónde está el punto de la cuestión.

Diálogo breve

78. 혼동하셨나요? ¿No se ha equivocado?

A: Señor, su pasta.

B: Pero no he pedido pasta, ¿no se ha equivocado?

A: 고객님, 고객님의 파스타입니다.

B: 그런데 전 파스타를 주문하지 않았는데요. 혼동하신 것 아닙니까?

09 대화의 막힘과 재촉

말이 막힐 때

음...
Pues [=este]...

글쎄, 어디 생각해 봅시다.
Pues, vamos a ver.

글쎄요, 사실...
Pues, actualmente...

거 뭐라 할까?
¿Qué podría decir?

이, 그게 뭐지?
Ah, ¿qué es eso?

어떻게 네게 그것을 말해야 할지?
¿Cómo te lo voy a decir?

말을 꺼내거나 주저할 때

너도 알다시피...
Sabes...

사람들이 말하는데...
Se dice que...

Diálogo breve

79. 정말 운 없어! ¡Qué mala suerte!

A: ¿Qué compraste ayer?
B: Nada. Me robaron la cartera.

A: 어제 무엇을 샀냐?
B: 아무것도 못샀고, 지갑 도난 당했어.

어제 사람들이 내게 말했는데...
Ayer me dijeron que...

사실은...
La verdad es que...

아, 아, 내 생각에는...
Ay, ay, me parece que...

네게 한가지 말하고자 해.
Te voy a contar una cosa.

적당한 말이 생각나지 않을 때

기억이 안나요.
No lo recuerdo.

아, 그게 뭐더라!
Ah, ¿Qué es eso?

잊어버렸습니다.
Me olvidé de todo.

그것을 기억할 수 없습니다.
No lo puedo recordar.

딱 맞는 말을 찾을 수가 없다.
No puedo encontrar la palabra exacta.

혀끝에서 말이 맴돈다.
Lo tengo en la punta de la lengua.

죄송합니다만, 뭐라고 말씀하셨죠?
Perdón, ¿Qué me dijo?

한번만 더 말씀해 주시겠습니까?
Perdón. Dígame otra vez, por favor.

Diálogo breve

80. 서둘러! ¡Date prisa!

A: ¡Date prisa! Ya no tenemos tiempo.
B: Sí, ya voy.

A: 서둘러! 이제 우리 시간 없다고.
B: 알았어, 이제 간다.

음…
Hum, hum…

글쎄…
Bueno, …

그런데…
Pues,…

실은…
Es que…

그 경우는…
Es caso es que…

글쎄, 그것을 잘 생각해 보면…
Pues, pensándolo bien,…

제가 그것을 생각하게 좀 해주시죠.
Déjame pensarlo.

잠시만...
Espere un momento.

어떻게 네게 그것을 설명할지?
¿Como te lo explicaría?

죄송합니다. 다시 말씀해 주실 수 있지요?
Perdón, ¿puedes repetir?

다시, 부탁합니다. (1)
Repita, por favor.

Diálogo breve

81. 너 혼자? ¿Tú solo[sola]?

A: Quisiera preparar una cena para toda la familia el domingo.
B: ¿Tú solo? ¡Ni hablar!

A: 일요일에 온가족을 위해 저녁을 준비하고 싶은데요.
B: 네가 혼자? (그런)말 말아라!

¡Otra vez, por favor!

뭐라고 말했지요?

¿Qué ha dicho?

다시 말씀해 주실 수 있죠? 부탁합니다.

¿Podría decirlo de nuevo, por favor?

다른 방식으로 같은 것을 말해 줄 수 없나요?

¿No podría decirlo de mismo de otra manera?

대화를 끊어 죄송합니다만, 계속 하십시오.

Disculpe mi interrupción, continúe, por favor.

Diálogo breve

82. 완전 근거없는 의견들이야. Son opiniones puramente infundadas.

A: Dicen que el globo terrestre explotará dentro de cien años.

B: Son opiniones puramente infundadas.

A: 사람들이 그러는데, 지구가 100년 안에 폭발할 거래,

B: 완전 근거 없는 의견들이야.

대화의 시도와 화제 전환

대화를 시도할 때

내가 그것을 밝히게 해줘.
Déjame aclararlo.

우리… 관해 이야기 좀 하자.
Vamos a hablar de…

네게… 를 말해 주고 싶다.
Quiero decirte que…

전부터 너와 이야기를 하고 싶었어.
Hace tiempo que tengo ganas de hablar contigo.

제가 당신께 …대해서 알려드리고 싶습니다.
Quisiera informarle de…

당신이 절 기억하지 못하는 것을 확신하지만, 저는… 입니다.
Estoy seguro que no se acuerda Ud. de mí, pero yo soy…

화제를 바꿀 때

아! 다른 것은…
¡Ah, otra cosa…

미안한데, 하지만…
Perdón, pero…

Diálogo breve

83. 그렇게 하자. Quedamos así.

A: Entonces quedamos así.
Mañana a las nueve voy a la
casa tuya por ti.
B: Vale. Hasta mañana.

A: 그럼 그렇게 우리 약속해. 내일 9시에
너희 집으로 간다.
B: 오케이. 내일 보자.

그건 그렇고… [본론을 말하자면]

A propósito

말을 끊어 미안한데, 하지만…

Perdone que le interrumpa, pero…

이봐! 주제를 바꾸는게 어떨까?

¡Oye! ¿Por qué no cambiamos de tema?

미안한데, 그것에 관해서는 더이상 듣고 싶지 않네.

Perdona, pero no quiero ni oír hablar más de eso.

난 같은 것에 대해 항상 계속 말하고 싶지는 않다.

No quíero seguir hablando siempre de lo mismo.

대화 도중에 쓸 수 있는 표현

그래?

¿Sí?

좋아?

¿Bien?

이후에는?

¿Después?

명확히?

¿Claro?

그래, 하지만...

Sí, pero...

너 알잖아...?

¿Sabes...?

내말 이해하겠지?

¿Entiendes mis palabras?

Diálogo breve

84. 네게 뭐가 문제돼? ¡A ti qué te importa!

A: Llevas demasiado maquillaje, ¿no te parece?

B: ¡A ti qué te parece!

A: 너 너무 화장했네. 괜찮아?

B: 어떤데?!

내가 가능하다면…
Si puedo…

솔직해 질 수 있지?
¿Podría ser franco?

네게 진실을 말할게.
Esto es el límite.

우리 솔직히 말해보자.
Hablemos francamente.

간단히 말할 때

요약하면, ….
En resumen, …

짧게 말하면 ….
En pocas palabras, …

간단하게 (말)하자면, ….
Para abreviar, …

언급한 것은 ….
Lo dicho: …

그것을 잘 생각해 보자면, ….
Pensándolo bien, …

내가 간단히 그것을 말할께.
Voy a hablarlo brevemente.

우리 말 돌려서 하지 말자.
No nos andemos con circunloquios.

Diálogo breve

85. 아무 쓸데없이 en vano

A: Nuestro plan no se ha apro-
bado en el Consejo de
Administración.
B: Entonces hemos hecho el
trabajo en vano.

A: 우리의 계획이 행정위원회에서 승인되
지 않았다.
B: 그럼 우리는 헛일을 했네.

이제 너무 늦었군요.
Ya es muy tarde.

와! 시간 좀 봐(너무 지나갔잖아)!
¡Oh!, ¡mire qué hora es!

늦었어요. 전 가봐야 합니다.
Es tarde, tengo que irme.

자, 가야할 시점이 왔네요.
Bueno, ha llegado el momento de irme.

당신을 만난 것이 너무 기뻤습니다.
Encantado de haberle encontrado.

당신과 대화한 것이 너무 좋았습니다.
Ha sido muy agradable hablar con Ud.

당신을 다시 뵙기를 원합니다.
Espero volver a verle.

당신을 곧 뵙기를 원합니다.
Espero verle pronto.

시간이 된다면 저를 보러 와주세요.
Venga a verme cuando tenga tiempo.

다시 한번 함께 식사해요!
¡Otra vez comemos juntos!

언제 하루 우리 (얼굴)보기 위해 약속을 잡죠.
Tenemos que quedar para vernos un día.

Diálogo breve

86. 철면피! ¡Sinvergüenza!

A: Ese hombre es un consumado ladrón. Lo vi robar una vez.

B: ¡Sinvergüenza!

A: 그 남자는 분명한 도둑이다. 난 한차례 도둑질하는 것을 봤다.

B: 철면피 같으니!

누군가 문에 있습니다. 나중에 제가 전화드릴께요.
Alguien está en la puerta. Le llamaré después.

(전화)신호대기가 되고 있습니다. 우리 다음에 통화할 수 있겠죠?
Alguien está en la otra línea. ¿Podemos hablar después?

전 일을 다시 해야만 합니다. 그럼.
Tengo que volver al trabajo. Adiós.

죄송합니다. 누군가 전화를 하고 있습니다. 안녕히.
Perdón, tengo a alguien en la otra línea. Chao.

전 지금 가야합니다. 다시 통화해요.
Tengo que irme. Hablaremos otra vez.

해야할 것이 있습니다. 곧 전화 드릴께요.
Tengo algo que hacer. Le llamaré pronto.

Tema Ⅱ

대화의 시도와 화제 전환

Diálogo breve

87. 그렇게 빨리 그것을 말하지 마라. No lo digas tan pronto

A: Esta vez seguramente que no habrá ningún problema.	A: 이번에 확실히 아무 문제도 없을 것이다.
B: No lo digas tan pronto.	B: 너무 빨리 그것을 말하지 마라.

Tema III

의견 표현

01 의견과 견해
02 동의와 찬반
03 주의와 타이름
04 충고와 의무
05 제안과 권유
06 부탁과 도움
07 지시와 명령
08 재촉과 여유
09 추측과 확신
10 허가와 양해
11 희망과 의지
12 가능과 불가능

01 의견과 견해

자신의 의견과 견해를 말하고자 할 때

제가 믿기로는…
Creo que…

제 생각에는…
Pienso que…

내게 보기에는…
Me parece que…

내 의견은…
Mi opinión es…

(사)실은…
Es que…

사실은…(1)
La verdad es que…

사실은…(2)
En realidad…

사실은…(3)
La realidad es que…

내게 인상적이었던 것은…
Me da la impresión de que…

내 생각에는…
En mi opinión…

Diálogo breve

88. 일은 이쯤에서 관두자. Y aquí paz y después gloria.

A: Tú te vas a tu casa, yo a la mía, y aquí paz y después gloria.
B: Vale.

A: 너는 너희 집으로 가라, 난 내 집으로 갈테니. 그리고 일은 이쯤에서 관두자.
B: 알았어.

내 판단에는…
A mi juicio…

내가 보기에는…
A mi parecer…

내 관점에서는…
Desde mi punto de vista…

내가 이해하고 있는 것에 따르자면…
Según mi entender…

내가 말하고 자하는 것은…
Lo que quiero decir yo es que…

의견과 견해를 물을 때

어떻게 생각해?
¿Qué te parece?

어떤 의견 있나요?
¿Algún comentario?

다른 의견은?(1)
¿Qué más?

다른 의견은?(2)
¿Algo más?

다른 의견을 가지고 있나요?
¿Tiene una opinión diferente?

어떤 다른 의견을 가지고 있나요?
¿Tiene alguna otra opinión?

제 말을 이해하시나요?
¿Me entiende Ud.?

Diálogo breve

89. 믿을 수 없다! ¡Es increíble!

A: Mira, la puerta se abre
   automáticamente.
B: ¡Es increíble!

A: 봐라, 문이 저절로 열린다.
B: 믿을 수 없네!

제가 했던 말을 이해했죠?
¿Ha comprendido Ud. lo que le dije?

네 의견은 뭐지?
¿Qué opinas tú?

너의 의견은 어떤 것이니?
¿Cuál es tu opinión?

넌 그것에 대해 어떻게 생각해?
¿Qué piensas tú sobre eso?

넌 그것을 어떻게 보니?
¿Cómo lo ves?

이 문제를 어떻게 보니?
¿Cómo ves este problema?

네 관점은 뭐니?
¿Cuál es tu punto de vista?

그것에 대해 그에게 뭐라 해줄 말 있니?
¿Qué le aconsejas sobre eso?

네가 내 입장이라면 어떻게 하겠니?
¿Qué harías tú si estuvieras en mi lugar?

의견을 이해할 때

네.
Sí.

이해할 수 있습니다.
Comprensible.

그것을 이해합니다.
Lo entiendo.

Diálogo breve

90. 그것을 진지하게 여겨라! Tómatelo en serio.

A: No bromees más. Tómatelo
en serio.

A: 더 이상 농담하지 말고, 그것을 좀 진
지하게 받아들여라!

들어 봤습니다.
He oído.

그것을 압니다.
Lo sé.

문제없습니다.
No hay problema.

당신이 말한 것을 이해했습니다.
He entendido lo que ha dicho.

네가 무엇을 말하는지 알겠어.
Sé qué quieres decir.

그것을 이해할 수 있습니다.
Puedo entenderlo.

이해했습니다.
Entendido.

잘 이해했습니다.
Bien entendido.

그것 모두를 이해합니다.
Lo entiendo todo.

의견에 대해 긍정할 때

네! 이해합니다.
Sí, le entiendo.

네! 이번 것은 이해합니다.
Sí, le entiendo en este caso.

그렇게 생각합니다.
(Estoy) de acuerdo.

Diálogo breve

91. 좋은 취향을 가지고 있다. Tener buen gusto.

A: Te queda muy bien este traje.
B: Gracias.

A: 이 옷은 네게 매우 잘 어울린다.
B: 고마워.

네, 아주 기꺼이
Sí, con todo placer.

천만에 말씀입니다.
No es por nada.

알고 말고요.
Por supuesto que lo sé.

완전히 이해했습니다.
Sí, en absoluto, le entiendo.

바보같은 소리군!
¡Tonterías!

헛 소리군!
¡Es un delirio!

불가능해!
¡Imposible!

믿을 수 없어!
¡Sincreíble!

어떻게 가능하지?
¿Cómo es posible?

상상할 수 도 없어!
¡Inimaginable!

엉터리로 말하지 말아라!
¡No digas disparates!

완전히 엉터리군!
¡Es un puro disparate!

Diálogo breve

92. 천만에요. No hay de qué.

A: No sé cómo agradecértelo,
sin ti no podría haberlo hecho
tan bien.

B: No hay de qué.

A: 네게 그것을 그것을 어떻게 고마워해
야할지 모르겠다. 너 없으면 그렇게
잘 그것을 했을 수가 없었을 것이다.

B: 별말씀을.

그것은 될 수 없는 거야!
¡Eso no puede ser!

내게는 그것을 말하지 마라!
¡No me lo digas!

전 완전히 반대입니다!
¡Me opongo completamente!

입에서 나오는 것을 모두 말하니!
¡Dices cuanto te viene a la boca!

네가 틀린 것 같은데.
Creo que te equivocas.

미안한데, 난 그것을 인정할 수 없어.
Perdón, pero no lo apruebo.

의견을 칭찬할 때

맞아, 맞아.
Vale, vale.

응. 난 네게 완전히 동의한다.
Sí, estoy completamente de acuerdo contigo.

좋은 생각입니다!
¡Buena idea!

멋진 생각입니다!(1)
¡Es una idea estupenda!

멋진 생각입니다!(2)
¡Es una idea genial!

그녀는 칭찬 받을 만하다.
Ella merece elogios.

그는 모든 사람의 칭찬대상이다.
Él es el objeto de admiración de todos.

Diálogo breve

93. 당신이 원하는 데로! ¡Como Ud. guste!

A: Sólo quería mirar un poco.　　A: 단지 조금 보고자 합니다.
B: ¡Como Ud. guste!　　　　　　B: 당신이 원하는 데로(하세요)!

 동의와 찬반

동의를 구할 때

명확하시죠?
¿Claro?

분명하시죠?
¿Está claro?

이해하니?
¿Entiendes?

제가 하는 말을 이해하시겠습니까?
¿Me entiende Ud.?

동의하시나요?
¿De acuerdo?

저와 동의하십니까?
¿Está Ud. de acuerdo conmigo?

같은 생각을 가지고 있니?
¿Tienes la misma opinión?

그렇게 생각하지 않니?
¿No piensas así?

너 동의하지, 아니야?
Estás de acuerdo, ¿no?

역시 너도 그렇게 생각하지, 아니니?
También piensas así, ¿no?

Diálogo breve

94. 걱정하지마. No te preocupes.

A: ¿Qué puedo hacer? Ya no me alcanza el tiempo.

B: No te preocupes, yo me encargo de llevarte allí a tiempo.

A: 제가 무엇을 할 수 있죠? 이제 제게는 시간이 없습니다.

B: 걱정하지 말아라. 내가 널 거기에 제 시간에 데려다 줄 책임을 지고 있다.

나의 의견에 동조하니, 맞지?
Compartes mi opinión, ¿verdad?

너 나처럼 의견을 가지고 있지, 아니니?
Opinas como yo, ¿no?

넌 내가 그것을 잘 했다고 믿니?
¿Crees que lo he hecho bien?

내가 그것을 못하지는 않았지, 아니니?
No lo he hecho mal, ¿no?

내가 헷갈리지 않았죠, 그렇죠?
No me he equivocado, ¿verdad?

내가 표현하고 싶은 것이 무엇인지 알겠니?
¿Sabes qué quiero expresar?

의문가는 것이 있니?
¿Tienes dudas?

이해했지?
¿Has comprendido?

감 잡았지?
¿Tienes sentido?

이해하지 못한다면 제게 질문하세요.
Pregúnteme si no entiende usted.

뭘 하려했는지 이해하니?
¿Entiendes de qué se trata?

내가 말하고 있는 것을 알겠죠?
¿Sabe usted de qué estoy hablando?

제가 더 설명을 해드려야 하나요?
¿Tengo que explicarlo más?

Diálogo breve

95. 너무 안 좋아! ¡Qué malo!

A: ¡Qué malo es el camino,
   está lleno de baches!
B: Es verdad, hay que repararlo.

A: 길은 너무 안 좋다. 구덩이로 가득해!
B: 사실, 그것을 고쳐야만 한다.

네! 이해합니다.

Sí, le entiendo bien.

좋습니다!

¡Vale!

좋습니다!(2)

Bien

문제 없습니다.

No hay problema.

동의합니다.

Estoy de acuerdo.

아주 좋습니다!(1)

Muy bien.

아주 좋습니다!(2)

¡Estupendo!

아주 좋습니다!(3)

¡Magnífico!

좋은 생각이네요!

¡Buena idea!

네가 옳다!

¡Tienes razón!

절대적이에요!

¡Absolutamente!

정확해요!

¡Correcto!

적중했어요!

¡Acertado!

Diálogo breve

96. 아직 조금 남다. Todavía falta un poco.

A: ¿Has terminado el trabajo?

B: No, todavía me falta un poco.

A: 일을 끝냈니?

B: 아니, 아직 조금 남았어.

의심할 여지가 없네요.
Sin lugar a dudas.

100%로 동의합니다.
Estoy cien por cien de acuerdo.

난 같은 의견이다.
Soy de la misma opinión.

부분적으로 동의할 때

네, 조금은 당신을 이해합니다.
Sí, le entiendo un poco.

다소.
Más o menos.

동의합니다. 하지만…
De acuerdo, pero…

그럴 수 있습니다. 하지만…
Puede ser, pero…

맞을 수도, 아닐 수도 있다.
Puede que sí, puede que no.

저는 100% 동의하지 않습니다.
No estoy de acuerdo al cien por cien.

나는 단지 부분적으로 동의한다는 것을 표하고 싶다.
Quiero manifestar que sólo estoy parcialmente.

동감할 때

사실이에요.
Es real.

Diálogo breve

97. 매우 맛있다. Está muy rico.

A: Este plato está muy rico.
B: Claro, es la especialidad de este restaurante.

A: 이 음식은 매우 맛있다.
B: 분명, 이 식당의 특별 식이다.

좋아요!

¡Qué bien!

동의해요.

De acuerdo.

네! 당신과 동의합니다.

Sí, estoy de acuerdo con Ud.

분명히 맞아요!

¡Claro que sí!

바로 그것입니다!

¡Eso es!

그것을 믿습니다!

Lo creo.

의심할 바 없죠.

Indudable.

저도 똑같이 생각합니다.

Pienso lo mismo.

전적으로 동의합니다.

Estoy completamente de acuerdo.

전적으로 네게 동의한다.

Estoy totalmente de acuerdo contigo.

우리는 이것에 있어서는 같은 의견을 가지고 있다.

Tenemos la misma opinión en esto.

난 모든 부분에 있어서 너의 생각과 동감이다.

Comparto en todo tu parecer.

전 당신이 옳다고 믿습니다.

Creo que tiene razón.

그것이 제가 생각하는 겁니다.

Eso es lo que pienso.

Diálogo breve

96. 조금 더. Un poquito más.

A: ¿Quieres más pollo?

B: Sí, un poquito más, está muy rico.

A: 닭고기를 더 원해?

B: 네. 조금 더요. 매우 맛있습니다.

우리는 같은 유형에 속해.

Somos de la misma categoría.

우리는 매우 닮았어.

Somos muy parecido.

우리는 같은 목표를 가졌다고.

Tenemos el mismo objeto.

너는 너의 형을 닮았다.

Te pareces a tu hermano.

우리는 유사한 의견을 가졌어.

Tenemos opiniones similares.

우리가 소통을 위해 많은 같은 주제를 찾는 것은 매우 쉽다.

Es muy fácil que encontremos el mismo tema para comunicarnos.

우리는 같은 모델을 가지고 일을 해왔다.

Estamos hechos por el mismo modelo.

상대방이 옳고 자신이 틀렸다고 할 때

네가 옳다.

Tienes razón.

네가 옳다고 본다.

Supongo que tienes razón.

그것이 맞다.

Eso es cierto.

넌 혼동하지 않았어.

No estás equivocado.

네 소식이 정확하다 판명났다.

Tus noticias han resultado ser ciertas.

Diálogo breve

99. 날 믿어, 널 속이지 않아. Créeme, no te engaño.

A: Créeme, no te engaño, este plato está delicioso. Pruébalo.

B: ¡Ah, qué picante!

A: 날 믿어, 난 널 속이지 않아. 이 음식은 맛있다. 먹어봐.

B: 아! 너무 맵다!

내가 보기에 네 대답이 매우 정확했다고 본다.

Me parce que tu respuesta ha sido muy acertada.

(그것은) 다른 것이잖아요.

Es otra cosa.

완전히 동떨어진 다른 이야기야.

Es otra historia totalmente distinta.

넌 주제와 멀어지고 있다.

Estás apartándote del tema.

당신은 우리의 주제와 관련이 없음에 틀림없습니다.

No tiene que ver con nuestra conversación.

(그것은) 우리의 주제가 아니다.

No es nuestro tema.

관련이 없다.

Es irrelevante.

주제와는 너무 멀다.

Está más allá del tema.

주제와 너는 빗나가고 있다.

Estás desviándote del tema.

우리 본론으로 돌아가자.

Volvamos al punto.

Diálogo breve

100. 다시 한번! ¡Otra vez!

A: Perdón, es verdad que estoy muy ocupada, tengo mucho trabajo.

B: ¡Otra vez! No quiero escuchar más excusas, ¿vienes o no?

A: 미안해, 실은 내가 너무 바빠. 일이 너무 많아.

B: 한번만 더! 난 더 변명은 듣고 싶지 않아, 올꺼야 안 올꺼야?

좋습니다!
¡Bien!

아주 좋습니다!
¡Muy bien!

멋집니다!
¡Estupendo!

기발하다!
¡Genial!

그거 이상적이다!
¡Eso es ideal!

완벽해!
¡Perfecto!

좋게 들린다.
Suena bien.

나 그리 멋진 것을 본적이 없다.
Nunca he visto algo tan magnífico.

그것이 내가 원하던 것이다.
Eso es lo que quiero.

내가 원했던 바야!
¡Es lo que quería!

이것보다 더 좋은 것은 없다.
Nada mejor que esto.

난 네게 별을 4개 준다[훌륭하다].
Le doy cuatro estrellas.

Diálogo breve

101. 고백한다. Lo confieso.

A: No trates de ocultarme nada, cuéntamelo sin reservas.
B: Vale, vale, lo confieso. En realidad, estoy saliendo con una chica.

A: 넌 내게 어떤 것도 숨기려 하지 마라.
B: 알았어, 알았어, 고백한다. 사실, 난 한 여자아이와 외출하고 있다.

Esto es perfecto.

이것이 1순위이다.
Esto es de primer orden.

반대할 때

아니요!
¡No!

절대로 (아닙니다)!
¡En absoluto!

헷갈리시는 겁니다!
¡Está equivocado!

완전히 혼동했네요.
Equivocado total.

분명히 아닙니다.
Ciertamente no.

실수입니다.
¡Es erróneo!

불가능해요.
Imposible.

좋지 않아요!
¡No está bien!

전 반대입니다.
Estoy en contra.

Diálogo breve

102. 말할 필요 없다. No necesariamente.

A: Los estudiantes de ciencias físicas y naturales son más inteligentes que los de letras y humanidades.

B: No necesariamente.

A: 물리과학과 자연과학 전공의 학생들은 인문학 학생들보다 더 똑똑하다.

B: 말할 필요없지.

믿을 수 없어요.

No lo creo.

동의할 수 없어요.

No estoy de acuerdo.

그것을 그렇게 보지 않습니다.

No lo veo así.

아주 나쁜 생각이에요!

¡Qué idea más mala!

아니요. 전혀 이해 못합니다.

No, no le entiendo nada.

어떻게 가능하죠!

¡Cómo es posible!

상상할 수 없어요!

¡Inimaginable!

말도 안 되요!

¡Es absurdo!

당신 편을 들 수가 없네요.

No estoy a su lado.

전 당신의 의견을 지지할 수 없습니다.

No puedo apoyar su opinión.

전 이 생각에 반대합니다.

Me opongo a esta idea.

농담이군!

¡Es broma!

바보짓이에요.

Tonterías.

모든 것이 바보소리야!

¡Todo es una tontería!

Diálogo breve

103. 긴장하지마. No te pongas nervioso.

A: No te pongas nervioso, relájate.
　　No te dolerá.
B: Vale, gracias.

A: 긴장하지말고, 긴장을 풀어라.
　　아프지 않을꺼야.
B: 알았어, 고마워.

저는 외국인이라 전혀 이해하지 못합니다.
Soy extranjero y no entiendo nada.

참을 수 없을 때

그것을 생각할 수도 없죠!
¡No pensarlo!

안돼요, 절대로!
¡No, en absoluto!

역겹다!
¡Qué asco!

날 역겹게 한다.
Me da asco.

끔찍해!
¡Es terrible!

안 좋아!
¡Qué mal!

불쾌하다!
¡Qué odioso!

헛소리야!
¡Qué disparate!

그것을 증오한다!
¡Lo odio!

더는 안돼!
¡No puedo más!

네가 미쳤다고 밖에 생각할 수 없다!
¡Creo que estás loco(a)!

Diálogo breve

104. 긴장 풀어. Relájate.

A: Esto no es una entrevista de trabajo, relájate.

B: Pero no puedo. Dios mío, estoy tan nervioso que ni puedo hablar.

A: 이것은 일에 관한 인터뷰가 아니다. 긴장 풀어라.

B: 하지만, 그럴수 없어요. 어휴, 전 너무 긴장해서 말을 할 수 도 없습니다.

잘 모르겠습니다. 그러나…
No lo sé exactamente. Pero…

제 생각에는 요…
En mi pensamiento,…

제가 아는 한…
… que yo sepa.

제게 똑같은 것을 주세요.
Me da igual.

제게 같은 것을 주세요.
Me da lo mismo.

너와 같은 것으로.
Como quieras.

전 아무렇지 않습니다.
No me importa.

저도 다르지 않습니다.
Para mí no hay diferencia.

전 의견이 없습니다.
No tengo nada que opinar.

그것은 저와 아무 관계가 없습니다.
Eso no tiene nada que ver conmigo.

그것은 나의 일이 아닙니다.
Eso no es asunto mío.

그것은 내게 중요하지 않습니다.
Eso no me importa.

Diálogo breve

105. 똑같아. Me da igual.

A: ¿Qué vamos a comer, pizza o pasta?
B: Lo que tú digas. A mí me da igual.

A: 우리 뭐먹지, 피자 아니면 파스타?
B: 네가 말한 것. 난 상관없어(=똑같다).

03 주의와 타이름

네가 옳지 않다.

No tienes razón.

넌 완전히 헷갈렸다.

Estás completamente equivocado.

넌 일을 명확하게 하지 않았다.

No has aclarado el hecho.

무엇인가를 씹고있을 때는 입을 다물어라.

Cierra la boca cuando masticas algo.

입에 하나가득 넣은 채로 말하지 마라.

No hables con la boca llena.

식탁 위에 팔 괴지 마라.

No pongas el codo sobre la mesa.

숙제가 끝날 때까지 TV를 볼 수 없다.

No puedes ver la televisión hasta que termines los ejercicios.

모르는 사람에게 문을 열어주지 마라.

No abras la puerta a desconocidos.

모르는 사람이 네게 준 음식이나 캬라멜을 먹지 마라.

No comas comida ni caramelos que te de un desconocido.

길을 건너기 전에 오른쪽, 왼쪽을 살펴야 한다.

Hay que mirar a los dos lados, a la izquierda

Diálogo breve

106. 됐어! ¡Anda ya!

A: Creo que lo que ha dicho es verdad.

B: ¡Anda ya! No le crea Ud.

A: 난 그가 말했던 것이 사실이라고 믿는다.

B: 됐어! 그를 믿지 마!

y la derecha antes de cruzar la calle.

넌 '죄송하다'고 말해야 한다.
Debes pedir 'perdón'.

넌 '감사하다'고 말해야 한다.
Debes decir 'gracias'.

넌 '천만에요' 라고 말해야 한다.
Debes decir 'no hay de qué'.

넌 '부탁합니다' 라고 말해야 한다.
Debes decir 'por favor'.

넌 상식이 없구나!
¡No tienes sentido común!

너 동생을 놀리지 마라!
¡No te burles de tu hermanito(a)!

이제는 네 질못을 알겠니?
¿Reconoces tu culpa ya?

넌 내가 네게 말했던 것을 잘 들었었냐!
¡Has oído bien lo que te he dicho!

넌 일이 명확해질 때까지 말을 하지 마라.
No hables hasta aclarar el hecho.

넌 일의 근본적인 것을 다시 드러내 보여야 한다.
Otra vez tendrás que exponer la base de hecho.

문을 열어 두었던 사람이 너지!
¡Fuiste tú el que dejó la puerta abierta.

내 자전거를 가져갔던 사람이 너지!
Fue Ud. el que se ha llevado mi bicicleta.

Diálogo breve

107. 네가 말한 것. **Lo que tú digas.**

A: ¿Cómo repartimos los libros,
cada cuarto uno?
B: Lo que tú digas.

A: 어떻게 책들을 우리가 나눠주지?
각각 $\frac{1}{4}$씩?
B: 네가 말한 대로.

이 소식을 폭로한 사람이 그(사람)이지!
Fue ella la que ha revelado el secreto.

비밀을 폭로했던 사람이 그녀지!
Fue ella la que ha revelado el secreto.

내가 늦게 도착한 것은 바로 너 때문이야.
Precisamente por tu culpa llegué tarde.

너의 몸가짐에 주의해라!
¡Cuídate tus modales!

행동 잘해!
¡Pórtate bien!

난 네가 정해진 대로 행동할 것이라 희망한다.
Espero que te comportes como es debido.

아가씨처럼[답게] 행동해라!
Compórtate como una señorita.

como una señorita 아가씨처럼	como un caballero 신사처럼
como un(a) estudiante 학생처럼	como un profesor 선생님처럼
como los padres 부모님처럼	

너의 방을 청소해라!
¡Limpia tu habitación!

네 방을 정리해라!
¡Arregla tu habitación!

Diálogo breve

108. 뭘 말하는 거지? ¿Qué dices tú?

A: En mi opinión, debemos quedarnos aquí protegiendo el árbol.
¿Qué dices tú?
B: Estoy de acuerdo.

A: 내 생각에는, 우리는 나무를 보호하면서 여기서 머물러야 한다.
B: 나도 동의해.

네 침대를 정돈해라!

¡Haz tu cama!

네 장난감을 정리해라!

¡Recoge tus juguetes!

너 손 닦아라!

¡Lávate las manos!

너 이 닦아라!

¡Cepíllate los dientes!

머리를 빗어라!

¡Péinate el pelo!

똑바로 앉아라!

¡Siéntate derecho!

서있어!

¡Ponte de pie!

그렇게 폭식하지 마라!

¡No comes con tanta voracidad!

야채를 더 먹어라!

¡Come más verduras!

편식하지 마라!

¡No elijas la comida!

그렇게 단 것을 먹지 마라!

¡No comas tantos dulces!

걸을 때 머리를 들고, 가슴은 펴라.

Levanta la cabeza y saca el pecho cuando caminas.

너는 창문을 열어 놓아서는 안 된다.

No deberías dejar abierta la ventana.

모든 것을 그에게 말하지 말았어야 한다.

No deberías de haberle dicho todo.

Diálogo breve

109. 너무 치사해! ¡Qué tacaño!

A: La otra vez yo pagué la cuenta, esta vez te toca a ti.

B: ¡Qué tacaño eres! Te acaban de dar la gratificación, ¿no?

A: 내가 계산한 계산서는 다른 것이고, 이번은 네 차례야.

B: 너 너무 치사하다! 너 수당받았잖아. 아니냐?

년 지금 농담하고 있는 거야!
¡Estás bromeando!

결론이 없다.
No hay una conclusión.

너의 결론은 근거가 없다.
Tus conclusiones están infundadas.

난 그것에 관심이 없다.
Eso no me interesa.

제게는 다른 것이 없습니다.
No hay ninguna diferencia para mí.

그것은 다른[상관없는] 일이다.
Eso es un asunto ajeno.

년 내가 시킨 것을 해라!
¡Haz lo que te indico!

Diálogo breve

110. 날 그냥 냅 둬! ¡Déjame tranquilo!

A: No te pongas así, en el mundo no sólo hay una mujer…

B: ¡Déjame tranquilo!

A: 너 그러지 마라. 세상에 한 여자만 있을 뿐만 아니라…

B: 날 조용히 내버려 둬!

 충고와 의무

충고할 때

네게 해줄 말은…
Yo te aconsejo que…

네게 그것을 하지 말라고 몇 번을 말했지?
¿Cuántas veces te he dicho que dejes de hacer eso?

내가 네게 그것을 몇 번 말해야 하니?
¿Cuántas veces tengo que decírtelo?

난 네게 한번 말하지 않았고, 천 번은 이야기했다.
No te lo he dicho una vez, sino mil veces.

왜 너는 정해진 대로 행동할 수 없는 거니?
¿Por qué no puedes comportarte como es debido?

언제 너는 정해진 대로 행동할 줄 알겠니?
¿Cuándo sabrás comportarte como es debido?

어린아이 처럼 행동하지 마세요. 당신은 이제 성숙한 사람입니다.
No actúe como un niño, Ud. ya es una persona madura.

조언할 때

네게 말하고자 했던 것은…
Yo diría que…

Diálogo breve

111. 너무 지루해! ¡Qué aburrimiento!

A: ¡Qué aburrimiento! No tengo
   ganas de hacer nada.
B: ¡Déjame tranquilo!

A: 너무 지루해! 난 어떤 것도 하고 싶지
   않다.
B: 날 조용히 내버려 둬!

내가 너였다면…

Si yo fuera tú…

내가 너였다면, 그것을 하지 않을꺼야.

Si yo fuera tú, no lo haría.

내가 당신이었다면, 그것을 다른 방식으로 했을 것입니다.

Si yo fuera Ud., lo haría de otra manera.

말만하지 말고, 행동해라!

¡No sólo hables, actúa!

서둘러야 한다.

Tienes que apresurarte.

우린 일에 손을 대야만 한다.

Pogamos manos a la obra.

우리 그 일에 착수합시다.

Emprendamos esa obra.

좋은 기회다.

Es una buena oportunidad.

아무것도 안 하면서 거기에 매일 있고 싶냐?

¿Quieres estar allí todos los días sin hacer nada?

팔짱만 끼고 있지 마라!

¡No te cruces de brazos!

넌 인생을 낭비하고 있다.

Estás perdiendo la vida.

당신 자신에 대해 자신감을 가지세요. 그러면 승리할 것입니다.

Tenga confianza en sí mismo, y triunfará.

시간을 낭비해서는 안되고, 그것을 이용해야 한다.

No hay que desperdiciar el tiempo. Y hay que aprovecharlo.

Diálogo breve

112. 우아하다. **Ser un poco elegante.**

A: Eres una mujer, sé un poco elegante.

B: Vale, vale.

A: 넌 여자라고, 좀 우아해 져야지.

B: 알았어, 알았다고.

넌 공부를 열심해 해야한다.
Tienes que estudiar mucho.

넌 우리의 이야기를 말해서는 안 된다.
No debes hablar de nuestra historia.

넌 그녀에 대한 네 태도를 바꿔야 한다.
Debes cambiar de tu actitud hacia ella.

도서관에서는 조용히 해야한다.
Hay que tener silencio en la biblioteca.

역 내에서는 금연이다.
Hay que no fumar dentro de la estación.

학교 근처에서는 차를 천천히 몰아야 한다.
Deben conducir despacio el coche cerca de la escuela.

비밀이다.
Es un secreto.

단지, 너만 (알아야 한다)!
¡Sólo para ti!

난 아무에게도 말하지 않을 것이다.
No voy a decírselo a nadie.

난 비밀을 지킬 것이다.
Voy a guardar el secreto.

난 입을 막고 있을 것이다.
Voy a taparme la boca.

Diálogo breve

113. 장난하지 마라. Dejarse de travesuras.

A: ¡Déjate de travesuras!
　　Papá va a regresar ya.
B: Vale, vale.

A: 너 장난 치지 마라!
　　아빠가 이제 돌아오신다.
B: 알았어, 알았다고.

이점에 대해서는 조용히 있는 것이 더 좋을 것이다.

Mejor manténgase tranquilo con esto.

넌 그것을 누구에게도 말하지 마라.

No se lo digas a nadie.

내가 네게 말한 것을 아무에게도 말하지 마라.

No digas a nadie que te lo he dicho.

난 어떤 경우에도 누구에게도 말하지 않을 것이다.

No voy a decírselo a nadie en ningún caso.

우리 사이의 비밀이다.

Es un secreto entre nosotros.

난 그것을 무덤까지 가져갈 것이다.

Me lo llevo a la tumba.

한마디 말도 하지 마라.

No hables ni una palabra.

입 다물어라!

¡Cierra tu boca!

네게 입 꼭 다물고 있겠다고 약속해라!

Prométeme que te atarás la lengua.

　※ '혀를 묶겠다' 로 직역됨.

난 이 방에서 나가는 것을 허락하지 않을 것이다.

No voy a permitir que salga de esta casa.

114. 아무 것도 아니다. **No es nada.**

A: Hay tanto jaleo fuera. ¿Qué pasa?

B: Nada. Unos chiquillos están alborotando.

A: 밖이 떠들썩하네. 무슨 일이야?

B: 아무것도 아냐. 남자애들이 떠들고 있어.

 제안과 권유

제안할 때

~할 수 있니?
¿Puedes~?

네가 할 수 있다고 믿니?
¿Crees que puedes…?

…에 대해 경험이 있니?
¿Tienes experiencia en…?

네게 그것을 제안한다.
Te lo sugiero.

네게 …을 제안한다.
Te sugiero que…

제안을 하고 싶습니다.
Quiero hacer una sugerencia

네게 아이디어 하나를 주려고 해. … 안 할래?
Voy a darte una idea. ¿Por qué no…?

네게 추천해 주고자하는 것은…
Yo te recomiendo que…

음료수 한 잔 드릴까요?
Permítame ofrecerle un vaso de refresco.

실례합니다, 무엇을 좀 드시겠습니까?
Perdón, ¿desea Ud. beber algo?

Diálogo breve

115. 그렇게 심각하지 않아. No es nada serio.

A: ¿Qué te pasa?

B: Me duele un poco la cabeza, no es nada serio.

A: 무슨 일이니?

B: 조금 머리가 아파, 그리 심각하지는 않아.

안 해!
¡No!

가능하지 않아!
¡No es posible!

절대로 안해!
¡Absolutamente no!

죄송합니다.
Perdón.

꿈도 꾸지 마라!
¡Ni soñarlo!

너 꿈꾸고 있지!
¡Sólo en tus sueños!

날 죽여!
¡Espera a mi muerte!

넌 기회를 잃었어.
No tienes oportunidad.

쓸데없는 말하지 마라.
No gastes saliva.

그거 잊어라!
¡Olvídalo!

난 다른 계획들이 있다.
Tengo otros planes.

나 스케줄이 꽉 차있다.
Tengo la agenda llena.

Diálogo breve

116. 믿을 수 없어. ¡No lo creo!

A: Luis ganó el campeonato en el maratón.
B: ¡No lo creo! ¿Con lo gordo que está?

A: 루이스는 마라톤에서 우승했다.
B: 믿을 수 없어! 어떻게 그렇게 육중한 몸으로?

난 관심 없다.
No me interesa.

내가 관심 있는 것이 아니다.
No es el que me gusta.

머리가 아프네.
Me duele la cabeza.

백만 년 내로는 안 된다.
Ni en un millón de años.

백만 유로[달러]로도 안 된다.
Ni por un millón de euros[dólares].

단지 네가 원하는 것 뿐이다.
Es sólo lo que quieres.

Diálogo breve

117. 무슨 일이야? ¿Qué ocurre?

A: ¿Qué ocurre? ¿Por qué lloras?

B: Me suspendieron las matemáticas.

A: 무슨 일이야? 왜 울어?

B: 수학시험에서 F 받았어[과락 했어].

06 부탁과 도움

부탁할 때

저도 도와주세요.
¡Ayúdeme, por favor!

큰 소리로 말씀해주세요.
Hable alto, por favor.

bajo 작게	claro 명료하게
en español[inglés] 스페인어[영어]로	breve y comprensible 간단 명료하게
sin reservas 시원스럽게	más despacio 더 천천히

…에 대한 부탁을 들어주실 수 있습니까?
¿Haga el favor de…?

도와주세요, 제발!
Écheme una mano, por favor.

실례합니다만, 소금을 전해줄 수 있습니까?
Perdón, ¿podría pasarme la sal?

포크 하나를 제게 가져다 주실 수 있습니까?
¿Podría traerme un tenedor?

국을 먹을 수 있게 숟가락을 하나 주실 수 있습니까?
¿Podría darme una cuchara para el caldo?

Diálogo breve

118. 내게 말해라. **Cuéntame.**

A: Cuéntame, ¿Qué andas haciendo estos días?
B: Estoy arreglando un negocio en España.

A: 내게 말해라, 요즘 넌 뭘 하고 지내니?
B: 난 스페인에서의 일을 해결하고 있다.

도와줘요!
¡Auxilio!

살려줘요!
¡Socorro!

미안한데, 문 좀 닫아 줄래요.
Disculpe, ¿Podría cerrar la puerta?

죄송한데, 가방을 선반 위에 올리는 것을 도와주실 수있나요?
Perdón, señor, ¿podría ayudarme a poner la maleta encima de la redecilla?

이 양식을 채우는 것을 도와주실 수 있습니까?
¿Podría pedirle el favor de ayudarme a rellenar este formulario?

제가 길을 잃은 것 같습니다. 도와주실 수 있나요?
Disculpe, creo que me he perdido, ¿podría ayudarme?

부탁드리기 민망합니다만, 제게 잠시 핸드폰을 빌려주실 수 있습니까?
Me da vergüenza pedirle este favor,
pero ¿podría prestarme un momento su móvil?

실례합니다, 저는 제 우편이 있는지 없는지 알고 싶습니다.
Perdón, me gustaría saber si hay correo mío o no.

가벼운 명령 투로 부탁할 때

미안한데, TV의 볼륨을 조금 낮춰 줄 수 있나요?
Perdón, señor. ¿Podría bajar un poco de volumen de la televisión?

이보세요, 댁의 개를 다른 쪽으로 데려 갈 수 있습니까? 이곳의 많은 사람들을 번거롭게 합니다.
Señor, ¿podría llevar a su perro a otro lado? Puesto que ha molestado a muchas personas por aquí.

Diálogo breve

119. (일) 잘했어! ¡Buen trabajo!

A: ¡Buen trabajo, Luis! Creo que ya debo subirte el sueldo otra vez.
B: Gracias, jefe.

A: 잘했어, 난 이제 자네 다시 월급을 올려줘야겠다고 생각하네.
B: 감사합니다. 사장님.

문제없습니다. 뭘 알기 원하시죠?

No hay problema. ¿Qué quiere saber?

기꺼이 (그렇게 하죠).

Es un placer.

좋아. 네 계획을 말해봐.

Vale, cuéntame tu plan.

응, 이제 내게 자세한 것을 말해봐.

Sí, ahora cuéntame los detalles.

아니라고 말하리라 생각한 적 있었어?

¿No pensarías que iba a decir que no?

기꺼이, 우리 …하자.

Con mucho gusto, vamos a…

네 계획은 내게 매우 현명한 듯하다.

Tus planes me parecen muy sensatos.

부탁을 거절할 때

안돼!

¡No!

난 싫다.

No me gusta.

안돼. 불가능해.

No, imposible.

Diálogo breve

120. 좋은 생각이야! ¡Buena idea!

A: Para que la gente conozca este producto nuevo, podemos organizar una actividad de promoción en E-Mart regalando un recuerdo a los que lo compren.

B: ¡Buena idea!

A: 사람들이 이 새로운 상품을 알게하기 위해 우리는 그것을 사는 사람들에게 선물을 주면서, 이마트에서 판매촉진 활동을 계획할 수 있다.

B: 좋은 생각이야!

너 심각하게 그것을 말하는 거야?

¿No lo dirás en serio?

너 미쳤니?

¿Estás loco(a)?

미안하다 너를 도와줄 수 없어서.

Siento mucho no poder ayudarte.

죄송합니다. 전 도와드릴 능력이 되지 않습니다.

Lo siento, pero no estoy capacitado para ayudarle.

죄송합니다. 어떠한 정보도 제공해 드릴 수 없습니다.

Lo siento, pero no le puedo ofrecer ninguna información.

완곡하게 거절할 때

난 널 도와줄 수 없다.

No puedo ayudarte.

관심 없다.

No me interesa.

안돼. 나는 … 할 수 없을 것이다.

No, no puedo ir a···

미안해, 하지만 사실 … 이다.

Lo siento, pero es que···

가치가 있을 수는 있지만, 난 흥미없다.

Puede que valga la pena, pero no me interesa.

너는 내가 받아드릴 것이라 생각하니? 그럼 매우 착각한 것이다.

¿Tú pensabas que iba a aceptar? Pues estabas muy equivocado.

Diálogo breve

121. 무슨 일 있어? ¿Te pasa algo?

A: ¿Te pasa algo? Tienes la cara muy pálida.

B: Nada. Cogí una gripe.

A: 네게 무슨일 있어? 네 얼굴이 하얗게 질렸어.

B: 아무것도 아니야. 독감에 걸렸어.

내가 널 도와줄 수 있는데?
¿Puedo ayudarte?

넌 도움이 필요하니?
¿Necesitas ayuda?

당신을 돕기위해 가능한 모든 것을 하겠습니다.
Haré todo lo posible para ayudarle.

내게 네가 도움이 필요한지 알게 해주렴.
Déjame saber si necesitas ayuda.

난 어떤 때라도 여기에 있다.
Estoy aquí a cualquier hora.

나를 도와줄래?
¿Me ayudas?

나를 도와 줄 수 있니?
¿Puedes ayudarme?

당신의 도움이 필요합니다.
Necesito su ayuda.

네가 날 도와주길 원한다.
Quiero que me ayudes.

…에 대해 나를 도와줄 수 있니?
¿Puedes ayudarme en…?

당신이 시간이 된다면, … 할 수 있습니까?
Cuando tenga Ud. tiempo, ¿podría…?

Diálogo breve

122. 그는 그고, 너는 너다. Él es él, y tú eres tú

A: Él es estudiante de la Universidad Hankuk, y yo nada más que un bachiller.

B: Él es él, y tú eres tú, ¿Por qué tienes que compararte con él?

A: 그는 한국대학 학생이고, 난 고등학생 이상 아무것도 아니다.

B: 그는 그고, 너는 너다. 왜 너는 그와 널 비교하니?

# 07 지시와 명령

왼쪽으로!

¡A la izquierda!

계속해서 앞으로!

¡Sigue adelante!

이 길로 계속 가세요. 그리고 오른쪽으로 회전하세요.

Siga por esta calle, luego gire a la derecha.

그렇게 속력 내지마!

¡No tan rápido!

이제 가자!

¡Vamos ya!

내말 좀 들어!

¡Escúchame!

빨리!

¡Rápido, por favor!

정숙하세요!

Debe guardar silencio.

이 소포들을 우체국으로 지금 당장 가져가세요.

Lleve estos paquetes al correo ahora mismo.

계약서 사본을 3부 만들어 주세요.

Hágame tres fotocopias del contrato, por favor.

Diálogo breve

123. 배고프니? ¿Tienes hambre?

A: ¿Tienes hambre? Comemos algo
en ese restaurante.

B: De acuerdo.

A: 배고프니? 우리 그 음식점에서 뭔가
먹자.

B: 그러자.

마르따, 페르난도씨의 전화번호좀 찾아주세요.

Señorita Marta, búsqueme el número de teléfono del señor Fernando, por favor.

로뻬스, 오초아 여사와의 약속을 수요일 오전으로 잡아주세요.

Señor López, conciérteme una cita con la señora Ochoa para el miércoles por la mañana, por favor.

명령, 권유할 때

더 높이!

¡Más alto!

목소리 더 크게!

¡En voz más alta!

밥먹자!

¡A comer!

나가세요!

¡Salga!

당신의 면허증 좀 제시하세요!

¡Enséñeme su carnet, por favor!

참고 기다리세요!

¡Espere con paciencia, por favor!

내가 말할 때, 잘 들어라!

¡Escúchame bien cuando te hablo.

그 일은 그들이 받아들이는 방식대로 하세요.

Haga ese trabajo en tal forma que lo aceptan.

Diálogo breve

124. 와! 예쁘다. ¡Qué bonito!

A: Mira, los fuegos artificiales, ¡qué bonito!

A: 봐라, 불꽃(놀이), 와! 예쁘다!

늦게 오지 마라!
No llegues tarde.

움직이지 마세요!
¡No se mueva!

겁먹지 마세요.
No tenga miedo.

넌 너무 바빠.(1)
Estás demasiado ocupado.

넌 너무 바빠.(2)
Estás superocupado.

뛰지 마라!
¡No corras!

하루종일 정신 없이 일한다.
Está atareado todo el día.

넌 너무 많은 것에 관여하고 있다.(1)
Estás metiéndote en demasiado.

넌 너무 많은 것에 관여하고 있다.(2)
Estás poniéndote en demasiadas cosas.

넌 모든 사람들을 만족시킬 수 없다.
No puedes satisfacer a todos.

너 혼자 네가 해야할 모든 것에 만족감을 줄 수 없다.
Tú solo no puedes dar abasto a todo lo que tienes que hacer.

Diálogo breve

125. 용기 잃지 마라! ¡No te desanimes!

A: Lo siento, no he podido ganar una medalla de oro para la escuela.

B: ¡No te desanimes! Tengo confianza en ti, la próxima vez ganarás el campeonato.

A: 미안해. 난 학교를 위해 메달을 따지 못했어.

B: 용기 잃지 마라! 난 널 믿는다. 다음에 우승할꺼야.

08 재촉과 여유

재촉할 때

빨리 해라!
¡Date prisa!

부탁이다!
¡Por favor!

좀 만 더, 해!
¡Va, un poco más!

왜 시작 안 하는 거야?
¿Por qué no lo empieces?

이제 난 더 참을 수 없다.
Ya no puedo soportarte más.

… 할 때까지 네게 그것을 지속적으로 반복할 것이다.
Te lo repetiré insistentemente hasta que…

…하지 않은다면, 화날 것이다.
Me enfadaré si no…

여유를 가지라고 할 때

진정해라!(1)
¡Tranquilo!

Diálogo breve

126. 이제 네 차례다! ¡Ya te toca a ti!

A: Oye, Jorge, ¡ya te toca a ti!
   ¡Ánimo!
B: Gracias.

A: 이봐, 호르헤, 이제 네 차례다. 힘내!
B: 고마워.

진정해라!(2)

¡Calma!

안심해라!

¡Tranquilízate!

침착함을 유지해라!

¡Mantente sereno!

평상심을 잃지 마라!

¡No pierdas la calma!

화내지 마라!

¡No te enfades!

소리지르지 마라!

¡No me grites!

자신을 조절을 할 수 있겠니?

¿Puedes controlarte?

격분하지 마라!

¡No te exasperes!

한 걸음, 한 걸음.

Paso a paso.

조금씩 조금씩

Poco a poco

서두르지 마라!

¡No te apresures!

걱정하지 마라!

¡No te preocupes!

난 모든 것이 잘 될 것이라 믿는다.

Creo que todo saldrá bien.

제 시간에 그 일(을 해라)!

¡Cada cosa a su tiempo!

얻고자 한다면 얻을 수 있다.

El que la sigue la consigue.

Diálogo breve

127. 춥니? ¿Tienes frío?

A: ¿Tienes frío?

B: Sí, un poquito.

A: (너) 춥니?

B: 응, 조금.

 **추측과 확신**

확신을 물을 때

맞아요?
¿Es verdad?

분명하죠?
¿Es cierto?

확신하니?
¿Estás seguro(a)?

완전히 확신하니?
¿Estás completamente seguro?

그것을 잘 봤었니?
¿Lo has mirado bien?

당신은 말한것이 정확하다 믿습니까?
¿Cree Ud. que es cierto lo que dice?

그것을 맹세해?
¿Lo jurarías?

혼동했다는 가능성의 여지가 없어?
¿No cabe la posibilidad de que este equivocado?

Diálogo breve

128. 이제 너무 늦었다. **Ya es muy tarde.**

A: No vengas hoy, ya es muy tarde.
B: Vale, entonces voy manãna por la mañana.

A: 넌 오늘 오지 마라, 이제 너무 늦었다.
B: 알았어, 그럼 내일 오전에 갈께.

분명히 맞습니다.
Claro que sí.

분명합니다.
Es cierto.

의심할 바 없다.
No hay duda.

네, 물론이죠! (1)
¡Sí, claro!

네, 물론이죠! (2)
¡Sí, por supuesto!

네, 물론이죠! (3)
¡Sí, desde luego!

맞다고 확신합니다.
Seguro que sí.

의심하지 않습니다.
No tengo ninguna duda.

네게 그렇다는 것을 약속한다.
Te prometo que es así.

내게 한치의 의심도 없다.
No me cabe la menor duda.

반대 것을 말하는 사람은 거짓말하는 것이다.
Quien diga lo contrario, miente.

Diálogo breve

129. 역겹다! ¡Qué asco! / ¡Qué asqueroso!

A: Mira, ¿qué es eso?
  ¡Qué asco!
B: Parece mierda.

A: 봐라! 그것이 뭐니? 너무 역하다!
B: 똥 같아.

의심이 된다.

Yo lo dudo.

아마도 아닐 것이다.

Quizá no.

확실히 아니다.

Claro que no.

의심이 되었었다.

Lo sospechaba.

난 네게 뭐를 말해야 할지 모르겠다.

No sé qué decirte.

난 결정할 수 없다.

No me decido.

난 그다지 확신이 되진 않는다.

No estoy demasiado seguro(a).

아직, 난 생각의 틀이 잡히지 않았다.

Todavía no me he formado una idea.

난 이것에 대해 어느정도 의문점이 든다.

Tengo algunas dudas sobre esto.

이 이유는 조금 억지지, 아니냐?

Esta razón es un poco forzada, ¿no?

이 이유는 거의 믿을 수 없다, 아니냐?

Esta razón es poco creíble, ¿no?

···에 관한 그것이 맞아?

¿Es verdad eso de que···?

미안한데, 확실하게 그것을 난 모르겠다.

Perdone, pero no lo sé con seguridad.

Diálogo breve

130. 재밌게 보내. **Que te diviertas.**

A: Mañana me voy a viajar a
　　España.
B: Que te diviertas.

A: 내일 난 스페인으로 여행간다.
B: 재미있게 보내.

10 허가와 양해

허가나 허락을 구할 때

실례합니다. 제게 허락해 주시겠어요?
Perdón, ¿me permite?

제게 … 하도록, 부탁합니다.
Déjeme …, por favor.

내 부탁을 하나 들어 줄 수 있니?
¿Podrías hacerme un favor?

네게 부탁하나 할 수 있을까?
¿Te puedo pedir un favor?

내게 도움이 손길을 줄 수 없겠니?
¿No me echas una mano?

네가 네 차를 내게 빌려줄 수 있을지 모르겠다.
No sé si puedes prestarme tu coche o no.

당신께 귀찮게 해드리는 것이 죄송합니다. 하지만, … 할 수 있습니까?
Siento tener que molestarle, pero ¿podría…?

양해를 구할 때

기다려 주세요.
¡Espere!

131. 역하다! ¡Qué porquería! / ¡Qué asco!

A: Esa manzana está podrida.
　 ¡Qué porquería!
B: La tiro ahora mismo.

A: 그 사과는 썩었다. 역하다!
B: 내가 지금 당장 버릴께.

잠시만 기다려라!

¡Espera un momento!

참고 기다려라!

¡Espera con paciencia!

곧 돌아오겠습니다.

Volveré pronto.

담배를 피울 수 있을까요?

¿Puedo fumar?

담배를 피워도 괜찮을까요?

¿Te importa que fume?

들어갈 수 있을까요?

¿Puedo entrar?

제가 이제 지나갈 수 있을까요?

¿Puedo pasarme ya?

지금 네게 찾아가도 되니?

¿Puedo visitarte ahora?

화장실을 사용할 수 있을까요?

¿Puedo usar el baño?

전화를 사용할 수 있을까요?

¿Puedo usar el teléfono?

이것을 볼 수 있을까요?

¿Puedo mirar esto?

당신들과 함께 갈 수 있을까요?

¿Puedo ir con Uds.?

잠시 나가려 합니다, 괜찮을까요?

Salgo un momento, ¿te importa?

스페인어를 조금밖에 알지 못함에 죄송합니다.

Disculpe, sé muy poco el español.

Diálogo breve

132. 필요 없다. No es necesario.

A: No te vayas. Quédate y
comemos juntos.

B: No es necesario, gracias.

A: 가지 마라. 있어라 그리고 함께 밥 먹
자.

B: (그럴) 필요 없어, 고마워.

¿Puedes hablar un poco más despacio?

내가 기차를 놓쳤던 것은 바로 그(사람) 때문이다.

Es justo por él que perdí el tren.

Diálogo breve

133. 그에게 본때를 보여줘야 한다. Hay que darle una lección.

A: Ahora está lleno de arrogancia.

B: Es verdad. Hay que darle una lección.

A: 지금 그는 거만함으로 꽉 차있는데.

B: 맞아. 그에게 본때를 보여줘야해.

11 희망과 의지

희망을 말할 때

난 그녀가 빨리 왔으면 희망한다.

Espero que ella venga pronto.

난 인기 가수가 되고 싶다.

Quiero ser un cantante popular.

내일 비가 그만 왔으면 좋겠다!

¡Ojalá deje de llover mañana!

언제간 크고 아름다운 정원을 가진 별장을 가지고 싶다.

Deseo poseer algún día un chalet con un jardín grande y bonito.

지금 바로 네가 얼마나 보고 싶은지!

¡Cómo me gustaría verte ahora mismo!

언제가 내가 로또가 당첨될지 알겠냐.

Quién sabe si algún día me tacará la lotería.

난 항상 달나라 여행을 꿈꿨었다.

Siempre yo soñaba en viajar por la luna.

내가 하버드 대학에서 공부를 할 수 있다면 얼마나 좋겠냐!

¡Sería maravilloso si yo pudiera estudiar en la Universidad Havard!

아빠가 크리스마스 선물로 핸드폰을 사줬으면 좋겠다.

Quisiera que mi padre me compre un celular para Navidad.

Diálogo breve

134. 그거야 바로! ¡Eso es! / ¡Eso mismo!

A: Lo que quiere decir Luis es que no debemos empezar el viaje sin ninguna preparación.

B: ¡Eso es!

A: 루이스가 말하고 싶은 것은 어떤 준비도 없이 우리는 여행을 시작해서는 안 되다는 것이다.

B: 그건 그래!

의향을 물을 때

이것을 어떻게 생각하니?

¿Qué te parece esto?

그것에 대해 어떻게 생각하니?

¿Qué piensas sobre eso?

넌 어떤 의견이니?

¿Qué opinas tú?

넌 그것을 어떻게 보니?

¿Cómo lo ves?

너의 관점은 뭐니?

¿Cuál es tu punto de vista?

네 의견은 뭐지?

¿Qué dirías tú?

그것에 대해 너는 그에게 뭐라 조언을 해줄래?

¿Qué le aconsejas sobre eso?

네가 내 입장이라면 무엇을 하겠니?

¿Qué harías si estuvieras en mi lugar?

기대감을 표할 때

그것을 조심해서 해라.

Hazlo con cuidado.

난 네가 인생을 걸고 그것을 할 것이라 믿는다.

Creo que lo cuidadrá con tu propia vida.

난 그것을 기대하고 있다.

Estoy esperándolo.

Diálogo breve

135. 불가능해! ¡Imposible!

A: Luis ganó el campeonato del maratón.

B: ¡Imposible!

A: 루이스는 마라톤에서 우승했어.

B: 불가능해!

네가 성공하기를 바란다.

Espero que tengas éxito.

네가 시험에 통과할 것이라 믿는다.

Creo que aprobarás el examen.

아무 탈 없이 그것을 되돌려 줘라.

Devuélvelo sano y salvo.

이것을 조심해라.

Ten cuidado con esto.

Diálogo breve

136. 총명하다. Ser sensato.

A: Es mejor que seas sensato y te vayas.

B: Si no me devuelve el dinero, no me voy.

A: 네가 총명했으면 더 좋겠다. 그리고 가라.

B: 내게 돈을 주지 않는다면, 난 가지 않는다.

 가능과 불가능

가능을 말할 때

가능하다.(1)
Es posible.

가능하다.(2)
Es probable.

될 수 있다.
Puede ser.

아마도.(1)
Quizás

이마도.(2)
Tal vez.

…를 희망한다.
Espero que…

…가 될 수 있는 충분한 가능성이 있다.
Es bastante probable que…

…에 관한 희망은 존재한다.
Hay esperanzas de que…

…가 불가능할 것 같지는 않다.
No parece imposible que…

난 매우 잘 … 할 수 있을 것이라 믿는다.
Creo que muy bien podría…

Diálogo breve

137. 서두르지 마라. No me metas prisa.

A: Rápido, todo el mundo te está
  esperando.
B: No me metas prisa.

A: 서둘러, 모든 사람들이 너를 기다린다.
B: 내게 서두르게 하지마.

불가능이다.

Es imposible.

가능성이 없다.

No es posible.

믿을 수 없다.

Es sincreíble.

…는 어렵다.

Es difícil que…

난 … 라는 것을 믿을 수 없다.

No creo que…

이제는 방법이 없다.

Ya no tengo más remedio.

하나님만이 무엇이 일어날 수 있는지 안다.

Dios sabe qué va a pasar.

아마도 안될 것이다.

A lo mejor no.

…라는 것이 매우 의심스럽다.

Es muy dudoso que…

…에 관한 가능성은 거의 존재하지 않는다.

Hay pocas posibilidades de que…

…라는 것을 생각한다는 것은 옳지 않다.

No es razonable pensar que…

…에 관한 가장 희박한 가능성도 존재하지 않는다.

No existe ni la más remota posibilidad de que…

Diálogo breve

138. 나 지금간다. **Ahora mismo voy.** / Voy en seguida

A: Rápido, todo el mundo te está esperando.

B: Ahora mismo voy.

A: 서둘러, 모든 사람들이 너를 기다린다.

B: 지금 당장 간다.

Tema

IV

감정 표현

01 기쁨과 즐거움
02 걱정과 긴장
03 슬픔과 우울함
04 귀찮음과 불평
05 망각, 후회 그리고 실망
06 비난과 다툼
07 감탄과 칭찬
08 격려와 위로
09 좋아함과 싫어함

01 기쁨과 즐거움

기쁠 때

너무 좋다.
¡Qué bien!

난 기쁘다.
Estoy alegre.

기분이 좋습니다.
Estoy de buen humor.

넌 내게 큰 기쁨을 줬다.
Me has dado una gran alegría.

난 널 만나 너무 기쁘다.
Me alegro mucho de verte.

난 널 다시 보게 되어 너무 기쁘다.
Me alegro mucho de volver a verte.

난 네가 잘 있다는 것이 너무 기쁘다.
Me alegro mucho que estés bien.

난 좋아서 미칠 지경이야.
Estoy loco(a) de alegría.

난 모든 것이 핑크 빛으로 보여.
Todo lo veo de color de rosa.

Diálogo breve

139. 사실을 말하자면… A decir verdad…

A: A decir verdad, no quiero a Antonio.	A: 사실을 말하자면, 난 안또니오가 좋지 않아.
B: Entonces ¿Por qué te casaste con él?	B: 그럼 넌 왜 그와 결혼했어?
A: Porque me quiere.	A: 왜냐하면 그가 나를 좋아해서.

너무 멋지다!

¡Qué estupendo!

네가 좋았다니 너무 좋다!

¡Qué bueno que te gustó!

난 최고조로 가고 있다.

Me está yendo de lo más bien.

모든 결과가 잘 나와서 너무 좋다!

¡Qué bueno que todo resultó bien!

너무 만족스러워 웃음이 나온다.

Estoy tan contento(a) que me rió solo(a).

재미있을 때

난 ...가 좋다.

Me gusta...

난 클래식 음악이 좋다.

Me gusta la música clásica.

난 영화 보는 것을 좋아한다.

Me gusta ver la película.

난 농구에 열광한다.

Me entusiasma el baloncesto.

난 세계사에 관심이 많다.

Me interesa la historia mundial.

난 스페인 문학에 매료되었다.

Me fascina la literatura eapañola.

Diálogo breve

140. 가운데서 비켜라(나와라) Échate a un lado. / quítate de un medio.

A: Si no quieres comprar nada,　　　　A: 네가 아무것도 사길 원하지 않는다면,
　　échate a un lado.　　　　　　　　　　옆으로 비켜라.

B: Perdón.　　　　　　　　　　　　　　B: 미안해요.

너무 행복하다.

Estoy muy feliz.

신혼부부는 행복하다.

Los novios son felices.

난 만족스럽다.

Estoy contento(a).

내 인생에서 이렇게 행복한 적은 없었어.

Nunca estuve tan feliz en mi vida.

Diálogo breve

141. 이제는 더 참을 수 없다. Ya no poder soportarlo más.

A: Ya no puedo soportarlo más. Es que ronca demasiado.

B: Entonces múdate a mi habitación.

A: 이젠 더 참을 수 없다. 사실 너무 코를 곤다고.

B: 그럼 내방으로 네가 옮겨라.

02 걱정과 긴장

걱정을 물을 때

왜 그렇게 작은 일 때문에 걱정하니?

¿Por qué se alarma por tan poca cosa?

참을 수 있지?

¿Seas paciente?

민감해 하지 마라!

¡No te pongas tan sensible!

화내지마!

¡No te enfades!

니쁜 의도는 없디.

No tengo malas intenciones.

그렇게 호들갑을 떨 필요가 뭐가 있니?

¿Qué necesidad hay de hacer tal aspaviento?

걱정스러울 때

난 네가 올 수 없다는 것이 느껴진다.

Siento que no puedas venir.

난 문제 앞에 봉착했다.

Me encuentro ante un problema.

Diálogo breve

142. 지겹군. ¡Qué fastidio!

A: Estos días no deja de llover, ¡qué fastidio!

B: Según el pronóstico del tiempo, mañana el cielo estará despejado.

A: 요즘 비가 멈추지 않아. 지겹네.

B: 기상예보에 따르자면 내일 하늘이 개일거라더라.

난 큰 문제와 맞닿았다.

Ha tropezado con un gran problema.

난 위험에 처했다.

Estoy en peligro.

급박한 위기이다.

La crisis es inminente.

나의 실수로 난 위험에 빠질 것이다.

Mi falta me pondrá en peligro.

난 예상하지 못한 문제에 맞닿았다.

Me he enfrentado **a** unos problemas imprevistos.

난 빚더미에 있다.(1)

Estoy en deuda.

난 빚더미에 있다.(2)

Me lleno de deudas.

난 빚이 많다.

Tengo muchas deudas.

난 채무(債務)의 책임이 있다.

Estoy cargado de deudas.

난 빚에 얽혀있다.

Estoy abrumado de deudas.

걱정하지 말라고 할 때

걱정하지 마라!

¡No te preocupes!

그렇게 그것을 가슴에 담아 놓지 마라.

No te lo tomes tan a pecho.

Diálogo breve

143. 그저 그래 Más o menos. / Así, así.

A: Mañana tienes el examen.
　¿Cómo te sientes?

B: Más o menos. De todas mane-
　ras he repasado los textos.

A: 내일 시험이구나. 컨디션은? (기분은 어
　때?)

B: 그저그래. 어쨌든 간에 텍스트(교과서)
　를 다 봤어.

너를 향한 나의 감정들을 변하지 않았다.

Mis sentimientos hacia ti no han cambiado.

큰 문제는 아니다.

No es un gran problema.

항상 해결 방안은 있다.

Siempre hay una solución.

진정해라, 모든 것이 잘될 것이다.

Tranquilo, todo te saldrá bien.

긴장과 초조할 때

긴장된다.(1)

Estoy nervioso(a).

긴장된다.(2)

Me pongo nervioso(a).

난 극히 긴장하고 있다.

Estoy nerviosísimo.

난 긴장해 미칠 것이다.

Estaré loco de los nervios.

미치겠다.

Me vuelve loco.

이성을 잃을 것 같다.

Perderé la razón.

머리가 터질 것이다.

Mi cabeza va a explotar.

난 더 할 수 없다.

No puedo más.

Diálogo breve

144. 좋아. ¡Qué bien!

A: El profesor dice que mañana no tenemos clases.

B: ¡Qué bien!

A: 선생님이 내일 수업이 없대.

B: 너무 좋다.

좌불안석이다.
Siento hormigueros.
　※ '근질거림이 느껴진다 '라고 직역됨.
엄청나게 긴장된다.
Soy un manojo de nervios.
난 파산 직전에 있다.
Estoy al borde de la ruina.
난 무너지고 있다.
Estoy derrumbándome.

긴장과 초조함을 진정시킬 때

진정해라! (1)
¡Calma!

진정해라! (2)
¡Tranquilo!

힘내!
¡Ánimo!

마음 잡아!
¡Domínate!

진정시켜라! (1)
¡Cálmate!

진정시켜라! (2)
¡Tranquilízate!

평정심을 유지하세요!
¡Manténgase tranquilo!

차분히 그것을 해봐라!
¡Inténtalo con tranquilidad!

Diálogo breve

145. 영리하다. ¡Qué inteligente!

A: Para salvar al niño que se estaba ahogando, Sr. Kim rompió la tinaja de agua.
B: ¡Qué inteligente!

A: 질식해있는 아이를 살리기 위해 Sr. Kim이 물독을 깼다.
B: 머리좋은데!

그렇게 걱정하지 마라!
No te preocupes tanto.

긴장하지마!
¡No te pongas nervioso!

그게 인생이라고!
¡Así es la vida!

때때로, 인생은 잔인해!
A veces la vida es cruel!

Diálogo breve

146. 제가 어떻게 알아요?. Yo qué sé.

A: ¿Qué ocurrió en 1492?
B: Yo qué sé, profesora, si ni siquiera había nacido.

A: 1492년에 무슨 일이 일어났죠?
B: 제가 어떻게 알아요? 선생님. 저는 태어나지도 않았는데요.

03 슬픔과 우울함

난 너무 슬프다.
Estoy muy triste.

너무 슬퍼!
¡Qué tristeza!

너무 안타깝다!
¡Qué lástma!

너무 (마음) 아프다! (1)
¡Qué pena!

너무 (마음) 아프다! (2)
¡Qué dolor!

슬퍼하지 마라.
No estés triste.

난 울고 싶다.
Tengo ganas de llorar.

내 가족의 과거를 말하는 것이 날 슬프게 한다.
Me da tristeza hablar del pasado de mi familia.

그녀는 그녀의 아버지의 죽음에 통곡을 한다.
Ella llora lágrimas de sangre por la muerte de su padre.

난 내 자신의 신세에 통곡을 했다.
Yo lloraba a lágrima viva por mi situación pobre.

Diálogo breve

147. 아직은 이르다. **Todavía es temprano.**

A: Vamos a tomar un té.
B: ¿Qué hora es?
A: Ay, todavía es temprano.
   Vamos.

A: 차 한잔 하자.
B: 몇 시니?
A: 아~ 아직은 이르구나.(시간이 있구나)
   가자 (차마시러)

나의 마음은 슬픔으로 가득차 있다.

El corazón se me llena de tristeza.

슬픔을 표현할 적당한 말이 없습니다.

No encuentro una palabra apropiada con que pueda expresar el dolor.

헛되이 슬픔에 빠져 있을 수는 없다.

No podemos entregarnos en vano a la tristeza.

우울할 때

난 우울하다.

Estoy entristecido(a).

비는 나를 우울하게 한다.

La lluvia me da tristeza.

난 위안이 안된다.

Estoy desconsolado.

그녀에게는 우울한 데가 있다.

Hay algo de sombrío en su gesto.

그것을 알고 나는 우울해졌다.

Me puse melancólico(a) al saberlo.

그런 우울한 표정 짓지마라.

No pongas esa cara tan triste.

난 눈물을 참을 수 있을지 자신이 없다.

No estoy seguro(a) de poder contener las lágrimas.

Diálogo breve

148. 됐어! 그것을 다시 말하지마! ¡Basta! No lo vuelvas a decir.

A: Lo digo todo por el bien mío.
B: ¡Basta! No lo vuelvas a decir.

A: 난 내 재산을 모두 걸고 그것을 말
한다.
B: 됐어! 너 다시 그것을 말 하지마.

04 귀찮음과 불평

짜증날 때

구실을 찾지 마라.
No busques excusas.

바보짓 하지마라.
No hagas tonterías.

나 화났다.
Me he enfadado.

네가 한 짓을 봐라.
Mira lo que has hecho.

난 화가나 죽을 것 같다.
Estoy muriéndome del enfado.

그는 쉽게 짜증을 낸다.
Él es muy susceptible.

그녀는 자신을 초대하지 않아, 무척 짜증을 냈다.
Ella se ofendió muchísimo porque no la invitaron.

많은 사람들이 이런 맛에 짜증을 낸다.
Mucha gente se sintió muy ofendida por este comentario.

너는 나를 짜증나게 한 것을 용서해라.
Perdona si te he ofendido.

Diálogo breve

149. 아직 많이 필요하다. Todavía falta mucho.

A: ¿Está lleno el vaso?
B: No todavía falta mucho.

A: 컵이 차 있나?
B: 아니 아직 많이 필요해.

참을 수 없다.
Estoy impaciente.

신경질이 난다.
Estoy nervioso.

난 더 이상 기다릴 수 없다.
No puedo esperar más.

동시에 너무 많은 일을 맡았다.
Me pongo en demasiadas cosas a la vez.

난 너무 많은 일을 하고 싶지 않다.
No tengo ganas de hacer muchísimas cosas.

겨우 숨쉴 시간만 있다.
Apenas tengo tiempo para respirar.

그는 그 결정에 불평을 많이한다.
Él se queja mucho de esa decisión.

공사의 수음에 주미들이 불평했다.
Los vecinos han formulado quejas contra los ruidos de las obras.

불만을 나타낼 때

가치가 없다.
¡No vale!

논리에 안 맞아!
¡Es ilógico!

헛일이 될꺼야!
¡Será en vano!

Diálogo breve

150. 정말 대단해! ¡Qué grandioso es!

A: ¿Ayer fuiste a la Gran Muralla? ¿Qué te parece?
B: Uf, es increíble. ¡Qué grandioso es el pueblo chino!

A: 어제 만리장성에 갔었니? 어땠어?
B: 와, 믿을 수 없다. 중국인들은 정말 대단해.

완전히 근본이 없는 것이다.

Está completamente incapacitado.

그것은 요구를 충족시키지 못한다.

Eso no satisface los requisitos.

바보짓 하지 마라!

¡No hagas tonterías!

요건을 충족시키지 못한다.

No cumple los requisitos.

무엇이 불만이냐?

¿De qué estás descontento(a)?

나는 이렇게 적은 월급에 불만이다.

No puedo contentarme con un salario tan bajo.

불만이 커지기만 할 뿐이다.

Las quejas no hacen sino aumentar.

그는 그런 불만스런 표정을 했다.

Él ha mostrado el descontento.

난 아무 불만이 없다.

No tengo nada de que quejarme.

Diálogo breve

151. 신은 부지런한 사람을 돕는다. A quien madruga Dios le ayuda.

A: María, es cierto que <a quien madruga Dios le ayuda>, porque esta mañana me he encontrado 500 euros en el metro.

B: Sí, pero madrugó más el que los perdió.

A: 마리아, 〈신은 부지런한 사람을 돕는다〉라는 말이 확실해. 왜냐면, 오늘 아침 지하철에서 500유로를 주웠거든.

B: 그래, 그런데 그것을 잃어버린 사람은 더 일찍 일어났네.

 **망각, 후회 그리고 실망**

망각할 때

내가 뭐라고 말했죠?
¿Qué he dicho yo?

어디까지죠?
¿Hasta dóndo?

언제까지죠?
¿Hasta cuándo?

기억나지 않는다.(1)
No lo recuerdo.

기억나지 않는다.(2)
No me acuerdo.

네가 뭐라고 했니?
¿Qué has dicho?

나 건망증이 있다.
Tengo amnesia.

혀끝에서 말이 맴돈다.
Lo tengo en la punta de la lengua.

Diálogo breve

152. 해결책이 없다. No hay remedio. / No hay solución.

A: ¿Qué vamos a hacer? Luis perdió el disco.
B: No hay remedio. Tenemos que retirarnos del concurso.

A: 우리 뭘할까? 루이스는 음반을 잃어버렸어.
B: 해결책이 없네. 우리는 대회를 포기해야만 한다.

난 그에게 진실을 말했어야 했다.

Yo debería haberle contado la verdad.

지금은 너무 늦었다.

Ahora es demasiado tarde.

난 내가 입을 왜 다물지 않았는지 모르겠다.

No sé por qué no cerré la boca.

지금은 더 방법이 없다.

Ahora no tengo más remedio.

그것을 승낙할 수 밖에 없다.

No hay más remedio que aceptarlo.

그녀와 함께 가지 못했던 것이 너무 안타깝다.

Qué pena que no hubiera ido con él.

시간을 뒤로 돌릴 수 있으면, 다시 시도해 보고 싶다.

Quería poder volver atrás e intentarlo otra vez.

만약 시간을 뒤로 돌릴 수 있다면, 그것을 말하지 않았을 텐데.

Si pudiera volver atrás, no hubiera dicho eso.

실망할 때

너무 안 좋다!

¡Qué mal!

불운이다!

¡Qué mala suerte!

그녀가 날 실망시켰다.

Ella me ilusionó.

Diálogo breve

153. 뭐해야 하지? ¿Qué vamos a hacer?

A: ¿Qué vamos a hacer? Seguro que llegamos tarde.

B: Entramos por la puerta trasera, así nadie se dará cuenta.

A: 뭐해야 하지? 분명히 우리는 늦게 도착했다.

B: 우리 뒷문을 통해 들어가자. 그러면 아무도 모를거야.

나는 결과에 실망했다. (1)
Me decepcionó el resultado.

나는 결과에 실망했다. (2)
Me llevé un chasco con el resultado.

그는 실망해서 나갔다.
Él salio decepcionado.

난 실망감을 느낀다.
Me siento decepcionado(a).

난 배신감을 느낀다.
Me siento tracicionado(a).

난 …를 믿었는데.
Creía que...

난 실망했다.
Estoy decepcionado(a).

너로 부터는 다른 것을 바랬는데!
¡Esperaba otra cosa de ti!

Diálogo breve

154. 시간을 낭비하지 마라. No pierdas el tiempo.

A: ¿Por qué remoloneas? Rápido, no pierdas el tiempo.

A: 왜 어물쩍 거리냐? 서둘러, 시간을 낭비하지 마라.

06 비난과 다툼

비난할 때

너무 역겨운걸!
¡Qué asco!

엉터리야!
¡Qué disparate!

멍청한 짓이야!
¡Tonterías!

꿈꾸지도 마!
Ni soñarlo!

너무 허세 부려서는 안 된다고!
¡No hay que fanfarronear demasiado!

넌 미쳤다고 봐!
¡Creo que estás loco!

그건 단지 네가 원하는 것일 뿐이라고.
Es sólo lo que quieres.

넌 네가 말한 것에 대해서도 생각조차 하지 않니!
¡No tienes ni idea de lo que has dicho!

Diálogo breve

155. 건들지마라. ¡No me toques!

A: ¡No me toques!
B: Es culpa mía, corazón, te pido perdón.

A: 건들지마라.
B: 내 잘못이야, 자기야. 네게 사과할께.

다시 한번 해봐!
¡Otra vez!

봐!
¡Ojo!

너!
¡Tú mismo!

당신!
¡Ud. mismo!

불쌍한 놈!
¡Pobre de ti!

이것을 이제 기억하게 될꺼야!
¡De ésta ya te acordará!

각오해라!
¡Prepárate!

내가 널 때리길 바라냐?
¿Quieres que te pegue?

욕설할 때

짐승!(1)
¡Animal!

짐승!(2)
¡Bestia!

속 뒤틀려!
¡Asqueroso!

Diálogo breve

156. 그래선 안된다. No seas así.

A: Te lo ruego, José.
B: No seas así, es verdad que no te puedo ayudar.

A: 네게 간절히 부탁한다. 호세야.
B: 그래선 안된다. 사실은 난 널 도와줄 수 없다.

멍청이!
¡Burro!

더러운 놈!
¡Cabrón!

돼지같은 놈!
¡Cerdo!

멍청한 놈!(1)
¡Estúpido!

멍청한 놈!(2)
¡Tonto!

멍청한 놈!(3)
¡Idiota!

근본 없는 놈!(개자식!)
¡hijo de puta!

개자식!
¡Bastardo!

저능아!
¡Imbécil!

거짓말쟁이!
¡Mentiroso!

뻔뻔스런 놈!
¡Fresco!

철면피!
¡Sinvergüenza!

도둑놈!
¡Ladrón!

Diálogo breve

157. 그걸 약속할게. Te lo prometo.

A: No tengo ninguna relación con él.
B: ¿De veras?
A: De veras. Te lo prometo.

A: 난 그와 아무관계도 아냐.
B: 사실이야?
A: 사실이야. 네게 약속한다. (내가 장담한다.)

내가 말할 때, 잘 들어라!

¡Escúchame bien cuando te hablo.

그것은 비난받을 만하다.

Eso es reprochable.

널 질책한다!

¡Te reprocho!

입 좀 다물어!

¡Cierra la boca!

네 방으로 가!

¡Vete a tu habitación!

오늘은 집에서 나가지 마라!

¡Hoy no sales de casa!

오늘은 집에서 종일 있어라!

¡Hoy te quedas en casa todo el día!

네 방으로 가서, 네가 했던 것을 잘 생각해봐!

¡Vuelve a tu habitación y piensa bien en lo que has hecho!

Diálogo breve

158. 맹세한다. Te lo juro.

A: No lo conozco. Te lo juro.

B: Vale, te creo.

A: 난 그걸 몰라. 네게 맹세한다.

B: 오케이, 너 믿는다.

07 감탄과 칭찬

감탄을 나타낼 때

와!
¡Oh!

뭐!
¡Que…!

너무 좋아!
¡Qué bien!

너무 환상이야!
¡Qué maravilla!

믿을 수 없어!
¡Sincreíble!

칭찬할 때

그는 매우 특별하다.
Él es muy distinguido.

그는 믿기지 않는 사람이다!
¡Él es increíble!

항상 (그는) 무엇을 해야하는지 안다.
Siempre sabe lo que debe quéhacer.

Diálogo breve

159. 얘기해줘. Cuéntamelo.

A: Yo no tengo culpa alguna.
B: ¿Ah, no? Cuéntamelo, ¿por qué no tienes culpa?
A: El asunto fue así…

A: 난 어떤 잘못도 없다.
B: 아냐? 내게 말해줘. 왜 잘못이 없다는 거야?
A: 그 일은(사실은) 그랬었어…

그(녀)는 품위가 있다.
Tiene buen gusto.

이 파란색 자켓을 입은 그녀는 예쁘다.
Está guapa con esta chaqueta azul.

너는 참 옷걸이가 좋다.
Tienes buen gusto en la ropa.

넌 멋진 체형을 가졌다.
Tienes un tipo bonito.

너는 매력적이다.
Estás atractivo(a).

너의 머리 스타일은 세련되었다.
Tu peinado está de moda.

너는 정말 능력을 가진 사람이다.
Eres una persona con gran habilidad.

넌 믿겨지지 않는 발레리나이다.
Eres una bailarina increíble.

넌 정말 기억력이 좋다!
¡Qué buena memoria tienes!

넌 스페인어를 아주 잘 말하는 구나.
Hablas muy bien el español.

그녀는 믿겨지지 않는 여인이다!
¡Ella es una mujer increíble!

우린 친구야.
Somos amigos.

Diálogo breve

160. 완벽해. Perfecto.

A: ¿Luisa, estás aquí también?
Perfecto, me dieron unos
helados y puedes llevártelos.
B: Gracias.

A: 루이사, 너도 거기 있었구나? 완벽해.
그들이 내게 몇 개의 아이스크림을
줬으니, 네가 그것을 가져갈 수 있다.
B: 고마워.

그는 나의 가장 좋은 친구야.

Él es mi mejor amigo.

우리는 매우 절친이다.

Somos muy íntimos.

우리는 매우 친밀해.

Somos muy entrañables.

우리는 매우 친밀한 친구들이다.

Somos amigos entrañables.

그녀는 나의 가장 좋은 친구이다.

Ella es mi mejor amiga.

그녀는 나의 진심어린 친구이다.

Ella es mi amiga de confianza.

그들은 우정이 두텁다.

Ellos son amigos muy íntimos.

두 사람은 굳건한 우정을 맺고 있다.

La amistad une firmemente a los dos.

친구 좋다는게 뭐겠어!

Eso es lo bueno de tener amigos.

Diálogo breve

161. 재밌다. / 웃기다. ¡Qué gracioso/a!

A: Ah, mira, se pone tan roja como un tomate. ¡Qué graciosa!

B: Es tímida, no le gastes bromas.

A: 아, 봐라. 그녀가 토마토처럼 빨개졌다. 정말 웃긴다.

B: 그녀는 수줍음이 많다. 그녀에게 농담 하지마라.

08 격려와 위로

격려할 때

힘내!
¡Ánimo!

시작해 봐라!
¡Empieza!

두려워하지 마라.
No tengas miedo.

꿋꿋해라.
Insiste.

조금민 디!
¡Un poco más!

시도해봐라!
¡Inténtalo!

시험해 봐라!
¡Prueba!

네 운을 시험해 봐라!
¡Prueba tu fortuna!

네가 무엇을 할 수 있는지 봐라!
¡Mira qué puedes hacer!

가능한 모든 것을 해라!
¡Haz todo lo posible!

Diálogo breve

162. 문제없다. No hay problema.

A: ¿Puedes harcerlo sólo?
B: No hay problema.

A: 그것만을 할 수 있지?
B: 문제없어.

낙담하지 마라!

¡No te desalientes!

그것을 포기하지 마라!

¡No lo dejes!

더 강해져라!

¡Sé más fuerte!

미래가 밝다.

El futuro parece brillante.

넌 그것을 잘 해왔다.

Lo has hecho muy bien.

내가 널 도와줄 꺼야.

Te voy a apoyar.

후회하지 마라.

No te arrepientas.

더 좋은 일이 생길 것이다.

Lo mejor está por venir.

우리 앞길에는 어떤 장애물도 없다.

No hay ningún obstáculo en nuestro camino.

봄에 씨 뿌린 사람이 가을에 수확을 거둔다.

El que siembra en primavera, cosecha en otoño.

위로할 때

내가 너와 함께 있어.

Estoy contigo.

항상 내가 네 옆에 있을게.

Estoy siempre a tu lado.

Diálogo breve

163. 농담이다. Es una broma.

A: ¿Lo dices en serio? ¿Te regaló un chalet?

B: Es una broma. ¿Cómo es posible? Aunque es rico, no es tan generoso.

A: 심각(진실로)하게 말하는 거야? 너한테 별장을 선물했어?

B: 농담이야. 어떻게 가능하겠어? 비록 그가 부자라도 그렇게 관대하진 않아.

내가 널 도울 께.
Te ayudo.

내가 널 도울 꺼야.
Voy a apoyarte.

우리가 널 도울 꺼야.
Te apoyamos.

나를 믿을 수 있을 꺼야.
Puedes creer en mí.

넌 우리를 믿을 수 있을 꺼야.
Puedes confiar en nosotros.

넌 나와 함께 이야기를 나눌 수 있단다.
Puedes contar conmigo.

조속한 회복을 기원합니다.
Le deseo una pronta recuperación.

진심으로 조속한 회복을 기원합니다.
Le deseo de todo corazón un inmediato restablecimiento.

조속히 회복되었으면(바램입니다)!
¡Ojalá se recupere pronto!

믿음을 보일 때

난 널 믿는다.
Creo en ti.

난 네게 믿음을 가지고 있다.
Tengo confianza en ti.

Diálogo breve

164. 허튼소리하다. Decir tonterías. / Decir disparates.

A: ¿Entonces les pegó?
B: No, pero casi nos llegó a pegar.
   Si ves su cara···
C: ¡Jorge, no digas disparates!
   No pasó nada.

A: 그럼 (그가) 그들을 때렸니?
B: 아니야. 하지만 거의 우리를 때리려
   했어.
C: 허튼소리마. 아무 일도 일어나지 않았
   잖아.

넌 나의 믿음을 고려하렴.

Cuenta con mi confianza.

넌 믿을 만한 친구다.

Tú eres un amigo de fiar.

난 결코 너의 신의를 의심하지 않는다.

Nunca he dudado de tu credibilidad.

넌 나의 전폭적인 신임을 얻었다.

Te has ganado mi total confianza.

그렇다고 믿는다.

Creo que sí.

그렇지 않다고 믿는다.

Creo que no.

난 그의 성공을 믿는다.

Estoy seguro de su éxito.

난 그의 무죄를 믿고 있다.

Estoy convencido de su inocencia

나는 당신이 오리라고 믿는다.

Confío en que tú vendrás.

나는 그녀가 생각을 바꾸리라 믿는다.

Creo que ella cambiado de idea.

165. 별 거 아니다. / 심각하지 않다. No importa. / No es grave.

A: Está un poco herido, no es grave.

B: Gracias, doctor.

A: 조금 상처가 났어요. 심각하지 않아요.

B: 감사합니다. 의사선생님.

09 좋아함과 싫어함

좋아하는 것을 말할 때

난 …좋다.
Me gusta …

난 …매료되었다.
Me encanta …

난 클래식 음악이 좋다.
Me gusta la música clásica.

난 스페인 음식에 매료되었다.
Me encanta la comida española.

그[그녀·당신]는 스포츠를 좋아한다.
Le gustan los deportes.

그[그녀·당신]는 스페인 문학에 빠져있다.
Le fascina la literatura española.

그[그녀·당신]는 농구에 열광한다.
Le entusiasma el baloncesto.

난 대중음악보다는 고전음악이 더 좋다.
Me gusta más la música clásica que la popular.

난 커피보다는 차를 선호한다.
Yo prefiero el té al café.

난 영화관이 좋다. 하지만, 극장은 더 좋다.
Me gusta el cine, pero me encanta más el teatro.

Diálogo breve

166. 걱정하지마. No te preocupes.

A: Son las siete y Carlos todavía no ha llegado.

B: No te preocupes. Viene con su tío.

A: 7시다. 까를로스가 아직 오지 않았다.

B: 걱정하지 마라. 그의 삼촌과 올거다.

하나를 골라야 한다면, 이것을 고르겠어.
Si hay que escoger uno, me quedo con éste.

난 가면 갈수록 이 일이 좋아진다.
Me gusta cada vez más este trabajo.

난 여기의 기후가 너무 맘에 든다.
Me agrada mucho el clima de aquí.

나에게 잘 맞는다.
Me cae bien.

난 그[그녀·당신]에게 많은 호감이 있다.
Le tengo mucha simpatía.

난 네가 너무 그립니다.
Te echo mucho de menos.

너를 얼마나 그리워하는지 넌 알 수가 없다.
No sabes cuánto te echo de menos.

너를 얼마나 생각하는지 넌 알 수가 없다.
No sabes cuánto pienso en ti.

로베르또는 마르따에게 미쳐있다.
Roberto está loco por Marta.

미겔은 까딸리나를 향한 사랑에 빠졌다.
Miguel está enamorado de Catalina.

싫어하는 것을 말할 때

너무 애먹여!
¡Qué pesado!

너무 싫다!
¡Qué fastidio!

Diálogo breve

167. 당신이 나를 기분좋게 해 준다. Usted me halaga.

A: Tocas muy bien el piano.
B: Usted me halaga.

A: 너는 피아노를 아주 잘치는구나.
B: 당신이 나를 기분좋게 해 준다.

역겹다!

¡Qué asco!

진저리난다!

¡Qué rabia!

재수 없다!

¡Qué mala suerte!

난 수학공부하는 것이 싫다.

No me gusta estudiar matemáticas.

난 싫다.

No me gusta nada.

난 그[그녀 · 당신]의 방법이 싫다.

No me gusta su modo de ser.

지긋지긋하다.

Estoy harto(a).

지친다.

Estoy cansado(a).

지겹다.

Estoy aburrido(a).

널 증오한다.

Te odio.

이제 난 더 이상 참을 수 없다.

Ya no puedo soportarlo más.

악몽이었다.

Ha sido una pesadilla.

새벽에 일어나야 하는 것이 너무 싫다.

Odio tener que madrugar.

Diálogo breve

168. 내게 말하지마. ¡No me digas!

A: Este plato lo he cocinado yo.

B: ¡No me digas! Está riquísimo.

A: 이 요리를 내가 했다.

B: 말도 안돼. 너무 맛있다.

Tema

V

사교 표현

01 약속
02 초대
03 방문
04 식사
05 전화

01 약속

주말에 시간있니?

¿Tienes tiempo este fin de semana?

토요일에 한가하니?

¿Estás libre este sábado?

널 집에 식사 초대하고 싶어.

Quiero invitarte a comer a mi casa.

우리 집에 식사하러 오지 않을래?

¿Por qué no te vienes a comer a mi casa?

목마르지 않아? 내가 한잔 살게.

¿No tienes sed? Te invito a beber una copa.

뭐 먹고 싶니? 내가 쏜다.

¿Quieres tomar algo? Te invito.

오늘 저녁에 우리 함께 식사나 하자. 올래?

Esta noche vamos a cenar juntos, ¿te vienes?

오늘 함께 저녁 먹자. 우리랑 함께 가자고?

Esta noche cenamos juntos, ¿vienes con nosotros?

오늘 저녁에 식사하는데, 너 오는 거지. 아니니?

Esta noche tenemos una cena, te vienes, ¿no?

Diálogo breve

169. 낯설다. Sentirse como un extraño.

A: Por favor no te tomes tantas molestias, o de lo contrario me sentiré como un extraño.

B: Siéntate, como si estuvieras en tu propia casa.

A: 부탁인데, 네가 그렇게 번거롭지 않길. 그렇지 않으면 뻘쭘할 것 [낯설 것] 같은데.

B: 앉아. 너의 집처럼 있어라.

오늘밤에 밤샘 파티를 할 예정이야, 너 안 올래?
Esta noche celebraremos una velada, ¿por qué no vienes?

이번 주 일요일에 파티를 하려고 하는데, 너 올꺼지?
Voy a hacer una fiesta este domingo, ¿te vienes?

나는 네가 이번주 토요일의 소풍에 왔으면 좋겠다.
Me encantaría que vinieses con nosotros a la excursión de este sábado.

네가 원한다면, 누군가를 데려와도 돼.
Si quieres, puedes traerte a alguien.

공원에서 너와 거닐고 싶은데, 함께 하지 않을래?
Quisiera pasear contigo en el parque, ¿te vienes conmigo?

너 시간되면, 일요일에 배드민턴 함께 치자.
Si estás libre, jugamos al badmintón el domingo.

너 오늘 저녁에 콘서트에 가고 싶지 않니?
¿Tienes ganas de ir a un concierto esta noche?

너를 우리 결혼식에 초대할 수 있을까?
¿Puedo invitarte a nuestra boda?

내일 함께 저녁 식사해요, 어때요?
Cenamos juntos mañana, ¿te parece?

스케줄을 확인할 때

그는 시간에 맞춰왔다.
Él vino a la hora señalada.

그는 네게 이번 주 금요일에 약속을 정하기 위해 전화를 했다.
Él me llamó para concertar una cita para este viernes.

Diálogo breve

170. 안됐다. ¡Qué pena!

A: ¿Por qué no vamos de excursión mañana?
B: Pero según el pronóstico del tiempo mañana lloverá.
A: ¡Qué pena!

A: 내일 우리는 왜 소풍을 가지 않죠?
B: 기상예보에 따르자면 내일 비온데.
A: 이런!

나는 이번 주에 스케줄이 서 있다.

Estoy cargado de planes esta semana.

이 일을 하는데 시간이 얼마나 걸립니까?

¿Cuántas horas tardó Ud. en hacer este trabajo?

이 일을 하기에는 시간이 충분하지 못하다.

No tengo suficiente tiempo para hacer este trabajo.

수요일이 괜찮겠니?

¿Te vendría bien el miércoles?

무슨 요일이 네게 좋겠니?

¿Qué día te viene bien?

금요일에 만나는 것이 어떠신지요?

¿Qué le parece si quedamos el viernes?

몇 시에 만날 수 있을 까요?

¿A qué hora podríamos quedar?

우리의 약속날짜를 당신과 정하고 싶습니다.

Deseo concretar con Ud. la fecha de nuestra cita.

별다른 일이 없다면, 화요일로 제안하고 싶은데.

Si no surgen imprevistos me presentaré el martes.

전 우리가 언제 만날 수 있는지 알기 위해 전화했습니다.

Llamo para saber cuándo podríamos vernos.

전 페르난도 박사님과 면담 일정을 정하고 싶습니다.

Quisiera concertar una entrevista con el doctor Fernando.

사고에 관해 말씀해주실 수 있는 시간을 제게 알려주실 수 있는지 알고 싶습니다.

Deseo saber si podría darme una cita para hablar de este accidente.

Diálogo breve

171. 그에게 신경쓰지 마라. No le hagas caso.

A: Este color es un poco...
B: No le hagas caso, ya no tenemos tiempo para cambiar el color.

A: 이 색은 조금...
B: 개의치 마세요. 이제 우린 색을 바꿀 시간이 별로 없어.

가능하다면, 당신과 모임을 가졌으면 합니다.

Quería tener una reunión con Ud. si es posible.

그럼 우리 5일 7시에 만나자.

Entonces, nos entramos el día cinco a las diez.

약속 장소를 정할 때

우리 어디에서 만날까?

¿Dónde queremos vernos?

우리 지하철역에서 보자. 괜찮아?

Nos encontramos en la estación del metro, ¿no?

학교 근처 커피전문점이 있어. 어때?

Hay una cafetería cerca de la escuela, ¿qué te parece?

교보문고 입구로 올래?

¿Puedes venir a la entrada de la librería Kyobo.

모임을 어디에서 개최하는 것이 좋을까요?

¿Dónde desea que se celebre la reunión?

약속 제안에 승낙할 때

정말? 너무 좋아, 고마워.

¿De verdad? ¡Qué bien! Gracias.

멋진데! 난 한가하다고.

¡Estupendo! Precisamente estoy libre.

너무 좋아! 나 할게 없었는데.

¡Qué bien! Precisamente no tengo nada que hacer.

Diálogo breve

172. 왜 너는 그렇게 상상하니? / 넌 어떻게 생각하니?
   ¿Por qué no lo adivinas? / ¿Tú qué crees?

A: ¿Cuántos años tienes?	A: 몇 살이야?
B: ¿Por qué no lo adivinas?	B: 그것을 상상해봐.

너무 좋아! 어떤 옷을 입어야 하나?

¡Qué bien! ¿Qué tipo de ropa hay que ponerse?

알았어, 월요일에 보자.

Perfecto, hasta el lunes.

좋아, 그때 보자.

De acuerdo, nos vemos entonces.

왜 안되겠어?

¿Por qué no?

초대 고마워, 제시간에 갈게.

Gracias por la invitación, llegaré a tiempo.

좋은 것 같아. 내가 뭐 가져갈까?

Parece bien. ¿Llevo algo?

기쁨마음으로 초대에 응하겠습니다. 참 친절하시네요.

Acepto la invitación con mucho placer, es muy amable.

약속 제안을 거절할 때

미안해, 불가능할 꺼야.

Perdón, pero no va a ser posible.

미안해, 우리 다음 번에 약속을 정하자.

Perdón, lo dejamos para otra vez.

고마워, 그런데 갈 수가 없어.

Gracias, pero no puedo.

참 친절하구나, 그런데 내가 갈 수가 없어.

Eres muy amable, pero no puedo ir.

난 조금 힘들다고 봐.

Creo que es un poco difícil.

Diálogo breve

173. 유효가 아니다. No es viable.

A: Este plan no es viable.

B: Si no probamos, ¿cómo se sabe que no es viable?

A: 이 계획은 유효하지 않아.

B: 만약 우리가 시도하지 않는다면, 어떻게 유효하지 않다고 알겠어요?

미안, 내가 너한테 나중에 전화해 줄게.
Perdón, te llamo después.

미안, 다른 날이라면 동의할 수 있어.
Perdón, vamos a ponernos de acuerdo para otro día.

정말 가고 싶었는데, 하지만 내가 이번 주말에는 시간이 안돼.
Me encantaría, pero estoy mal de tiempo este fin de semana.

정말 가고 싶었는데, 이번 주에 다른 약속이 있어서.
Me encantaría, pero no puedo. Tengo otra cita.

안타깝다! 오늘밤에 이미 다른 해야할 일이 있어.
¡Qué lástima! Esta noche ya tengo otra cosa que hacer.

아쉽다! 오늘밤에 이미 다른 계획을 가지고 있어.
¡Qué pena! ya tengo otro plan esta noche.

아쉽다! 네가 미리 말해줬다면 좋았을 텐데.
¡Qué pena! si me lo hubieras dicho antes.

다른 시간에 간다면 갈 수 있어. 하지만, 오늘밤에는 이미 약속이 있다.
Si fuera a otra hora, yo iría, pero esta noche ya tengo una cita.

미안, 이번 주말에 해야할 일이 엄청 많아.
Perdón, tengo mil cosas que hacer este fin de semana.

이번 주는 엄청 바빠서, 못 갈 것 같아.
Estoy muy atareado esta semana. No puedo ir.

Diálogo breve

174. 나를 괴롭히지 마라. ¡No me molestes!

A: Por favor, Luis, préstame diez mil dólares y te juro que te los devolveré el próximo mes.

B: ¡No me molestes más! Te he dicho que no.

A: 부탁이야, 루이스. 내게 만불만 빌려 줘. 난 네게 다음달에 돌려 줄 것을 약속할게.

B: 날 더 괴롭히지마라. 내가 네게 안된 다고 말했잖아.

02 초대

너 초대한다.

Te invito.

올래?

¿Vienes?

오고 싶니?

¿Quieres venir?

이봐, 우리 파티에 함께 가자!

¡Venga, vamos a la fiesta!

난 너 파티에 초대한다.

Te invito a la fiesta.

파티에 오지 않을래?

¿Por qué no vienes a la fiesta?

너 파티에 올 의향 있니?

¿Te apetece venir a la fiesta?

네게 우리 집의 문은 활짝 열려있다.

Para ti las puertas de mi casa están abiertas de par en par.

난 네가 우리의 귀빈이 되어주길 원해.

Quiero que seas nuestro huésped.

전 당신이 제 초대에 잘 응해주시길 희망합니다.

Espero que tenga usted a bien aceptar mi invitación.

Diálogo breve

175. 다음날. Otro día.

A: José, ¿por qué no vamos al campo a jugar al fútbol?	A: 호세, 왜 축구하러 경기장(운동장)에 가지 않니?
B: Hoy no me encuentro bien. Otro día.	B: 오늘 컨디션이 안좋다. 다음날.

알았어, 고마워.
Sí, gracias.

알았어. 어디야?
Sí, ¿dónde?

좋아!
¡Qué bien!

좋아, 고마워!
¡Encantado(a), gracias!

좋았어, 동의해!
Vale, gracias!

기꺼이 (갈게)!
¡Con mucho gusto!

알았어. 너무 좋은데, 고마워.
Sí, me gusta mucho, gracias.

(내 생각에) 최고야!
Me parece excelente.

물론이죠
¿Por qué no? [=¿Cómo no?]

네, 전 너무 좋아요.
Sí, me gustaría mucho.

네, 원하던 바였습니다.
Sí, estaba deseándolo.

안 간다고 말할 수 없죠.
No puedo decir que no.

누가 거부할 수 있겠어요!
¡Quién podría negarse!

Diálogo breve

176. 제기랄 ¡Caramba!

A: ¿Has terminado los ejercicios?
El profesor dice que hoy va a
calificarlos.
B: ¡Caramba! Se me olvidó.

A: 너 숙제 끝냈니? 선생님이 그것을 오
늘 평가하신다고 말씀하시더라.
B: 제기랄! 깜빡했다.

고맙습니다. 당신의 초대에 감사 드립니다.
Gracias, agradezco mucho su invitación.

고맙습니다. 당신의 초대에 전 매우 기쁩니다.
Gracias, me complace mucho su invitación.

절 그렇게 생각해주셨다니 매우 감사드립니다.
Le estoy muy agradecido por haber pensado en mí.

당신의 초대를 받아들이게 되어 매우 영광으로 생각합니다.
Le estoy muy agradecido por haber pensado en mí.

당신의 정성스런 초대를 받아들이지 않을 수 없습니다.
No puedo por menos de aceptar su amable invitatión.

초대에 응할 수 없을 때

안돼!
¡No!

감사하지만, 안되겠습니다!
¡No, gracias!

아뇨, 갈 수 없습니다.
No, no puedo.

감사하지만, 지금은 안되겠어요.
Ahora no, gracias.

대단히 감사합니다만, 전 갈 수 없습니다.
Muchas gracias, pero no puedo.

응할 수 없습니다.
No puedo aceptar.

감사합니다만, 전 불가능합니다.
Gracias, pero me es imposible.

177. 이쪽으로, 부탁합니다. Por aquí, por favor.

A: Señor Kim, por aquí, por favor.
B: Gracias.

A: 김선생님, 이쪽으로 부탁합니다.
B: 감사합니다.

미안합니다. 전 불가능합니다.
Lo siento, me resulta imposible.

안돼요, 다른 날 그렇게 해요!
¡No, otro día será!

정말 가고싶었는데, 하지만 갈 수 없어요.
Me gustaría, pero no puedo.

아쉬워요, 전 갈 수 없어요!
¡Lástima, no puedo!

아쉬워요. 사실은 다른 일들이 있어서요.
Lástima, pero es que tengo otras ocupaciones.

못 가는 것이 얼마나 아쉬운지!
¡Qué lástima que no pueda!

미안해요, 사실은 한가지 일을 해야만 해서요.
Lo siento, pero es que tengo que hacer un recado.

너무 아쉬워요. 오늘은 응할 수 없지만, 아마도 더 나중에는 (괜찮을 듯해요).
Lo lamento mucho, pero hoy no puedo. Quizá más adelante.

고마워요. 하지만, 이번에는 제게 약속(일)이 있어서요.
Gracias, pero esta vez me toca a mí.

미안해요. 다른 약속이 있어요.
Lo siento, pero tengo otro compromiso.

당신의 초대에 매우 감사드립니다. 전 가고 싶었었습니다.
Muchas gracias por su invitacíon. Me hubiera gustado ir.

Diálogo breve

178. 엿먹어라! ¡Joder!

A: ¡Joder! Me han robado la
cartera.
B: Qué mala suerte.

A: 엿같아! 내 지갑을 도난당했어.
B: 재수없겠다.

03 방문

방문했을 때

여기가 페르난도씨 댁입니까?
¿Es ésta la casa del señor Fernando?

여기에 산체스가 살고 있나요?
¿Es aquí donde vive el señor Sánchez?

빠꼬 씨가 이 호텔에 묵고 계십니까?
¿Se queda este hotel el señor Paco?

엘레나 여사는 댁에 계십니까?
¿Está en casa la Sra. Elena?

잠깐 뵈었으면 합니다.
Desearía verle un momento.

산초라는 사람이 뵈러 왔다고 전해주십시오.
Dígale que el Sr. Sancho desea verle.

손님을 맞이할 때

어떤 분이라 전할까요?
¿A quién debo anunciar?

명함을 주시겠습니까?[= 주십시오.]
Sírvase darme su tarjeta de nombre.

Diálogo breve

179. 누가 알겠어! ¡Quién sabe!

A: ¿Va a casarse pronto, no?
B: ¡Quién sabe!

A: (그가) 곧 결혼하다며, 아닌가?
B: 누가 알겠니.

제 친구에게 말씀 많이 들었습니다.

Mi amigo me ha hablado mucho sobre Ud.

들어오셔서 잠시만 기다리십시오.

곧 돌아오실 겁니다.

Por favor, entre y espere un momento.
Él vendrá pronto.

앉으셔서 얘기가 좀 나누시죠.

Sentémonos a conversar.

편히 앉아 계세요.

Siéntese como en casa.

방문객을 대접할 때

네게 뭔가를 대접하고 싶어.

Quiero ofrecerte algo.

이제 이곳이 네 집이라고 알아주길.

Ya sabes que ésta es tu casa.

당신께 무엇을 해드릴까요?

¿En qué puedo servirle?

당신께 한가지를 드리고 싶습니다.

Quiero hacerle un ofrecimiento.

당신께 한가지를 드리겠습니다.

Voy a hacerle una oferta.

뭔가 필요하다면 내게 알려줘.

Avíseme si necesita algo.

Diálogo breve

180. 몸이 부서지도록(팔이 부서지도록) A brazo partido.

A: ¿Para qué trabajas así a brazo partido?

B: Quiero comprarme un apartamento.

A: 무엇을 위해 몸이 부서지도록 일하니?

B: 난 아파트를 사고 싶다.

초대에 감사 드립니다.
Gracias por invitarnos.

멋진 밤이었어요, 감사합니다.
Gracias por la agradable noche.

너무 맛있는 저녁 감사했습니다.
Muchas gracias por su deliciosa cena.

진짜 너무 늦었군요. 전 가봐야겠습니다.
Es realmente muy tarde. Tengo que irme.

열렬한 환대에 감사드립니다.
Gracias por su calurosa hospitalidad.

파티에서 좋은 시간 보냈습니다. 감사합니다.
He pasado un buen rato en su fiesta. Muchas gracias.

주인으로서의 작별 인사

와 주셔서 감사해요.
Gracias por venir.

여러분들을 뵙게 되서 너무 좋습니다.
¡Québueno verles!

와주셔서 너무 좋습니다!
¡Qué bueno que vinieron!

방문 감사합니다!
¡Gracias por la visita!

여러분이 오실 수 있었다는 것이 너무 좋습니다.
Estoy contento de que hayan podido venir.

Diálogo breve

181. 눈으로 보기에(겉보기에) A ojos vista.

A: ¿Cómo está tu madre? ¿Está mejor?
B: Sí, se mejora a ojos vista.

A: 너의 어머니 어떠셔? 좋아지셨어?
B: 응. 겉보기에는 좋아지셨어.

왜 좀 더 계시면 안되나요?
¿Por qué no se queda un poco más?

좀더 여기에 계실 수 있잖아요?
¿Puede quedarse aquí un poco más?

또 오세요!
¡Venga otra vez!

언제든 오세요!
¡Venga a cualquier hora!

또 오시는 것 잊지마세요!
¡No te olvides de venir otra vez!

나갈 때

가자!
¡Vamos!

우리 가자고!(1)
¡Vámonos!

우리 가자고!(2)
¡Marchémonos!

우리 갈래?
¿Nos vamos?

우린 가야만 한다.
Tenemos que irnos.

시간 되었네, 우리 가지요.
Es hora, nos vamos.

출발하죠!
¡Venga!

Diálogo breve

182. 건성으로 하다. Estar en la luna.

A: José, contéstame esta
   pregunta.
B: Perdón, ¿podría repetirla?
A: ¿Qué pasa? ¿Estás en la luna?

A: 이 물음에 답 좀 해줘.
B: 뭐라고? 미안한데 반복해 줄 수 있
   어?
A: 무슨일이야? 너 건성으로 듣고 있니?

¡Pongámonos en camino!

¿Está listo para marcharse?

¿Va a terminar pronto?

¡Retírate!

¡Escapémonos!

183. 양면성이 있다. **Arma de doble filo.**

A: La economía de mercado es un arma de doble filo.

B: Efectivamente, dinamiza el desarrollo económico y al mismo tiempo conlleva muchos problemas sociales.

A: 시장경제의 양면성이 있다.(두 날의 무기)

B: 현실적으로 경제발전을 활성화시키기도 하고, 동시에 많은 사회문제를 떠안고 있다.

04 식사

식사를 제안할 때

식사합시다!
¡Vamos a comer!

네게 식사를 대접하고 싶다.
Quiero invitarte a comer.

우리 함께 식사하자.
Vamos a comer juntos.

시간이 되면 함께 저녁 식사하자.
Si tienes tiempo, vamos a cenar.

나랑 뭐 좀 먹을래?
¿Quieres tomar algo conmigo?

식사할 때

웨이터! 이제 우리 주문할 수 있습니다.
¡Camarero! ¿Podemos pedir ya?

우리 이제 (주문) 결정되었어요.
Estamos listos ya.

이제 우리 뭐 먹을지 결정했습니다.
Ya hemos decidido qué comer.

Diálogo breve

184. 파리만 날린다. Ave de paso.

A: No, no hagas eso, ¿no ves que viene un hombre?

B: No te proecupes, no es nada más que un ave de paso.

A: 아냐 개의치마라. 넌 한 남자가 오는 것을 못 봤니?

B: 걱정하지마라. 파리만 날린다.

이제 주문서에 기록을 할 수 있습니까?
¿Puede tomar nota de la orden ya?

와인 한병 가져다 주세요.
Por favor, tráigame una botella de vino.

물을 가져다 주시겠습니까?
¿Me puede traer el agua mineral?

고기는 어떻게 해드릴까요?
¿Cómo le gusta la carne?

(고기) 어떻게 준비해드릴 까요?
¿Cómo la preparan?

> 레어(rare) / 미디엄(medium) / 웰던(well done)
> cruda / medio cruda[regular] / bien cocinada

술을 권할 때

우리 한잔합시다!
¡Vamos a tomar una copa!

당신께 한잔 사고 싶습니다. 어떠세요?
Quiero invitarle a tomar una copa, ¿qué le parece?

저와 한잔하시겠습니까?
¿Quiere tomar una copa conmigo?

우리 한잔하는게 어때요?
¿Le parece bien que tomemos una copa?

우리와 함께 술 한잔 하러가지요!
¡Venga a tomar una copa con nosotros!

우리 한잔하러 가요! 시간 있어요?
Vamos a tomar una copa. ¿Tiene tiempo?

한 잔 더 하시겠습니까?
¿Desea tomar una copa más?

Diálogo breve

185. 고의로 그런 것이 아니었다. No lo hice a propósito.

A: ¿Por qué me pisas?	A: 왜 내(발)을 밟냐?
B: Perdón, no lo hice a propósito.	B: 미안해, 내가 고의로 그런 것은 아니다.

05 전화

전화를 걸기 전에

전화를 사용할 수 있을 까요?

¿Podría usar este teléfono?

어떻게 전화를 이용할 수 있는지요?

¿Cómo puedo usar la máquina telefónica?

공중전화 부스는 어디에 있습니까?

¿Dónde está la cabina del teléfono público?

이 번호로 전화 거는 방법을 가르쳐 주세요.

Por favor, indíqueme cómo llamar a este número.

전화를 걸 때

저는 까를로스입니다.

Aquí habla Carlos.

마르띠네쓰씨를 바꿔주세요.

Quisiera hablar con el señor Martínez.

미겔씨와 통화를 할 수 있을까요?

¿Puedo hablar con el Sr. Miguel?

여보세요. 차베스씨입니까?

¡Dígame! ¿Estoy hablando con el señor Chávez?

Diálogo breve

186. 소용없는 일이다(사막의 모래를 치우는 것) Barrer el desierto.

A: No sigas con eso, no es más que barrer el desierto.

B: ¿Cómo lo sabes?

A: 그것을 따르지 마라. 소용없는 일이다.

B: 어떻게 그것을 네가 알아?

영어로 말해도 되겠습니까?

¿Podría hablar en inglés?

영어를 할 줄 아는 사람을 바꿔 주세요.

Quisiera hablar con alguien que hable inglés.

이 전화를 Sancho씨에게 연결시켜 주세요.

Tenga la bondad de transferir esta llamada al Sr. Sancho.

전화가 걸려왔을 때

여보세요.

Aló.

말씀하세요.

Diga.

누구시죠? (1)

¿De parte de quién?

누구시죠? (2)

¿Quién habla?

어느 분과 통화를 하고 있는지요?

¿Con quién hablo?

좀 더 천천히 말해 주세요.

Por favor, hable más despacio.

잘 들리지 않습니다.

No lo puedo escuchar bien.

좀 더 큰소리로 말씀해 주세요.

Por favor, hable más fuerte.

Diálogo breve

187. Buscarle las vueltas a uno.

A: ¿Qué? ¿Quieres buscarme las vueltas?

B: El que busca las vueltas eres tú.

A: 뭐지? 누가 거스름돈을 내게서 찾길 원하지?

B: 거스름돈을 찾는 것은 바로 너다.

잠시만 기다려 주세요.
Espere un momento.

잠시만 요.
Un momento, por favor.

친구분의 전화입니다.
Es una llamada de su amigo.

그녀는 지금 외출중입니다.
Está fuera.

전화를 받을 수 없을 때

다시 전화해 주세요.
Por favor, llame otra vez.

다시 전화해 주시겠습니까?
¿Puede llamarme nuevamente?

죄송합니다만, Mario씨는 잠시 바쁩니다.
Lo siento mucho, el Sr. Mario estará ocupado por varios minutos.

그 분은 지금 여기 안 계십니다.
Él [Ella] no está aquí ahora.

지금 회의 중이십니다.
Ahora está en medio de una conferencia.

Diálogo breve

188. 희생양 Cabeza de turco/Chivo expiatorio.

A: Dicen que han encontrado al criminal que mató a tu vecina.

B: ¿Quién sabe? A lo mejor es sólo una cabeza de turco.

A: 사람들이 그러는데 네 이웃을 살해한 범인을 찾았단다.

B: 누가 알겠어? 아마도 (그는) 단지 희생 양일거야.

잠시 후에, 전화하겠습니다.
Me gustaría llamarle más tarde.

제가 잠시 후에 전화드릴 수 있을까요?
¿Puedo llamarle más tarde?

메시지를 부탁할 때

그에게 전화가 왔었다고 전해주세요.
Por favor, dígale que le he llamado.

제게 전화해 달라고 전해주세요.
Por favor, dígale que me telefonee.

전할 말씀이라도 있습니까?
¿Quiere que le transmita algún mensaje.

잘못 걸려온 전화를 받았을 때

잘못된 번호입니다.
Tiene el número equivocado.

몇 번으로 거셨습니까?
¿A qúe número ha discado?

그런 이름을 가진 사람이 여기에 없습니다.
Aquí no hay nadie con ese nombre.

Diálogo breve

189. 다시 한번! ¡Otra vez!

A: No me gusta viajar con José, ¿no recuerdas que la otra vez estropeó todos nuestros planes?

B: ¡Otra vez! ¿Por qué no tratas de olvidar esa experiencia desagradable?

A: 난 호세와 여행하는 것이 싫어. 넌 또 다른 것이 우리의 계획을 망쳤다는 것을 기억하지 못하지?

B: 다시 한 번 (부탁하자!) 넌 어떻게 그런 불쾌한 경험은 잊을 수가 없겠니?

번호를 잘못 돌리신 것 같습니다.
Me temo que ha dicado un número equivocado.

번호를 잘못 누른 것같습니다.
Creo que ha marcado un número equivocado.

미안합니다. 전화번호가 틀렸습니다.
Lo siento. Ha llamado a un número equivocado.

죄송합니다. 잘못 건 것 같습니다.
Perdón, me he equivocado.

장거리 및 국제전화를 이용할 때

장거리 전화 부탁합니다.
Por favor, una conferencia interrubana.

한국으로 전화하고 싶습니다.
Quisiera una conferencia telefónica con Corea.

제게 연결되는데는 얼마나 걸릴까요?
¿Cuánto tiempo tardará en darme línea?

영어로 말해도 좋습니까?
¿Podría hablar en inglés?

영어를 할 줄 아는 분 없습니까?
Quisiera hablar con alguien que hable inglés.

교환을 이용할 때

요금은 수취인 지불로 해주세요.
Por favor, cobre esta llamada al destinatario.

Diálogo breve

190. 마치 (네가) 점쟁이 같다. ¡Ni que fueras adivino!

A: Ya les había dicho que iba a venir.
B: ¡Ni que fueras adivino!

A: 이미 그가(그녀가) 갈 것을 말했다.
B: 마치 점쟁이 같다.

수취인 지불(콜렉트콜)로 전화를 걸고 싶습니다.
Quiero llamar por teléfono al cobro revertido.

요금은 제가 지불하겠습니다.
Pagaré yo la tarifa.

긴급입니다.
Ésta es una llamada urgente.

끊지 말고 기다려 주세요.
Por favor, espere sin colgar.

일단, 끊고 기다려주세요.
Por favor, cuelgue y espere.

통화에 문제가 있을 때

통화 중 입니다.
Está ocupada.

다른 전화를 사용하고 있습니다.
Lo siento, está hablando por otra línea.

전화를 끊을 때

나중에 다시 전화하겠습니다.
Volveré a llamarle más tarde.

누군가 문가에 있어서요. 제가 나중에 전화 드릴께요.
Alguine está a la puerta. Le llamaré después.

누군가 통화대기를 하고 있네요. 우리 나중에 통화할 수 있을까요?
Alguien está en la otra línea. ¿Podemos hablar después?

191. 아냐, 내가 말한 것이 아니야. Donde dije digo, digo Diego.

A: Fuiste tú el que dijo que íbamos a cambiar de uniforme, ¿no?

B: No, Donde dije digo, digo Diego.

A: 우리가 유니폼을 갈아 입자고 말한 사람이 바로 너였지? 아니니?

B: 아니야, 내가 말한 것이 아니야.

저 일하러 다시 가야합니다. 안녕히 계세요.
Tengo que volver al trabajo. Adiós.

미안해. 누군가 다른 전화로 통화할 사람이 있어서. 안녕!
Perdón, tengo a alguien en la otra línea. ¡Chao!

실례합니다, 전 다른 회선에 호출이 있습니다.
Lo siento, pero tengo una llamada en la otra llamada.

나 지금 가야해. 우리 또 통화하자.
Tengo que irme. Hablaremos otra vez.

더 시간이 없을 것 같아.
No voy a tardar más tiempo.

그럼, 내게 전화하는 것 잊지마.
Bueno, no olvides llamarme.

192. 얼토당토않다. ¡Qué tonterías!

A: Yo no tengo el número de telefono de Pedro.

B: Ah, pensaba que lo tenías.

A: ¡No digas disparates! (¡Qué tonterías!)

A: 난 뻬드로의 전화번호가 없다.

B: 난 네가 가지고 있었던 것으로 생각했는데.

A: 얼토당토않다.

Tema

VI

화제 표현

01 개인 신상
02 가족관계
03 데이트
04 결혼
05 취미와 여가
06 엔터테인먼트
07 스포츠와 레저
08 날씨와 계절

 01 개인 신상

출신지에 대해서

넌 어디 출신이니?

¿De dónde eres tú?

당신은 어디에서 왔습니까?

¿De dónde viene Ud.?

전 이곳에 처음 온 사람입니다.

Soy forastero aquí.

전 대한민국 사람입니다.

Yo soy de Corea del Sur.

전 한국인입니다.

Soy coreano(a).

전 스페인 출신입니다.

Yo soy de España.

전 스페인사람입니다.

Soy español(a).

◑ 주요 국명/ 국명 형용사

los Estados Unidos / estadounidense 미국

Diálogo breve

193. 찬물을 끼얹다. Echar un jarro de agua fría.

A: El director de ventas se ha jubilado, a lo mejor me nombrarán director.

B: No quería echarte un jarro de agua fría, pero que yo sepa, la sede general nos ha enviado un nuevo director de ventas.

A: 판매부장이 퇴임했다. 아마도 날 부장 임명할꺼다.

B: 난 내가 네게 찬물을 끼얹고 싶지 않다. 그러나 내가 아는 한, 총괄본부는 우리에게 새로운 판매부장을 보냈어.

China / chino(a) 중국
Japón / japonés(japonesa) 일본
Inglaterra / inglés(inglesa) 영국
Francia / francés(francesa) 프랑스
Alemania / alemán(alemana) 독일
Rusia / ruso(a) 러시아
México / mexicano(a) 멕시코
Argentina / argentino(a) 아르헨티나
Brasil / brasileño(a) 브라질

나이에 대해서

너 몇 살이니?
¿Cuántos años tienes tú?

너 몇 살이니? (2)
¿Qué edad tienes tú?

전 16살입니다.
Tengo dieciséis años.

그는 그의 부인보다 3살이 더 많다.
Él teine dos años más que su esposa.

그녀는 25살에 결혼을 했다.
Ella se casó a la edad de veinticinco años.

그는 나이에 비해 젊게 보인다.
Parece joven para su edad.

나는 이제 슬슬 나이를 느끼기 시작한다.
Ya comienzo a sentir los efectos de la edad.

Diálogo breve

194. 너는 쓸모없는 놈이다. ¡Eres un inútil!

A: No entiendo qué estás diciendo.

B: Ni entiendes esto, ¡eres un inútil!

A: 난 네가 무엇을 말하고 있는지 이해가 안돼.

B: 이것을 이해하지못한다니. 쓸모없는 놈!

02 가족관계

가족에 대해서

너희는 대가족이니?

¿Tienes una familia grande?

너희 가족은 몇 명이니?

¿Cuántos sois en la familia?

우리 가족은 4명이다.

Somos cuatro en la familia.

저는 부모님과 아직 살고 있습니다.

Todavía vivo con mis padres.

애(자녀)는 있니?

¿Tienes hijos?

애(자녀)는 몇 명이니?

¿Cuántos hijos tienes?

너희 부모님은 뭐하시니?

¿Qué son tus padres?

아버지는 무역회사를 경영하신다.

Mi padre gestiona una empresa comercial.

아버지는 선생님이시고, 어머니는 간호사이시다.

Mi padre es profesor y mi madre, enfermera.

어머니는 가정주부이시고, 아버지는 이제 은퇴하셨다.

Mi madre es ama de casa, y mi padre ya está jubilado.

Diálogo breve

195. 나를 믿어. Créeme.

A: Doctor, ¿estoy muy enfermo?

B: Te curaré, créeme.

A: 의사선생님, 제가 많이 아픈가요?

B: 치료해드리죠. 절 믿으세요.

◑ 직업

funcionario(a) 공무원	soldado(a) 군인
científico(a) 과학자	mecánico(a) 기술자
diseñador(a) 디자이너	peluquero(a) 미용사
actor(actriz) 배우	abogado(a) 변호사
traductor(a) 번역사	locutor(a) 아나운서
médico(a) 의사	famacéutico(a) 약사
secretario(a) 비서	intérprete 통역사
policía 경찰	jefe(jefa) 사장
cocinero(a) 요리사	guía 가이드
azafata 스튜어디스	pintor(a) 화가

네 집사람은 일하니?

¿Tu esposa trabaja?

넌 어디에서 살았었니?

¿Dónde vivías tú?

넌 어디서 컸니?

¿Dónde te criaste?

네 아들[딸]은 몇 살이니?

¿Cuántos años tiene tu hijo(a)?

난 나의 가족을 사랑한다.

Amo a mi familia.

전 제 가족을 좋아합니다.

Me encanta mi familia.

제 가족은 제게 매우 소중합니다.

Mi familia es muy importante para mí.

Diálogo breve

196. 출구없는 길 Callejón sin salida.

A: No te obsesiones, éste es un callejón sin salida.	A: 고민하지마. 이것은 풀릴 수 없는 문제다.
B: Tienes razón.	B: 네 말이 맞다.

제게는 가족이 첫 번째입니다.

Para mí, la familia está en primer lugar.

전 가족 중에 미운 오리새끼입니다.

Soy la oveja negra de la familia.

※ 직역을 하면, la oveja negra는 '검은 양' 이란 뜻임.

저는 아버지와 잘 지내지 못합니다.

No me llevo muy bien con mi padre.

저희 가족은 조금 복잡합니다.

Mi familia es un poco complicada.

형제자매에 대해서

형제는 있니?

¿Tienes hermanos?

넌 독자니?

¿Eres hijo único?

네 형[동생]은 뭐하니?

¿Qué es tu hermano mayor(menor)?

네 누이는 무슨 일에 종사하니?

¿A qué se dedica tu hermana?

우리형은 아직 결혼하지 않았다.

Mi hermano mayor todavía está soltero.

네 여동생은 애가 있니?

¿Tiene hijos tu hermana menor?

나는 두 명의 형제가 있고, 형은 이미 결혼했다.

Tengo dos hermanos y mi hermano mayor ya está casado.

나는 우리 가족의 둘째 아들이다.

Soy el segundo hijo de la familia.

Diálogo breve

197. 거꾸로 넘어지다. Caer de bruces.

A: Y ¿cuál es el resultado del combate?

B: Uno de los dos cayó de bruces sin poder levantarse otra vez.

A: 싸움의 결과는 뭐냐?

B: 둘 중에 하나는 다시 일어날 수 없게 거꾸로 넘어졌어.

난 오래 전부터 내 누이와 말을 하지 않았다.

No hablo con mi hermana desde hace mucho tiempo.

우리는 어렸을 때, 무척 싸웠다.

Nos peleábamos mucho cuando éramos niños.

친척에 대해서

스페인에 친척이 있나요?

¿Tiene parientes en España?

우리는 정기적으로 친척들과 만난다.

Tenemos contacto con mis parientes regularmente.

우리 할아버지, 할머니가 아직 살아 계신다.

Mi abuelos todavía viven.

할아버지께서 작년에 돌아가셨다.

Mi abuelo falleció el año pasado.

내 사촌은 회계사이고, 합작회사에서 일을 한다.

Mi primo(a) es contable y trabaja en una empresa mixta.

자녀에 대해서

네 아들은 뭘 전공하니?

¿Qué carrera estudia tu hijo?

아들을 원하니 딸을 원하니?

¿Quiere un hijo o una hija?

Diálogo breve

198. 입이 싸다. Tener la lengua muy larga.

A: ¿Le has contado a María este asunto?

B: Sí, ¿qué pasa?

A: No se lo deberías haber contado, pues tiene la lengua muy larga. Ya verás que mañana todo el mundo lo sabrá.

A: 넌 이 일을 마리아에게 말했니?

B: 응, 무슨 일인데?

A: 넌 그것을 말하지 말았어야 했다. 왜냐하면 그녀는 입이 싸. 이제 너도 알 것이다. 내일 모두가 알게 될껄.

난 5살짜리 딸이 있다.

Tengo una hija de cinco años.

내 아들은 스페인에서 공부하고 있다.

Mi hijo está estudiando en España.

그의 전공은 고고학이다.

Su especialidad es arqueología.

우리가 출근을 할 때, 아이를 보육원에 데리고 간다.

Cuando vamos al trabajo, llevamos a nuestro hijo a la guardería.

우리 큰딸은 한국에서 태어나서, 이집트에서 컸다.

Mi hija mayor nació en Corea y creció en Egipto.

Diálogo breve

199. 블랙리스트 Lista negra.

A: Sabes que él tiene una lista negra de los que han inflingido la disciplina, temo que se la entregue a la profesora.

B: No lo creo.

A: 너는 그가 규칙을 안지켰던 사람들의 블랙리스트를 가지고 있는 것을 아니? 난 그것이 여교수에게 전해질까 두렵다.

B: 그럴리 없어.(믿고 싶지 않아.)

 데이트

데이트를 신청할 때

오늘밤에 시간 있니?
¿Estás libre esta noche?

나와 함께 저녁식사 할래?
¿Querrías cenar conmigo?

나와 함께 영화보러 갈래?
¿Quieres ir al cine conmigo?

네가 영화관에 가고싶은지 알고 싶다.
Quiero saber si te gusta ir al cine.

벌써 토요일 계획이 있니?
¿Ya tienes plan para el sábado?

저녁 토요일까지 준비할 수 있니?
¿Estás listo(a) para el sábado por la noche?

너 해야할 일이 없다면, 내 생일파티에 올 수 있겠니?
Si no tienes nada que hacer, ¿querrías venir a la fiesta de mi cumpleaños?

애정을 표현할 때

널 사랑해.
Te quiero.

Diálogo breve

200. 그것이 그립다. Lo extraño. / Lo echo muy de menos.

A: ¿Cómo está Luis en Londres? Lo echo muy de menos.	A: 런던에서 루이스는? 난 그가 매우 그립다.
B: Está muy bien, abuelo, no te preocupes.	B: 매우 잘 지내요. 할아버지. 걱정말아요.
	(※ 친한 경우, Tú/te 사용이 가능)

난 네꺼야.

Soy tuyo(a).

넌 내꺼야.

Eres mío(a).

너는 내 사랑이야.

Eres mi querido amor.

넌 나의 진실한 사랑이야.

Eres mi amor verdadero.

넌 나의 유일한 존재야.

Eres el único[la única] para mí.

넌 내 인생의 (최고의) 사랑이야.

Eres el amor de mi vida.

난 네가 나를 영원히 사랑해주길 원해.

Quiero que me quieras para siempre.

우리의 사랑은 죽음과도 바꿀 수 없어.

Nuestro amor no cambiará ni con la muerte.

사랑을 고백할 때

널 너무 사랑해!

¡Te quiero mucho!

나의 연인이 되어줘!

¡Sé mi novio(a)!

난 네게 빠져 버렸어.

Estoy enamorado(a) de ti.

난 네게 미쳤단다.

Estoy loco(a) por ti.

Diálogo breve

201. 멋지다. Ser estupendo / excelente

Cada uno de ustedes quería hacer el trabajo más duro. Eso fue estupendo.	여러분들 각각은 더 힘든 일을 하길 원했었습니다. 그것은 멋진 일이었습니다.

미치도록 널 사랑해.
Te amo locamente.

온 마음으로 널 사랑해.
Te quiero con todo el corazón.

난 큐피드의 화살에 맞았어.
Cupido me ha dado.

난 너 없이 살수 없어.
No puedo vivir sin ti.

Diálogo breve

202. 난 지겹다. ¡Estoy harto(a)!

A: No quiero trabajar más con Jorge. ¡Estoy harto!

B: ¿Pero qué pasa?

A: 난 호르헤와 더 일하고 싶지 않다. 지겹다.

B: 그런데, 무슨 일 있어?

04 결혼

청혼에 대해서

나의 신부가 되어 줘!
¡Sé mi novia!

나와 결혼해 줄 수 있니?
¿Puedes casarte conmigo?

우리 결혼할래?
¿Nos casamos?

난 너와 결혼하고 싶어.(1)
Quiero casarme contigo.

난 너와 결혼하고 싶어.(2)
Estoy ansioso(a) de casarme contigo.

그는 그녀에게 청혼했다.
Él le pidió la mano a ella.

우리 부모님은 결혼을 승낙하셨다.
Mis padres accedierona a una petición de matrimonio.

결혼에 대해서

나는 아직 결혼하고 싶지 않아요.
No quiero contraer matrimonio todavía.

Diálogo breve

203. 정확하죠? 그렇죠? ¿Así es correcto? / ¿Es así?

A: Primero se fríe el aceite, luego se pone adentro el pescado. ¿Así es correcto, mamá?

B: Sí, correcto, hija, eres muy inteligente.

A: 처음에 기름이 끓으면, 이후에 안쪽에 생선 놓여지죠. 그렇죠, 엄마?

B: 그래. 정확하다. 딸아. 넌 매우 영리하구나.

그들은 일요일에 결혼한다.
Ellos se casan el domingo.

그들은 교회에서 결혼 했다.
Ello se casaron por la iglesia..

우리는 결혼한지 7년이 되었다.
Nosotros llevamos siete años casados.

그들은 자녀들을 모두 결혼시켰다.
Ellos han casado a todos sus hijos.

그녀는 그들의 결혼을 방해하려고 했다.
Ella trató de impedir que ellos se casaran.

그는 두번 결혼 했다.
Él se casó en segundas nupcias.

그들은 대학에서 서로 알았고, 졸업 후에 결혼을 했다.
Ellos se conocieron en la universidad y se casaron después de graduarse.

Diálogo breve

204. 백 번 듣는 것보다 한번 보는 게 더 낫다. Más vale ver una sola vez que oír cien veces.

A: Mira, hemos llegado a la Sagrada Familia.

B: Más vale ver una sola vez que oír cien veces. Es realmente espectacular.

A: 봐라, 우리가 성 가족 성당에 도착 했다.

B: 백 번 듣는 것보다 한번 보는 게 낫 군. 정말 웅장한데.

05 취미와 여가

여행에 대해서

언제 출발하세요?

¿Cuándo partirá Ud.?

전 다음주 토요일에 떠납니다.

Partiré el próximo sábado.

몇 일에 떠나세요?

¿En qué fecha saldrá Ud.?

전 12월 11일에 떠납니다.

Yo saldré el 11 de diciembre.

무슨 목적으로 가세요?

¿Con qué objeto viaja Ud.?

지금 여행의 특별한 어떤 동기가 있나요?

¿Tiene algún motivo en especial para viajar ahora?

놀러 가시는 거예요 아니면 일 때문에 가세요?

¿Es un viaje de placer o de negocios?

전 중국의 산업도시를 방문하고 싶습니다.

Me gusta visitar varias ciudades industriales en China.

Diálogo breve

205. 다행히도... Afortunadamente…

A: Mira, la lluvia es cada vez más fuerte.

B: Afortunadamente hemos llegado a casa.

A: 봐요, 비가 점점 굵어진다.

B: 다행히도 우리는 집에 도착했다.

 06 엔터테인먼트

공연관람에 대해서

난 극장에 가고 싶다.
Yo quiero ir al teatro.

넌 어떤 타입의 작품을 보고 싶니?
¿Qué tipo de obra quieres ver?

난 뮤지컬을 보고 싶어.
Quiero ver una obra musical.

배우는 누구니?
¿Quién es el actor(la actriz)?

누기 돈키호테의 역할을 하니?
¿Quién hace el papel de Don Quijote?

주인공이 누구니?
¿Quién es el(la) protagonista?

오늘밤의 공연을 위한 표가 있습니까?
¿Quedan localidades para la función de esta noche?

좌석은 얼마입니까?
¿Cuánto cuestan las localidades?

여기에 입장권이 있습니다.
Aquí tiene Ud. sus entradas.

C열의 11, 12번입니다.
Tienen los asientos once y doce en la fila C.

Diálogo breve

206. 숙녀 먼저. Las señoras primero.

A: Pase, por favor.
B: Las señoras primero.

A: 들어가시죠.
B: 숙녀먼저(레이디 퍼스트).

몇 시에 공연이 시작합니까?

¿A qué hora empieza la función?

보관소에 외투를 맡길 수 있습니까?

¿Podemos dejar el abrigo en el vestuario?

안내인이 우리에게 프로그램(표)을 줄 것이다.

El acomodador nos dará un programa.

연극과 영화에 대해서

커튼이 오른다.

Se levanta el talón.

커튼이 내려진다.

Cae el talón.

관객들이 박수를 친다.

Los espectadores aplauden.

배우가 무대에 오른다.

El actor entra en escena.

연극은 3개의 막으로 되어 있다.

La obra tiene tres actos.

각 막마다 2개의 장이 있다.

Cada acto tiene dos escenas.

두 번째 막이 끝난 후에 막간(곡)이 있다.

Hay intermedio después del segundo acto.

오늘 밤에는 무슨 영화를 상영하고 있습니까?

¿Qué película están poniendo esta noche?

누가 영화에서 연기를 하고 있죠?

¿Quién actúa en la película?

Diálogo breve

207. 약속하다. Hacerse una promesa. / Prometerse algo.

A: ¿Qué promesa te has hecho?

B: Me he prometido encontrar un buen trabajo.

A: 넌 무슨 약속을 했니?

B: 난 좋은 직업을 찾겠다고 약속했어.

오늘밤에 좌석이 있습니까?

¿Quedan localidades para esta noche?

전 스크린과 아주 가까운 자리에 앉고 싶지 않습니다.

No quiero sentarme muy cerca de la pantalla.

미국영화입니다. 하지만 스페인어로 더빙되어 있습니다.

Es una película estadounidense, pero esta doblada en español.

어디에서 영화가 상영되었죠?

¿Dónde fue rodeada la película?

넌 오리지날 버전으로 영화를 보길 더 원하니?

¿Prefieres ver la película en versión original?

오리지널 버전의 많은 영화들이 부제를 가지고 있다.

Muchas películas en versión original llevan subtítulos.

Diálogo breve

208. 네가 말한 것. Lo que tú digas.

A: Jorge, ¿a dónde vamos a pasar las vacaciones?	A: 호르헤, 우리 방학을 어디로 가서 보낼까?
B: Lo que tú digas.	B: 네가 말하는 대로 (할게).

07 스포츠와 레저

기타 운동에 대해서

1) 수영

수영을 할 줄 압니까?
¿Sabe Ud. nadar?

수영을 배웠나요?
¿Ha aprendido Ud. a nadar?

이번 여름방학 때, 수영을 배우겠습니다.
Voy a aprender a nadar en la vacaciones de este verano.

전혀 수영을 하지 못합니다.
No sé hacer ni una sencilla brazada.

태양 빛은 매우 위험할 수 있다.
Los rayos del sol pueden ser muy peligrosos.

피부암을 유발 시킬 수 있다.
Pueden causar cáncer de la piel.

2) 축구

레알 마드리드는 축구팀이다.
Real Madrid es un equipo de fútbol.

Diálogo breve

209. 촌스럽게 굴지마. ¡No seas tan paleto. / No seas tan de pueblo!

A: Por la tarde vamos al hospital a visitar a Luis. ¿Qué regalo le compramos? ¿Un kilo de manzanas?

B: ¡No seas tan paleto! Es mejor un ramo de flores.

A: 오후에 우리 루이스 만나러 병원에 가자. 뭘 선물해 주지? 사과 1킬로?

B: 너무 촌스럽게 굴지마라. 꽃 한다발이 더 낫다.

각 팀에는 11명의 선수가 있다.
Hay once jugadores en cada equipo.

선수들은 축구 경기장에 있다.
Los jugadores están en el campo de fútbol.

선수들은 발로 축구공을 찬다.
Los jugadores lanzan el balón con los pies.

골키퍼는 골대를 지키고 있다.
El portero guarda la portería.

골키퍼는 공을 막는다.
El portero para el balón.

레프트 윙은 공을 동료선수에게 패스한다.
El ala izquierda pasa el balón a un compañero.

라울은 골을 넣었다.
Raúl mete un gol.

한 선수가 다른 선수를 걸어찬다.
Un jugador le da una patada al otro.

심판이 휘슬을 분다.
El árbitro suena el silbato.

심판이 파울을 선언한다.
El árbitro declara un foul.

경기는 비겼다.
El juego está empatado.

경기는 0점으로 끝났다.
El partido quedó empatado en cero.

어떤 팀도 이기지 못했다.
Ningún equipo ganó.

전광판에 점수가 보인다.
Se ve el tanto en el tablero indicador.

Diálogo breve

210. 너무 힘들어. ¡Es muy duro!

A: ¿Qué le pasa a María? Llora muy tristemente.	A: 마리아, 무슨 일이니? 너무 슬프게 울잖아.
B: ¡Es muy duro!	B: 너무 힘들어.

선수들은 게임 마지막에 웃옷을 서로 교환했다.

Los jugadores intercambiaron camisetas al final del partido.

3) 테니스

테니스 토너먼트가 있다.

Hay un torneo de tenis.

두 여자선수가 테니스 코트에 있습니다.

Las dos jugadoras están en la cancha de tenis.

각각의 선수가 자신의 라켓을 들고 있다.

Cada jugadora tiene su raqueta.

그들은 복식경기를 하지 않는다.

No están jugando dobles.

선수가 공을 서브한다.

Un jugador sirve la pelota.

다른 선수가 공을 받아친다.

El otro la devuelve.

선수가 네트 위로 공을 때린다.

El jugador lanza la pelota por encima de la red.

공이 아웃되었다(나갔다).

La pelota está out.

점수는 15대 0이다.

El tanto está a quince-nada.

네트에 걸렸다.

Hizo un net.

그는 3세트 중에 2세트를 땄다.

Él ganó dos de los tres sets.

Diálogo breve

211. 힘내라. ¡Anímate!

A: He suspendido las matemáticas.

B: ¡Anímate!

A: 수학시험에 떨어졌어.

B: 힘내라!

4) 농구

선수들은 농구코트에 있다.

Los jugadores están en la cancha de baloncesto.

선수가 슛을 했다.

Un jugador tira el balón.

그물 안에 공을 넣었다.

Metió el balón en el cesto.

상대편의 골대의 그물에 공을 넣어야 한다.

Tiene que meter el balón en el cesto en la meta del equipo contrario.

선수가 그물에 공을 넣는다면, 2점이 기록된다.

Si el jugador mete el balón en el cesto, marca dos puntos.

Diálogo breve

212. 허튼소리! ¡Disparates!

A: Si yo fuera tú, no lo hubiera hecho de esta manera...

B: ¡Disparates!

A: 내가 너였다면, 이런 식으로 하진 않았을거야.

B: 허튼소리.

08 날씨와 계절

날씨를 물을 때

오늘 날씨가 어떻게 되죠?
¿Qué tiempo hace hoy?

날씨가 어때요?
¿Qué tal tiempo hace?

아주 좋은 날씨네요. 맞죠?
Qué buen tiempo, ¿no?

좋은 날씨입니다. 아닌가요?
Hace buen tiempo, ¿no?

내일은 날씨가 좋아지겠죠, 아닌가요?
¿Mañana se despejará, ¿verdad?

기후에 대해서

덥습니다.
¡Qué calor!

무덥다!
Es muy cálido.

Diálogo breve

213. ⋯ 비교적 En comparación

A: En comparación esta blusa roja te queda mejor, aunque en realidad no me gusta ninguna.

B: Entonces me quedo con ésta.

A: 비교적 이 빨간 블라우스는 네게 잘 어울린다. 비록 실제론 난 다 마음에 안들지만.

B: 그럼 이것을 살게.

너무 덥다! 통닭 되겠어.

¡Vaya calor! Me estoy asando.

햇볕은 좋은데, 춥다.

Hace sol brillante, pero hace frío.

춥습니다.

¡Qué frío!

추워 죽겠다.(1)

¡Me muero de frío!

추워 죽겠다.(2)

Me estoy congelando.

옷을 잘 입어라, 날씨가 많이 춥다.

Abrígate bien, hace mucho frío.

날씨를 말할 때

날씨가 좋다.

Hace buen tiempo.

날씨가 끝내준다.

Hace un tiempo estupendo.

오늘 바람이 분다.

Hoy hace viento.

거의 바람 한 점 없다.

Apenas hace aire.

난 이 안개 때문에 아무것도 보이지 않는다.

No veo nada con esta niebla.

비가 한두 방울 온다.

Caen cuatro gotas.

Diálogo breve

214. 헷갈리지. Te equivocas.

A: ¡Hombre, Jorge, cuánto tiempo
sin verte! ¿Dónde te metiste?

B: Te equivocas. No soy Jorge,
soy su hermano Luis.

A: 이봐 호르헤, 오랜만이야. 어디에 쳐
박혀 있었어?

B: 착각하고 있구나. 난 호르헤가 아니고
그의 형 루이스란다.

오늘 비가 많이 온다.

Hoy llueve mucho.

비가 억수로 온다.

¡Está lloviendo a cántaros!

완전 (비 맞은) 생쥐 꼴 되었어!

¡Estoy empapado!

오늘밤에 소나기 올 꺼야.

Esta noche habrá chubasco.

우산 잊지 말아라.

No te olvides del paraguas.

해가 났다. 그런데 구름이 좀 있다.

Hace sol, pero hay algunas nubes.

날씨가 좋다. 날씨가 개고, 해가 났다.

Hace muy bueno, está despejado y hace sol.

봐봐! 다시 해가 나오는 것을 보니 너무 좋다.

¡Mira! qué alegría ver salir otra vez el sol.

내일 눈오겠지, 아닌가?

Mañana nevará, ¿no?

태양이 강렬하다, 모자 써라.

Hace mucho sol, llévate la gorra.

오늘밤에 돌풍이 분데, 맞지?

Esta noche hará tempestad, ¿verdad?

내일 비가 올지 안 올지 아무도 모른다.

Nadie se sabe si mañana lloverá o no.

Diálogo breve

215. 꽤 재미있다. ¡Qué gracioso!

A: ¿Has terminado la tarjeta de felicitación del Año Nuevo?

B: Sí, aquí la tienes.

A: ¿Has pintado un tigre en la cometa? ¡Qué gracioso!

B: ¿Te parece bien? Ya sabes que este año es el del tigre.

A: 신년 인사카드 다 만들었니?

B: 응, 여기 있어.

A: 혜성에 호랑이를 그렸네. 꽤 재미있다.

B: 괜찮니? 이미 너도 알다시피 올해는 호랑이의 해잖아.

이런 날씨가 일주일이나 계속되어 왔다.

Este tiempo ha durado una semana.

안개가 많이 낄 때에는 시야가 가려진다.

Cuando hay mucha neblina, se pierde la visibilidad.

일기예보에 대해서

내일 날씨가 어떻게 된데?

¿Qué tiempo hará mañana?

일기예보에서는 내일(날씨)에 대해 뭐라고 말해?

¿Qué dice el pronóstico del tiempo sobre mañana?

날씨가 일기예보와 완전히 다르다.

Es muy diferente de lo que dice el pronóstico.

내일 비가 올 것이라고 보니?

¿Crees que va a llover?

오후에 눈이 올 것이라고 보니?

Crees que va a nevar por la tarde?

Diálogo breve

216. 폭력을 쓰지마라. No te violentes.

A: Si te desagrada hacerlo, no te violentes.

B: No te preocupes, lo haré yo.

A: 만약 네가 그것을 하는 것이 불편할지라도, 폭력을 쓰지 말아라.

B: 걱정마, 그렇게 할께.

Tema VII

일상 표현

01 하루의 생활
02 레스토랑
03 카페와 술집
04 대중교통
05 자동차 운전
06 은행
07 우체국
08 이발과 미용
09 세탁소
10 부동산과 관공서

01 하루의 생활

일어날 때

난 새벽 5시에 일어나야 한다.
Tengo que levantarme a las cinco de la madrugada.

저를 오전 6시에 깨워주세요.
¿Me despierta a las seis de la mañana?

난 학교를 가기 위해 5시 30분에 잠에서 깼다.
Me despierto a las cinco y media para ir a la escuela.

외출을 준비할 때

세수를 하고 양치질을 한다.
Me lavo la cara, y me cepillo los dientes.

오늘은 정장을 준비해 주세요.
Hoy prepare el traje de etiqueta, por favor.

넥타이는 빨간 색을 할 것입니다.
Quiero ponerme la corbata de rojo.

제 가방이 어디에 있죠?
¿Dónde está mi maleta?

나가기 전에, 전 사무실 열쇠를 찾아야 합니다.
Antes de salir, tengo que buscar la llave de mi oficina.

Diálogo breve

217. 믿을 수 없다. ¡Es increíble!

A: ¿Has terminado el trabajo en dos horas? ¡Es increíble!
B: La verdad es que Luis me ha echado una mano.

A: 2시간에 이 일을 끝냈니? 믿을 수 없어.
B: 실은 루이스가 내게 도움을 줬어.

샌드위치와 우유한잔을 준비해 주세요.
Prepare un sandwich y un vaso de leche, por favor.

집을 나서기 전에, 지갑, 핸드폰 그리고 자동차 키가 있는지 확인해야 한다.
Antes de salir de casa, tengo que confirmar el billetero, el móvil y la llave del coche.

집으로 돌아올 때

난 집에 오후 5시에 돌아간다.
Vuelvo a casa a las cinco de la tarde.

난 집에 가는 도중에 그를 만났다.
Me lo encontré camino a casa.

난 집에 버스를 타고 간다.
Vaelro a casa en autobús.

난 평소보다 늦게 집에 도착했다.
Llegué a casa más trade que la vida diaria.

저녁식사를 할 때

우리 식사 준비하자.
Pongamos la mesa.

우리 저녁 식사 준비하자.
Pongamos la mesa para la cena.

저녁 먹을 시간이다.
Es hora de cenar.

저녁식사가 거의 준비되었다.
La cena está casi lista.

Diálogo breve

218. 너무 고마워. ¡Mil gracias!

A: No te preocupes, María, si no puedes encontrar alojamiento, puedes vivir conmigo.
B: ¡Mil gracias!

A: 걱정하지마, 마리아. 만약 숙소를 못 찾는다면, 나와 함께 지낼 수 있어.
B: 너무 고마워.

우리 뭐 먹을까?

¿Qué vamos a comer?

우리 5분만 쉬자.

Vamos a descansar cinco minutos.

쉴 시간이다.

Es hora de descansar.

졸립다.

Tengo sueño.

잘 시간이다.

Es hora de dormir.

잠들 시간이다.

Es hora de acostarse.

난 자러 가야한다.

Tengo que irme a la cama.

난 어제 일찍 잤다.

Me fui a la cama temprano ayer.

그는 완전히 잠들었다.

Está profundamente dormido.

그는 대(大)자로 자고 있다.

Está durmiendo a pierna suelta.

그는 아기처럼 잔다.

Duerme como un bebé.

그는 코를 골고 있다.

Está roncando.

Diálogo breve

219. 하느님 감사합니다! ¡Gracias a Dios!

A: ¿Cómo? ¿Le ha bajado la fiebre ya?

B: Sí, el médico dice que ha pasado el peligro.

A: ¡Gracias a Dios!

A: 뭐라고? 이제 열이 내려갔다고?

B: 응. 의사선생님이 위험은 지나갔다네.

A: 하느님 감사합니다.

주말을 잘 보냈니?

¿Lo pasaste bien el fin de semana?

주말에 뭐 했니?

¿Qué hiciste el fin de semana?

어디에 갔었니?

¿Adónde fuiste?

난 집에 있었다.

Me quedé en casa.

TV 보면서 집에 있었다.

Me quedé en casa viendo la televisión.

사무실에서 일을 해야만 했다.

Tuve que trabajar en la oficina.

형과 함께 해변에 갔었다.

Me fui a la playa con mi hermano.

친구와 함께 파티에 갔었다.

Fui a la fiesta con mi amigo.

잠을 엄청 잤다.

Dormí un montón.

부모님이 다니러 오셨다.

Mis padres vinieron a visitarme.

난 마드리드에 있는 부모님께 갔었다.

Fui a mis padres en Madrid.

지난 주말에 어디에 있었니? 실은 네게 여러 번 전화를 했는데, 받지 않더라고.

¿Dónde te metiste el fin de semana pasado, es que te llemé muchas veces y no me contestaste.

Diálogo breve

220. 생각할 필요도 없어(물론이야.) ¡Ni pensarlo!

A: ¿Me ayudas a hacer el trabajo, Luis?

B: ¡Ni pensarlo!

A: 일하는 것을 도와줄 수 있니, 루이스?

B: 생각할 필요도 없어. (물론이야.)

난 도산 직전에 있다.

Estoy al borde de la ruina.

난 땡전 한푼 없다.

No tengo ni un centavo.

난 파산을 선언한다.

Me declaro en quiebra.

내 지갑이 비었다.

Mi bolsillo está vacio.

난 (입은) 옷 외에는 아무것도 없다.

No tengo nada excepto mi ropa.

내 통장(잔고)은 끝났다.

Mis ahorros se acaban.

이제 난 아무 것도 없다.

Ya no tengo nada.

내가 가진 모든 것은 내 멋진 이름뿐이다.

Todo lo que tengo es mi buen nombre.

난 끼니 걱정이다.

No sé dónde está mi próxima comida.

※ '난 다음 먹을 것이 어디에 있는지 모른다'로 직역됨.

Diálogo breve

221. 흘러간 물은 물레방아를 돌릴 수 없다 / 엎지러진 물은 주워담기 힘들어 Agua pasada no mueve molino. / Agua vertida, no toda cogida.

A: ¿Crees que María perdonará a Luis?

B: Es muy difícil, sabes que el agua vertida, no toda cogida.

A: 넌 마리아가 루이스에게 사과할 것이라 믿니?

B: 아주 힘들어. 너도 알다시피, 엎지러진 물은 모두 주워담긴 힘들어.

02 레스토랑

식당을 찾을 때

이 근처의 좋은 식당을 하나 소개해 주십시오.
¿Puede Ud. recomendarme un buen restaurante cerca de aquí?

그다지 비싸지 않은 음식점이 좋습니다.
Prefiero un restaurante no muy caro.

그런 식당 중에 하나를 소개해 주세요.
Por favor, enséñeme uno de esos restaurantes.

영어가 통하는 레스토랑이 좋습니다.
Prefiero un restaurante en donde se hable inglés.

조용한 분위기의 식당을 원합니다.
Prefiero un restaurante con un ambiente tranquilo.

이 근처에 중국[한국] 음식점은 없습니까?
¿Cerca de aquí, no hay un restaurante de comida china [coreana]?

식당을 예약할 때

예약이 가능합니까?
¿Se puede hacer la reservación?

Diálogo breve

222. 무엇을 근거로(기초로) 이 결론을 끌어냈니? ¿En base a qué sacas esta conclusión?

A: Creo que el PP ganará las elecciones.

B: ¿En base a qué sacas esta conclusión?

A: 난 PP당이 선거에 이길것으로 믿어.

B: 무엇을 근거로 이 결론을 끌어냈니?

저녁 8시에 두 자리 부탁합니다.
Por favor, 2 asientos para las 8 de la noche.

예약이 되어 있습니다.
Están reservadas.

5인용 테이블이 있습니까?
¿Hay mesa para 5 personas?

5인용 테이블을 예약하고 싶습니다.
Quería reservar una mesa para 5 personas.

저는 창가의 테이블을 예약하고 싶습니다.
Quiero reservar una mesa al lado de la ventana.

식당 입구에서

예약하셨습니까?
¿Tiene Ud. reserva?

저는 엘레나라는 이름으로 예약을 했습니다.
Tengo una reserva a nombre de Elena.

환영합니다.
¡Bienvenidos!

몇 분이시죠?
¿Cuántos son Uds.?

이쪽으로 오세요.
Por aquí, por favor.

죄송합니다. 빈자리가 없습니다.
Lo siento, ya no queda mesa libre.

죄송합니다. 저쪽은 이미 예약이 되어 있습니다.
Lo siento, aquélla ya está reservada.

Diálogo breve

223. 하고픈 것을 하길. Que haga lo que quiera.

A: José sale otra vez con esos pintas.
B: Que haga lo que quiera, yo ya no le hago caso.

A: 호세 그런 표정으로 다시 나가는데.
B: 하고픈 대로 하라고 해. 난 이제 그에게 관심없어.

아직 빈자리가 있나요?

¿Todavía hay mesa libre?

5명이 앉을 자리가 있나요?

¿Tienen una mesa para cinco?

얼마나 기다려야 합니까?

¿Cuánto tiempo tenemos que esperar?

저희는 창문 가까이 앉고 싶은데요.

Queremos una mesa cerca de la ventana.

공원이 보이는 쪽의 자리에 앉을 수 있나요?

¿Podemos sentarnos en la mesa con vista al parque?

비흡연 좌석에 앉고 싶습니다.

Queremos sentarnos en el área de no fumadores.

메뉴를 물을 때

잠시만요. 한 친구를 기다리고 있습니다.

Espere, estamos esperando a un amigo.

제 친구들이 곧 올 것입니다. 그 때 주문하겠습니다.

Mis amigos van a venir pronto. Entonces voy a pedir algo.

메뉴판 좀 가져다 주세요.

Tráigame el menú, por favor.

메뉴를 볼 수 있을까요?

¿Podría ver el menú?

이 동네의 명물 요리는 무엇입니까?

¿Qué es la comida famosa de este pueblo?

이 지역의 명물 요리를 먹고 싶습니다.

Me gusta tomar la especialidad de este lugar.

Diálogo breve

224. 뭐를 더 (원하세요)? ¿Qué más?

A: En la maleta ya tenemos la ropa, las toallas, los cepillos y la pasta de dientes. ¿Qué más?

B: Nada más, ya podemos marcharnos.

A: 가방에는 이미 옷, 타월, 칫솔, 치약이 있다. 더 뭐가 필요해?

B: 더 필요없다. 이제 우리 출발하자.

아직 결정하지 못했습니다.

Todavía no hemos decidido.

결정하려면 몇 분 걸릴 것 같네요.

Nos hace falta unos minutos para decidirlo.

조금 기다릴 수 있으시죠?

¿Podría esperar un rato?

이것을 먹겠습니다.

Deme esto.

저것과 같은 것을 주세요.

Deme ese mismo plato.

물 좀 주세요.

Agua, por favor.

식사 전에 먹는 전채요리[식전 주] 부탁합니다.

Por favor, tráigame un aperitivo.

권해주는 요리를 먹겠습니다.

Tomaré el plato que Ud. me recomiende.

메뉴판을 주세요.

El menú, por favor.

영어로 된 메뉴판은 없나요?

¿Tiene el menú escrito en inglés?

이 식당에서 가장 자신있게 내 놓는 요리는 무엇입니까?

¿Cuál es la especialidad de este restaurante?

그것으로 하겠습니다.

Tomaré eso.

Diálogo breve

225. 포기하지 마라. No te rindas. / No abandones.

A: Entiendo que estés muy triste, pero no te rindas, sabes que cuando Dios nos cierra una puerta, siempre nos abre otras.

B: Agradezco tu apoyo, pero no te preocupes, me recuperaré.

A: 네가 너무 슬픈 것은 이해한다. 그러나 포기하진 마라. 너도 알다시피 하나님이 하나의 문을 닫으실 땐, 항상 다른 문들을 열어 주신다고.

B: 네 도움 고맙다. 하지만, 걱정마, 난 회복할거야.

오늘의 요리를 먹겠습니다.

Voy a tomar el menú del día.

전채요리와 고기 [생선] 요리를 주십시오.

Tomaré entremeses y un plato de carne[pescado].

오늘의 특별요리가 있습니까?

¿Tiene el menú especial de hoy?

지금 곧 [요리가] 됩니까?

¿Puede traerlo en seguida?

이것과 같은 것으로 주세요.

Deme ese mismo plato.

완전히 구워주세요.

Por favor, bien asado.

중간정도 구워주세요.

Por favor, no muy asado.

살짝 구워주세요.

Por favor, poco asado.

음식을 주문 받을 때

무엇을 원하십니까?

¿Qué desea Ud.?

여기에 메뉴판이 있습니다.

Aquí tienen el menú.

무엇을 드시겠습니까?

¿Qué van a tomar?

무엇을 원하십니까?

¿Qué quieren tomar?

Diálogo breve

226. 아무것도 아냐. No es nada.

A: No sabes cómo te lo agra-
dezco, Jorge.

B: No te preocupes, no es nada.

A: 넌 내가 네게 그것에 대해 얼마나 고
마워하는지 모를거야, 호르헤.

B: 걱정하지마, 아무것도 아닌데 뭐.

고기는 어떻게 익혀드릴까요?

¿Cómo le gusta la carne?

특정음식을 하시겠습니까? 아니면 정식으로 하시겠습니까?

¿Qué prefieren Uds. a la carta o de cubierto?

진한 수프와 맑은 수프 중 어느 것이 더 좋습니까?

¿Qué sopa prefiere, puré o consomé?

소고기와 돼지고기 중 어느 쪽을 원하십니까?

¿Prefiere carne de vaca o de puerco?

음료는 무엇을 하시겠습니까?

¿Desean algo de beber?

무엇인가 다른 것이 필요하십니까?

¿Desean alguna otra cosa?

여기에는 셀러리, 아스파라거스, 샐러드와 튀긴 감자가 있습니다.

Aquí tiene apio, espárragos, ensalada y patatas fritas.

주문에 문제가 있을 때

이것은 제가 주문한 것이 아닙니다.

Esto no es lo que he pedido.

주문한 요리가 아직 안 나오네요.

Todavía no ha venido mi plato.

이 요리는 먹기에 너무 맵습니다.

Esto comida es demasiado picante para comer.

이것은 너무 짜군요.

Esto está muy salado.

음식이 차갑습니다.

La comida está fría.

Diálogo breve

227. ¿Así está bien?

A: Mamá, he pelado las patatas, ¿así está bien?

B: Muy bien, gracias, hija mía.

A: 엄마, 제가 감자껍질 깠어요. 그러면 됐죠?

B: 잘했다. 고맙다. 내 딸.

고기를 너무 익혔습니다.

Esta carne está demasiado hecha.

이것은 냄새가 고약합니다.

Esto huele muy mal.

고기를 더 익혀 주시겠습니까?

Está la carne más asada por favor.

음식을 먹으면서

빵을 좀 더 주세요.

Un poco más de pan, por favor.

이 요리를 먹는 방법을 가르쳐 주세요.

¿Cómo se come esto?

탄산없는 물 좀 주세요.

Agua sin gas, por favor.

저 접시를 집어주지 않겠습니까?

¿Le molestaría pasarme ese plato?

와인 한병 더 주세요.

Una botella más de vino, por favor.

디저트에 대해서

디저트로 무엇을 원하십니까?

¿Qué quieren tomar de postre?

디저트는 사과, 멜론과 아이스크림이 있습니다.

De postre, hay manzanas, melones y helados.

커피를 드시겠습니까? 차를 드시겠습니까?

¿Toma Ud. café o té?

Diálogo breve

228. 혼잣말하기 Hablar consigo mismo.

A: ¿Qué dice José?

B: Nada, habla consigo mismo.

A: 뭐해, 호르헤?

B: 아냐. 혼잣말이었어.

블랙 커피가 좋습니까?

¿Quiere café solo?

밀크커피가 좋습니다.

Quiero tomar el café con leche.

브랜디를 넣은 커피를 드시겠습니까?

¿Lo quiere tomar con un poco de aguardiente?

식사를 마칠 때

맛있었습니다.

Estuvo rico.

고맙습니다만, 더 못 먹겠습니다.

Gracias, pero ya no puedo más.

너무 사양하지 마십시오.

No ande con tantos cumplimientos.

많이 먹었습니다.

He comido muy a gusto.

충분히 먹었습니다.

He comido bastante.

그 요리는 일품이었습니다.

Gracias. Estaba delicioso.

너무나 푸짐해서 조금 남겼습니다.

No he podido tomarlo todo por ser demasiado.

Diálogo breve

229. 모든 일이 잘 되길 바래! ¡Que todo te vaya bien!

A: ¡Que todo te vaya bien!   A: 모든 일이 잘 되길 바래!

B: ¡Gracias!   B: 고마워.

계산서 주세요.

La cuenta, por favor.

계산서에 봉사료까지 포함되어 있습니까?

¿Está incluido el servicio en esta cuenta?

내가 낼께.

Pago yo.

내가 네게 한턱 낸다.

Te invito yo.

제가 지불하겠습니다.

Voy a pagar la cuenta.

이번은 내가 낼 차례다.

Esta vez me toca a mí.

이것은 내가 산다.

Esto corre por mi cuenta.

산초가 우리에게 한턱 내데.

Sancho nos va a invitar.

다음에는 네 차례야.

A ti te tocará la próxima vez.

Diálogo breve

230. 어떤 고통에도 인내가 명약이다. A cualquier dolencia, es remedio la paciencia.

A: ¿Por qué nos ha llegado a este tipo de lugares?

B: No te enfades, a cualquier dolencia, es remedio la paciencia. Vamos a ver qué mala pasada nos está jugando.

A: 왜 우리를 이러한 장소로 오라고 한 거지?

B: 화내지 마라. 어떤 고통에도 인내가 명약이다. 우리에게 무슨 (나쁜)일이 벌어지는지 지켜보자.

03 카페와 술집

음료를 권할 때

마실 것을 원하세요.
¿Desea algo de beber?

뭐 마실래?
¿Qué quieres beber?

맥주를 원하세요?
¿Quieres una cerveza?

무슨 음료를 원해요?
¿Qué bebida quiere?

무슨 음료를 선호하세요?
¿Qué bebida prefieres?

어떤 제품을 원하세요?
¿De qué marca quiere?

탄산음료 마실래?
¿Quieres la gaseosa?

콜라 마실래?
¿Quieres una cocacola?

탄산이 있는 것을 원하세요, 없는 것을 원하세요?
¿Le gusta con gas o sin gas?

어떤 안주를 원하세요?
¿Desean alguna tapa?

Diálogo breve

231. 행운이 함께 하길! ¡Buena suerte!

A: Hoy tengo un examen.
B: Ah, ¿Sí? ¡Buena suerte!
A: Gracias.

A: 오늘 나 시험이야.
B: 아. 그래? 행운이 있길!
A: 고마워.

그것을 먹어 보겠니?

¿Te apetece probarlo?

안주로 햄, 또르띠야, 올리브와 튀긴 오징어가 있습니다.

De tapa, hay jamón, tortilla, aceitunas y calamares fritos.

술을 마시자고 할 때

우리 술 한잔해요!

¡Vamos a tomar una copa!

제가 한잔 사고 싶은데요. 어떠세요?

Quiero invitarle a tomar una copa. ¿Qué le parece?

우리 한잔하는 것이 좋지 않을까요?

¿Le parece bien que tomemos una copa?

저 한잔하러 갈껀데, 같이 갈래요?

Voy a tomar una copa, ¿vienes conmigo?

우리와 한잔하게 오세요!

¡Venga a tomar una copa con nosotros!

우리 한잔하러 갑시다. 시간 있죠?

Vamos a tomar una copa. ¿Tiene tiempo?

오늘 밤에 저와 함께 술 마시겠습니까?

¿Quiere tomar una copa conmigo esta noche?

술을 주문할 때

이 지방의 특산 와인을 마시고 싶습니다.

Deseo tomar vino típico de este lugar.

생맥주 있죠?

¿Tiene cerveza de barril?

Diálogo breve

232. 좋은 여행 돼라! ¡Buen viaje!

A: ¡Buen viaje, José! No olvides escribirme.

B: Gracias, ¡adiós!

A: 좋은 여행 돼라, 호세! 내게 편지하는 것 잊지 말고.

B: 고마워, 안녕!

흑맥주 있나요?
¿Tiene cerveza negra?

맥주 한잔 주세요.
Deme una caña de cerveza.

무 알콜 음료도 있나요?
¿Tienen bebidas sin alcohol?

그 사람 것과 같은 것으로 하나 원합니다.
Quiero uno como el suyo.

술·안주를 추가로 주문할 때

맥주 한잔 더 주세요.
Sírvame una caña más, por favor.

포도주를 더 드세요.
Sírvase tomar un poco más de vino.

올리브 더 부탁합니다.
Añada una aceituna, por favor.

얼음 더 부탁합니다.
Más hielo, por favor.

건배할 때

(우리) 건배!
¡Brindemos!

건배!
¡Salud!

인생을 위해!
¡Para la vida!

Diálogo breve

233. 의심할 바 없이 Sin duda alguna.

A: Sin duda alguna, Susana es la mejor estudiante del grupo.

B: Efectivamente. Tiene talento para estudiar lenguas.

A: 의심할 바 없이 수사나는 그 그룹 중 최고의 학생이야.

B: 확실해. 그녀는 언어를 공부하는데 재능이 있어.

사랑을 위해!
¡Por el amor!

우리들을 위해!
¡Por nosotros!

우리의 성공을 위해!
¡Por nuestro éxito!

찬란한 미래를 위해!
¡Por un futuro brillante!

우리의 팀웍을 위해!
¡Por nuestra cooperación!

술을 마시면서

여기서 담배를 피워도 괜찮겠습니까?
¿Se puede fumar aquí?

얼음물 한잔 주세요.
Deme un vaso de agua helada.

물 한병 주세요.
Deme una botella de agua mineral, por favor.

너 많이 마셨어.
Has bebido demasiado.

너 더 마실 수 없다.
No puedes beber más.

네 마지막 잔이다.
Será tu última copa.

너 계속 마시면, 취할 꺼다.
Te emborracharás si sigues bebiendo.

Diálogo breve

234. 네가 도착할 때까지 거기에 있을게. Estaré allí hasta que llegues.

A: Entonces quedamos a las ocho.
B: Sí, estaré allí hasta que llegues. Adiós.

A: 그럼 우리 8시에 보자.
B: 그래! 네가 도착할 때까지 거기에 있을게. 안녕.

너 이미 충분히 마셨다고 본다.
Creo que ya has bebido suficiente.

너 더 마실 수 있다고 보지 않는다.
No creo que puedas beber más.

너 한잔 더 할 수 있을 것 같아?
¿Crees que puedes beber una copa más?

합석을 권할 때

노래가 좋죠. 그렇죠?
¿Canción bonita, no?

좌석이 있습니까?(동행이 있으세요?)
¿Está ocupado?

함께 해도 너희들 괜찮겠니?
¿Os importa que yo participe?

네 옆에 내가 앉아도 될까?
¿Podría sentarme a tu lado?

네게 한잔 사줘도 될까?
¿Podría invitarte a una copa?

우리와 함께 갈래?
¿Quieres venir con nosotros?

마실 것을 네게 사줘도 될까?
¿Podría comprarte algo de beber?

넌 이 노래를 누가 썼는지 아니?
¿Sabes quién escribió esta canción?

넌 뭘 마시고 있니?
¿Qué estás tomando?

Diálogo breve

235. 맙소사! ¡Dios mío!

A: ¡Dios mío! ¡Todo el edificio se ha derrumbado!

B: Muchas personas murieron en este terremoto.

A: 맙소사! 모든 건물이 무너지다니!

B: 많은 사람들이 이 지진으로 죽었어.

 04 대중교통

택시를 이용할 때

택시 타는 곳이 어디입니까?

¿Dónde está la parada de taxi?

택시 한 대 불러주세요.

Llame un taxi, por favor.

인천공항까지 요금은 얼마 정도 되나요?

¿Cuánto cuesta más o menos hasta el aerpuerto Incheon?

서울 호텔로 가 주세요.

Al Hotel Seúl, por favor.

올림픽공원까지 가 주세요.

Lléveme al Parque Olímpico.

이 장소로 가주세요.

A este lugar, por favor.

이 주소로 가주세요.

A esta dirección, por favor.

더 빨리 가주세요.

Más rápido, por favor.

여기서 공항까지 얼마나 걸립니까?

¿Cuánto se tarda en llegar al aeropuerto de aquí?

Diálogo breve

236. 반드시 Sin falta.

A: Tienes que entregarme sin falta la tesina antes de finales de noviembre.

B: Sí. Me esforzaré.

A: 너 11월 말 전에 반드시 네 논문을 내게 가져와야 한다.

B: 네, 노력하겠습니다.

이것이 제 짐입니다.

Éste es mi equipaje.

이 도시의 시내 한바퀴 돌아주세요.

Por favor de una vuelta por las calles de esta ciudad.

여기서 잠깐만 기다려주세요.

Por favor, espere aquí un momento.

여기서 세워주세요.

Pare aquí, por favor.

여기서 내리겠습니다.

Me bajaré aquí.

저기 횡단보도에서 세워주세요.

Pare en aquel paso de peatones, por favor.

요금은 얼마죠?

¿Cuánto es?

잔돈은 가지세요.

Quédese con el cambio.

여기에 있습니다. 거스름돈은 그냥 받아 두시죠.

Aquí lo tiene. Quédese con la vuelta.

시내버스를 이용할 때

승차권은 어디서 사야하죠?

¿Dónde se compra el billete[= el boleto]?

'똘레도' 가는 버스 정류장은 어디죠?

¿Dónde está la parada del autobús para Toledo?

이 버스는 어디로 갑니까?

¿Para dónde va este autobús?

Diálogo breve

237. 확실해. Efectivamente.

A: Este restaurante es muy bueno.

B: Efectivamente. Tiene una historia de más de cien años y Obama ha comido aquí también.

A: 이 식당은 매우 좋다.

B: 100년 이상의 역사를 가졌고, 오바마도 또한 여기서 식사를 했다네.

이 버스는 *뿔라싸 데 마요르*까지 갑니까?

¿Va este autobús hasta la Plaza de Mayor?

마드리드까지 얼마입니까?

¿Cuánto cuesta hasta Madrid?

얼마입니까?

¿Cuánto tendré que pagar?

이 자리에 사람이 있습니까?

¿Está ocupado este asiento?

다음 정거장에서 내립니다.

Voy a bajar en la próxima[siguiente] parada.

여기서 내려주세요.

Por favor, déjeme bajar aquí.

이 버스는 서울 호텔 앞에서 정차합니까?

¿Este autobús para enfrente del hotel Seúl?

창문을 열어도 괜찮겠습니까?

¿Se puede abrir la ventana?

고속버스를 이용할 때

터미널은 어디에 있습니까?

¿Dónde está la terminal?

승차권은 어디서 사야하죠?

¿Dónde se compra el billete[el boleto]?

중간에 세울 수 있습니까?

¿Puedo interrumpir el viaje, sin perder la validez?

*리스본*까지는 얼마나 걸립니까?

¿Cuánto se tarda en llegar a Lisboa?

Diálogo breve

238. 내가 아는 한... Que yo sepa

A: ¿Por qué Antonio no ha
   venido?

B: Que yo sepa, esta noche tiene
   un concurso de discursos.

A: 왜 안또니오가 안 왔지?

B: 내가 아는 한, 오늘 밤 토론대회가
   있어.

이 버스는 과달라하라에 섭니까?

¿Para este autobús en Guadalajara?

마드리드에서 갈아타셔야 합니다.

Debe cambiar de autobús en Madrid.

이 버스는 곧장 바르셀로나로 갑니까?

¿Va este autobús directo a Barcelona?

관광버스를 이용할 때

시내 관광버스는 있나요?

¿Hay algún autobús que haga el recorrido turístico de la ciudad?

하루 [반나절] 코스는 없나요?

¿No hay recorrido de un día[medio día]?

어디 어디를 볼 수 있습니까?

¿Qué cosas se ven en este recorrido?

시간은 얼마나 걸리나요?

¿Cuánto tiempo dura este recorrido?

식사가 포함되어 있나요?

¿Con comidas?

몇 시에 출발합니까?

¿A qué hora empieza el recorrido?

몇 시에 끝납니까?

¿A qué hora termina el recorrido?

어디서 출발합니까?

¿De dónde sale el recorrido?

그라나다 호텔에서 그 버스에 합류할 수 있습니까?

¿Puedo unirme a este recorrido en el hotel Granada?

Diálogo breve

239. 생각할 것도 없어. ¡Ni pensar!

A: ¿Antonia, me puedes prestar unos días tu ordenador?

B: ¡Ni pensar!

A: 안또니아. 내게 네 컴퓨터 좀 몇 일 빌려줄 수 있니?

B: 물론이야, (생각할 것도 없어)

표는 어디서 살 수 있죠?

¿Dónde se puede comprar el billete?

아미가 호텔 앞에서 내릴 수 있습니까?

¿Podría dejarme en frente del hotel Amiga?

비용은 얼마입니까?

¿Cuánto vale este viaje de turismo?

지하철을 이용할 때

가장 가까운 지하철역은 어디죠?

¿Dónde está la estación del metro más cercana?

승차권은 어떻게 사야하죠?

¿Cómo se compra el billete[= el boleto]?

표 두 장 주세요.

Dos billetes, por favor.

*서울 시청*으로 가려면 몇 호선을 타야합니까?

¿Qué número de línea tengo que tomar para ir al Ayuntamiento Seúl.

종로에서 내리려면 몇 번째에서 내려야 합니까?

¿En cuántas estaciones de aquí bajaré para ir a la estación Jongro?

조금만 비켜주세요. 내리려고 합니다.

Con su permiso, voy a bajar esta vez.

열차를 이용할 때

매표소가 어디에 있습니까?

¿Dónde está la boletería?

Diálogo breve

240. 약속했어. Trato hecho.

A: Entonces nos vemos a las nueve en casa de Julio.

B: Trato hecho.

A: 그럼 훌리오의 집에서 9시에 보자.

B: 약속했어.

이 열차의 좌석을 예매하고 싶습니다.
Quisiera reservar un asiento en este tren.

일반적으로 출발 5일전(부터)에 표를 팔고 있습니다.
En general vendemos los billetes con cinco días de antelación.

부산행 열차는 어느 역에서 떠나죠?
¿De qué estación sale el tren para Busan?

이등(급)표를 두 장 주세요.
Por favor, deme un billete de segunda clase.

이 표를 우등석(1등석) 표로 바꾸고 싶습니다.
Quisiera cambiar este billete por uno de primera clase.

마드리드까지 편도[왕복]표 한 장 주세요.
Deme un billete de ida[ida y vuelta] para Madrid.

얼마를 지불해야 하나요?
¿Cuánto tendré que pagar?

표는 3일까지 유효합니다.
El billete es válido hasta tres días.

아이들과 학생들은 반값에 표를 구입하실 수 있습니다.
Los niños y estudiantes pueden comprar billetes por mitad de precio.

왕복표를 사시면, 더 쌉니다.
Si se compra el billete de ida y vuelta, se comprará más barato.

자동 발권기가 역안에 있습니다.
En la estación, hay máquina de billetes automática.

급행 열차가 있습니까?
¿Hay tren expreso?

이 열차에 침대 칸이 있습니까?
¿Tiene este tren coche-cama?

Diálogo breve

241. 누군가 바람을 일으키면 돌풍을 맞이한다. Quien siembra vientos, recoge tempestades.

A: Julio se cayó del tejado y se rompió la pierna.
B: No hay de qué sorprenderse. Quien simbra vientos, recoge tempestades.

A: 훌리오가 지붕에서 떨어졌어. 그래서 다리가 부러졌다네.
B: 엄청 놀랄 일도 아니네. 누군가 바람을 일으키면 돌풍을 맞이하는 거야.

급행으로 가려고 한다면, 보조권 가격을 지불하셔야 합니다.
Si uno viaja en el rápido, tiene que pagar un suplemento.

그 기차에는 보조권(침대칸 / 급행권)을 살 수 있습니다.
Puede comprar un suplemento en el tren.

식당차가 있습니까?
¿Lleva este tren coche-restaurante?

이 열차 *사라고사*에서 정차합니까?
¿Para este tren en Zaragoza?

이 열차는 *바르셀로나*까지 직행입니까?
¿Va este tren directamente a Barcelona?

마드리드와 꼬르도바 사이의 직행 열차는 없습니다.
No hay tren directo entre Madrid y Córdoba.

어디서 갈아 탑니까?
¿Dónde tengo que cambiar de tren?

중간에 갈아 타야 합니다.
Tiene que hacer transbordo a medio camino.

몇 번 플렛폼에서 떠납니까?
¿De qué andén sale el tren?

이 열차가 *산띠아고* 가는 것입니까?
¿Este tren va a Santiago?

이 자리 비었습니까?
¿Está ocupado este asiento?

여기는 제 자리입니다.
Creo que este asiento es el mío.

지금 어디를 지나고 있죠?
¿Por dónde estamos pasando ahora?

Diálogo breve

242. 더 나중에 다뤄보자. Lo dejamos para más tarde.

A: Papá, te he dicho que no quiero estudiar derecho, lo que me interesa es la historia.	A: 아빠, 저는 법을 공부하고 싶지 않다고 말씀드렸어요. 제게 관심이 있는 것은 역사예요.
B: Hija, ya tengo que irme. Eso lo dejamos para más tarde.	B: 딸아, 이제 난 가야만 한다. 그것은 더 나중에 다뤄보자.

다음 역은 어디입니까?
¿Cuál es la estación siguiente?

얼마간 정차합니까?
¿Cuánto tiempo para el tren aquí?

열차는 밤 10시에 출발해서, 다음날 새벽 5시 15분에 도착합니다.
El tren sale a las veintidós de la noche y llega a las cinco y cuarto de la madrugada del día siguiente.

이 열차의 좌석을 예약하고 싶습니다.
Quisiera reservar un asiento en este tren.

(서울)에서 예약했습니다.
La reservación fue hecha en (Seúl).

이 열차표를 취소할 수 있습니까?
¿Puedo anular este billete?

이 표를 1등칸으로 바꾸고 싶습니다.
Quisiera cambiar este billete por uno de primera clase.

열차표를 분실했습니다. 어떻게 해야하죠?
He perdido mi billete. ¿Qué tengo que hacer?

열차 안에 가방을 두고 내렸어요.
He dejado mi maleta en el tren.

항공기를 이용할 때

가능한 빠른 비행기편을 예약해 주십시오.
Por favor, quisiera tomar el vuelo más rápido posible.

비행기 예약을 재확인하고 싶습니다.
Deseo reconfirmar la reservación del vuelo.

Diálogo breve

243. 오래전에 그들이 내게 당신에 관한 이야기를 했었어요. Hace tiempo que me hablaron de usted.

A: ¿Es usted el señor Juárez? Hace tiempo que me hablaron de usted.
B: No es para tanto.

A: 당신이 후아레쓰씨인가요? 오래전에 그들이 내게 당신에 관한 이야기를 했었어요.
B: 그럴 정도는 아닌데요.

이 예약을 취소해 주십시오.

Por favor, anule la reservación de este vuelo.

예약을 변경하고 싶습니다.

Quiero cambiar la reservación.

(1월 6일)의 (KAL 28편)입니다.

Es el vuelo Número 28 de Kal, del 6 de enero.

(마드리드)까지 이등석 두 명입니다.

Son dos personas en la clase económica hasta Madrid.

이름은 ~입니다.

Mi nombre es ~.

다른 항공회사 편을 알아봐 주세요.

Hágame el favor de ver los vuelos de salida de otras líneas.

창 쪽 자리로 해주십시오.

Del lado de la ventanilla por favor.

통로 쪽 자리로 해주십시오.

Del lado del pasillo por favor.

탑승 개시는 몇 시입니까?

¿A qué hora empieza el embarque?

짐은 전부 (3)개입니다.

Son (tres) bultos en total.

게이트 번호를 가르쳐 주세요.

Enséñeme el número de la puerta.

(7)번 게이트는 어디입니까?

¿Dónde está la puerta No. (7)?

이 비행기는 정시에 이륙합니까?

¿Saldrá este vuelo a la hora exacta?

얼마나 지연됩니까?

¿Cuánto tiempo tiene de retraso?

Diálogo breve

244. 일어난 일이 뭐죠? ¿Qué es lo que pasa?

A: ¿Qué es lo que pasa? ¿Por qué Juan todavía no ha llegado?

B: No lo sé. Tal vez haya atasco.

A: 일어난 일이 뭐죠? 왜 후안이 아직 오지 않지?

B: 모르겠어. 아마 교통체증이 있는 듯해.

Hágame el favor de ver los vuelos de salida de otras líneas.

배를 이용할 때

라스팔마스로 가는 배를 타는 곳은 어디입니까?

¿Dónde está el muelle del barco para Las Palmas?

승선 시간은 몇 시입니까?

¿A qué hora embarcamos?

언제 떠납니까 [출항합니까]?

¿Cuándo sale este barco?

항구에 정박했을 때, 거리 구경을 하고 싶습니다.

Quisiera hacer algunos recorridos turísticos mientras el barco está en el puerto.

갑판 좌석을 예약하고 싶습니다.

Quiero reservar una silla en cubierta.

혹시 포르투갈 승객은 타고 있지 않습니까?

¿Hay algún pasajero portugués en este barco?

식사는 몇 시에 할 수 있습니까?

Por favor, indíqueme las horas de comidas.

배 멀미가 몹시 심합니다.

Siento un mareo muy fuerte.

Diálogo breve

245. 조금의 존중은 해라, 부탁이다. Ten un poco de respeto, por favor.

A: ¡Ja! No eres santa María.

B: Ten un poco de respeto, por favor.

A: 야! 넌 성녀 마리아가 아니야.

B: 조금의 존중은 해라. 제발.

 **05** 자동차 운전

렌터카를 이용할 때

차 한 대를 빌렸으면 합니다.

Deseo alquilar un coche.

요금표를 보여주세요.

Enséñeme la lista de precios.

목적지에 가서 차를 그대로 두고 와도 됩니까?

¿Puedo dejar el coche alquilado en el punto de destino?

이러한 차종으로 3일 즉, 72시간을 빌리고 싶습니다.

Deseo alquilar este coche por 3 días, es decir por 72 horas.

사고기 날 경우에 연락할 수 있는 곳을 가르쳐 주세요.

Indíqueme algunos sitios a los que pueda llamar en caso de accidente.

이것이 제 국제 면허증입니다.

Ésta es mi carné internacional de conducir.

보증금이 필요하나요?

¿Se requiere algún anticipo?

내일 아침에 *베르나* 호텔로 차를 보내주세요.

Por favor, envíeme un coche al hotel Verna mañana por la mañana.

차가 고장났어요. 사람 좀 보내주세요.

Este coche está averiado. Por favor, envíe a alguien que lo recoja.

Diálogo breve

246. 쩐다(헐~)! ¡Ja!

A: ¿Quién es el más guapo de vuestro grupo?

B: ¡Pues yo! Quién si no!

A: ¿Tú? ¡Ja!

A: 누가 너희 그룹 중에 가장 잘 생겼니?

B: 물론 나야. 나 아니면 누구겠어!

A: 너, 쩐다! (헐)

차에 기름을 넣어야 한다.

El loche recesita gasolina.

기름이 거의 바닥이다.

El tangue está casi vacío.

기름 오만원어치 넣어 주세요.

Deme cincuenta mil wones de gasolina.

기름 30리터 넣어주세요.

Deme treinta litros de gasolina.

(기름) 가득 채워 주세요.

Llene el tanque, por favor.

타이어 상태 좀 봐주세요.

Haga un favor de mirar los neumáticos.

자동차 앞 유리 좀 닦아 주세요.

Haga un favor de limpiar el parabrisas.

자동차를 체크할 때

어떻게 시동을 걸죠?

¿Cómo puedo arrancar el carro?

어떻게 깜빡이를 작동할 수 있죠?

¿Cómo puedo hacer funcionar los intermitentes?

어떻게 기어를 바꿀수 있는지 보여 주세요.

Haga un favor de mostrarme cómo cambiar de velocidad.

어떻게 후진 기어를 넣을 수 있습니까?

¿Cómo puedo ponerlo en marcha atrás?

스페어 타이어가 있습니까?

¿Hay un neumático de repuesto?

측면에 기스가 있습니까?

Hay unos rayones en la aleta.

여기에 움푹 들어간 자국이 있습니다.

Aquí hay una abolladura.

06 은행

은행을 찾을 때

이 근처에 은행이 있습니까?

¿Hay un banco por aquí?

이베리아 은행 본점은 어디입니까?

¿Dónde está la oficina central del banco Iberia?

어디에서 ATM기계를 사용할 수 있습니까?

¿Dónde se puede usar el cajero automático?

가까운 은행이 어디에 있습니까?

¿Dónde está el banco cerca de aquí?

환전을 할 수 있는 은행이 어디에 있습니까?

¿Dónde está el banco en que puedo cambiar el dinero?

은행 열고, 닫는 시간 확인할 때

은행은 몇시부터 엽니까?

¿Desde qué hora está abierto el banco?

은행은 몇 시까지 엽니까?

¿Hasta qué hora está abierto el banco?

언제 은행 문을 엽니까?

¿Cuándo el banco está abierto?

Diálogo breve

247. 나에게서 떨어져! ¡Aléjate de mí!

¡Qué fastidio! ¡Aléjate de mí!　　　짜증난다! 나에게서 떨어져!

언제 은행 문을 닫습니까?

¿Cuándo el banco está cerrado?

주말에 은행을 이용할 수 있습니까?

¿Puedo usar el banco el fin de semana?

환전할 때

오늘의 환율이 어떻게 됩니까?(1)

¿A cómo está el cambio de hoy?

오늘의 환율이 어떻게 됩니까?(2)

¿Cuál es el tipo de cambio de hoy?

달러를 유로로 바꿀 때의 환율이 어떻게 됩니까?

¿Cuál es la tasa de cambio de hoy, de dólares a euros?

환전하시고자 하는 액수에 따라 차이가 있습니다.

Depende de la cantidad que quiera cambiar.

1유로에 1.2달러입니다.

Está a 1,2 dólares el euro.

여기서 외국돈을 바꿀 수 있습니까?

¿Se puede cambiar moneda extranjera aquí?

전 유로가 필요합니다.

Necesito euros.

외환 환전 사무소가 어디에 있습니까?

¿Dónde hay una oficina de cambio de divisas?

어디서 환전을 할 수 있습니까?

¿Dónde puedo cambiar el dinero[= la moneda]?

무슨 수수료를 지불하죠?

¿Qué comisión cargan?

이 여행 수표를 현금으로 바꿔 주십시오.

Por favor, cambie este cheque de viajero por dinero en efectivo.

Diálogo breve

248. 나가! ¡Fuera de aquí!

¡Fuera de aquí! ¡Bestia!　　　　　　　나가! 짐승!

잔돈도 섞어 주십시오.
Quisera también monedas pequeñas.

잔돈을 바꿀 때

100달러를 10달러 지폐로 바꿔주십시오.
Por favor, cámbieme 100 dólares a 10 dólares de billete.

여기서 사용되는 모든 종류의 동전을 갖고 싶습니다.
Por favor, déme toda clase de moneda metálica de este país.

(100유로) 바꿔 주십시오.
Por favor, cámbieme (cien euros).

달러로 바꿔 주십시오.
Por favor, cambie éste en dólares.

제게 잔돈 지폐로 그것을 주실 수 있습니까?
¿Pueden dármelo en billetes pequeños?

수수료를 지불해야만 하죠. 맞죠? 얼마입니까?
Hay que pagar una comisión, ¿verdad? Y ¿cuánto es?

계좌를 개설할 때

이 은행에 다른 구좌를 가지고 계십니까?
¿Tiene Ud. otra cuenta en este banco?

고객님의 계좌번호 부탁합니다.
Su número de cuenta, por favor.

Diálogo breve

249. 본론으로 들어가. Entrar en materia.

A: Y ahora entramos en materia.
¿Cuál es tu opinión sobre este
nombramiento?
B: Yo estoy de acuerdo. Aunque
creo que Juan es más con-
veniente que Julio.

A: 그럼 이제 본론으로 들어가자.
B: 난 동의해. 비록 후안이 훌리오보다
더 편하다지만.

계좌를 개설하고 싶습니다.

Quiero abrir una cuenta corriente.

구좌의 명의는 누구십니까?

¿Quién es el titular de la cuenta?

고객님 명의의 구좌가 있습니까?

¿La cuenta está a su nombre?

제게 여권이나 신분증을 보여주세요.

Enséñeme su pasaporte o carné de identidad.

제게 여권이나 신분증을 주시겠습니까?

¿Me deja su pasaporte o carné de identidad?

이 양식지를 채워주세요.

Rellene este formulario, por favor.

기입 용지를 채워주세요.

Rellene este impreso.

이 쪽 아래에 서명해주세요.

Firme aquí abajo, por favor.

비밀 번호를 누르셔야 합니다.

Debe teclar su clave.

여기에 통장이 있습니다.

Aquí está su libreta.

카드는 다음 주에 댁으로 우송하겠습니다.

La próxima semana le enviaremos la tarjeta a su domicilio.

Diálogo breve

250. 년 내게서 시간을 낭비하게 하고 있다. Me estás haciendo perder el tiempo.

A: Te he esperado dos horas y ahora me dices que no puedes venir. Me estás haciendo perder el tiempo.

B: Lo siento, es que tengo un trabajo muy urgente.

A: 널 2시간 기다렸어. 그런데 지금 넌 내게 올 수 없다고 말하는 거니. 넌 내게서 시간을 낭비하게 하고 있다.

B: 미안해. 실은 매우 급한 일이 있어.

얼마를 입금하시겠습니까?

¿Cuánto quiere depositar?

입금하고 싶습니다.

Quiero depositar dinero.

저는 1,000달러를 입금하겠습니다.

Voy a depositar mil dólares.

돈을 찾고 싶습니다.

Quiero sacar dinero.

ATM에 지폐를 입금할 수 있습니까?

¿Se puede ingresar billetes en el cajero automático?

저는 은행에 계좌를 가지고 있습니다.

Yo tengo una cuenta corriente en el banco.

제게 거의 수표가 남지 않았습니다. 저는 다른 수표책을 필요로 합니다.

Me quedan pocos cheques. Necesito otro talonario.

제 계좌에 잔고가 어떻게 되죠?

¿Cuál es el saldo de mi cuenta?

은행이 제게 계좌조회(내역)를 알려주나요?

¿El banco me manda mi estado bancario?

이체를 할 수 있습니까?

¿Puedo hacer una transferencia?

후안으로부터의 이체(금액)이 도착했는지 알 수 있을 까요?

Quería saber si me ha llegado una transferencia de Juan.

저는 스페인으로 송금을 하고 싶습니다.

Quiero hacer una transferencia a España.

제 구좌로부터 송금을 하고자 합니다.

Voy a hacer una transferencia desde la cuenta que tengo en su banco.

Diálogo breve

251. ¡No te metas donde no te llaman!

A: Joven, no debes comportarte así.

B: ¡No te metas donde no te llaman!

A: 이봐, 그렇게 하면 안 돼.

B: 넌 연락이 닿지 않는 곳에 쳐박혀 있지 마라.

이체를 원하시는 금액이 얼마입니까?

¿Cuál es la cantidad que quiere transferir?

이 양식을 채워주세요.

Rellene este impreso, por favor.

여기에 고객님의 돈을 받을 수 있는 은행의 이름을 써주세요.

Aquí escriba el nombre del banco que va a recibir su dinero.

여기에 수취인의 구좌번호를 써주세요.

Aquí escriba el número de la cuenta del destinario.

5일 후에 돈이 도착할 것입니다.

Llegará (el dinero) en unos cino días.

신용카드

신용카드를 신청할 수 있습니까?

¿Puedo solicitar una tarjeta de crédito?

신용 등급을 확인해도 되겠습니까?

¿Podríamos confirmar su grado de crédito?

이 양식지를 채워주세요.

Rellene este formulario.

여권이나 신분증을 보여주십시오.

Demuéstreme su pasaporte o su carné de identidad.

여기 아래에 서명하십시오.

Confirme aquí abajo, por favor.

카드는 어디로 받으시겠습니까?

¿Podríamos enviar la tarjeta de crédito a algún sitio?

카드는 댁으로 보내겠습니다.

Vamos a mandar la tarjeta de crédito.

Diálogo breve

252. 여러모로 놀라다. Sorprenderse por todo.

A: Mira, Ángel, ¡ese hombre tiene el pelo más largo que las mujeres!	A: 봐라, 앙헬. 그 남자는 여자들 보다도 더 긴머리를 가졌다고.
B: No te sorprendas por todo.	B: 여러모로 놀라지마라.

카드는 다음 주에 직장으로 우송하겠습니다.
La próxima semana le enviaremos la tarjeta a su empresa.

카드 명세서는 어디로 보내드릴까요?
¿A dónde vamos a mandar la especificación de la tarjeta?

이메일로 받으시겠습니까? 우편으로 받으시겠습니까?
¿Cuál prefiere recibirla, por E-mail o por correo?

Diálogo breve

253. 이제 그녀는 어린아이가 아니다. Ya no es un niño pequeño.

A: Debes complacer un poco a tu hermana menor.

B: ¿Por qué tengo que complacerla? ya no es una niña pequeña.

A: 넌 네 동생을 조금 즐겁게 해줘야 한다.

B: 왜 제가 그 애를 즐겁게 해줘야 하죠. 이제 그 애는 어린 아이가 아니라고요.

07 우체국

우체국을 찾을 때

우체국은 어디입니까?

¿Dónde está la oficina de Correos?

우체국은 여기에서 버스로 5분 거리에 있습니다.

La casa de Correos está a cinco minutos en autobús.

우체국에 영어를 말하는 직원이 있습니까?

¿Hay algún empleado de correos que sepa hablar inglés?

가장 가까운 우체국은 어디에 있습니까?

¿Dónde está la casa de correos más cercana?

우표를 살 때

어디에서 우표를 삽니까?

¿Dónde se venden sellos de correo?

우체국에서 우표를 살 수 있습니까?

¿Puedo comprar las estampillas[los sellos] en la casa de correos?

Diálogo breve

254. 다른 사람을 이용하고자 (그의)힘을 사용한다. Usar su poder para abusar de los demás.

A: Mira, ése es el hijo del director de la policía. ¿Qué está haciendo?

B: ¿Tú qué crees? Usar su poder para abusar de los demás. ¿No ves que le está quitando la manzana a un niño?

A: 봐봐, 그는 경찰서장의 아들이야. 그는 뭐하고 있지?

B: 넌 뭘 믿는거야? 다른 사람을 이용하고자 그의 힘을 사용한다고… 아이에게서 사과를 빼앗고 있다고 보는 거 아냐?

2번 창구에서 팝니다.

Se venden en la taquilla Número Dos.

제게 10페소짜리 우표를 10장 주세요.

Deme diez sellos de diez pesos, por favor.

이 편지에 붙인 우표는 이것으로 충분합니까?

¿Es este sello suficiente para esta carta?

편지를 부칠 때

이것은 우체통이다.

Éste es el buzón.

이 편지를 등기로 부쳐 주세요.

Por favor, envíe esta carta por correo certificado.

이 편지는 외국으로 가는 것입니다.

Esta carta es para el extranjero.

한국에 도착하는데 몇 일 걸립니까?

¿Cuánto tiempo tardará en llegar a Corea?

이 편지를 항공[배]편으로 보내고 싶습니다.

Me gusta mandar esta carta por avión[barco].

얼마입니까?

¿Cuánto cuesta?

이 우편의 요금은 얼마입니까?

¿Cuánto es el franqueo de esta carta?

255. 되로 주고 말고 받는다. Dar a alguien la mano y se coge el brazo.

A: Juan me pregunta si puede vivir aquí una semana.

B: No le hagas caso, si le das la mano, te cogerá el brazo.

A: 후안은 내게 여기서 일주일을 지낼 수 있는지 묻는다.

B: 넌 그에게 신경쓰지마라, 네가 그에게 손을 내밀면 그는 네 팔을 잡을거야. (되로 주고 말로 받는다)

우체국

소포로 이것을 보내고 싶습니다.

Quisiera enviar esto por paquete postal.

이 소포를 등기로 부쳐 주세요.

Por favor, envíe este paquete por correo certificado.

이 소포는 얼마를 지불해야 합니까?

¿Cuánto tengo que pagar por este paquete?

중량이 조금 초과됩니다. 돈을 더 지불하셔야 합니다.

Pasa un poco del peso. Tienes que pagar más.

이 소포 안에는 무엇이 있습니까?

¿Qué hay dentro de este paquete?

소포 안에는 20권의 책이 있습니다.

Hay veinte libros en este paquete.

스페인까지 도착하려면 얼마나 걸리나요?

¿Cuánto tiempo tardará en llegar a España.

이 소포는 2주일이면 스페인에 도착할 것입니다.

Este paquete llegará a España en 2 semanas.

Diálogo breve

256. 내용없이 겉만 번드르르한 A bombo y platillo.

A: ¡Dios mío! ¿Se lo has dicho a María?	A: 이런! 너 마리아에게 그것을 말했구나.
B: Sí, ¿qué pasa?	B: 응. 무슨 일이야?
A: Seguro que va a contárselo a todos a bombo y platillo.	A: 확신컨대 그녀는 내용없이 겉만 번드르르하게해서 모든 사람들에게 그것을 말할 거야.

 이발과 미용

이발소에서

어떻게 머리를 깎아 드릴까요?
¿Cómo desea que le corte el pelo?

이발과 면도 부탁합니다.
Corte de pelo y afeitado, por favor.

면도해주세요.
Aféiteme, por favor.

면도는 하지 마세요. 얼굴에 땀띠가 있습니다.
No me afeite. Padezco de picazón por causa del calor.

면도할 때, 작은 상처 조심해 주세요.
Al afeitar, cuídese de esta pequeña erupción.

될수 있는 대로 가볍게 면도해 주십시오.
Por favor, aféiteme lo más suave posible.

제 피부가 매우 약합니다.
Mi cutis es muy sensible.

짧게 깎아 주세요.
Por favor, córteme el pelo corto.

조금만 깎아 주세요.
Córteme el pelo un poco, por favor.

시원하게 깍아 주세요.
Córtamelo moderadamente.

Diálogo breve

257. 불에 장작을 더 넣어라. Echar más leña al fuego.

A: ¡Basta, no eches más leña al fuego!

B: Pero lo que he dicho es verdad.

A: 됐어. 불에 장작을 더 넣지마(말을 더 보태지 말아라)!

B: 하지만 내가 말한 것은 사실이야.

너무 짧지 않게 깎아 주세요.

No me deje el pelo demasiado corto.

옆을 짧게 깎아주세요.

Déjeme corto el pelo a ambos lados.

머리를 감겨 주세요.

Láveme la cabeza.

머리 감으러 이쪽으로 오세요.

Venga por aquí para el lavado de cabello.

머리를 감고 나서 잘 빗어 주세요.

Por favor, lavado y marcado.

가르마를 가운데로 잡아 주세요.

Hágame la raya en el medio.

포마드를 조금 발라주세요.

Póngame un poco de brillantina en el pelo.

모양이 어떻습니까?

¿Cómo se ve?

미용실에서

우선, 머리를 감아 드리겠습니다.

Primero, le lavaremos el cabello.

머리를 말린 후에 고데를 해드리겠습니다.

Luego de secarlo, le aplicaremos los riazdores.

약하게 파마를 해주세요.

Quisiera hacerme la permanente suave.

강하게 파마를 하고 싶습니다.

Me gusta hacer la permanente fuerte.

Diálogo breve

258. 보통 일이야. Esto es normal.

A: ¡Dios mío, un terremoto!

B: En Taiwan, esto es normal, ya estoy acostumbrado.

A: 세상에나, 지진이야!

B: 대만에는 보통 일이야, 난 익숙해져 있어.

머리를 웨이브를 주고 싶습니다.
Hágame el pelo rizado.

파마 웨이브를 해 주세요.
Quiero una permanente suave.

머리에 컬을 해주세요.
Ríceme el pelo.

메니큐어를 하시겠습니까?
¿Quiere que llame a la manicura?

파마를 끝낸 후에 얼굴 마사지도 하시겠습니까?
Luego de que terminemos con su permanente,
¿desearía también un masaje facial?

파마가 끝났습니다.
Su permanente está lista.

거울을 보시고 어떤지 말씀해 주세요.
Mírese en el espejo, y dígame si le gusta.

조금 다르게 고치고 싶으시면 말씀해 주세요.
Dígame si quiere que le hagamos algún cambio.

얼마입니까?
¿Cuánto cuesta?

Diálogo breve

259. 천만에요. No hay de qué.

A: Te lo agradezco mucho.
B: No hay de qué.

A: (그 일) 네게 너무 고마움을 전한다.
B: 천만에요.

09 세탁소

세탁물을 맡길 때

언제 세탁이 다됩니까?
¿Cuándo estarán listos?

이것을 좀 다려주세요.
Por favor, pláncheme estas ropas.

내일까지 (세탁이) 필요합니다.
Lo necesitaré mañana.

내일까지 다 되겠습니까?
¿Estará listo para mañana?

이 옷은 드라이 클리닝 되어야 합니다.
Este traje tiene que lavarse en seco.

단추가 떨어졌습니다. 붙여주실 수 있죠.
Se me ha perdido un botón. ¿Puede ponerlo?

찢어진 곳을 수선해 주실 수 있죠?
¿Puede arreglar esta raja?

이 얼룩을 없애 주실 수 있죠?
¿Puede quitar esta mancha?

옷감이 상하지 않게 얼룩을 빼주세요.
Quite esta mancha sin hacer daño al material.

새로운 지퍼 다는 것은 얼마입니까?
¿Cuánto vale una nueva cremallera?

Diálogo breve

260. 너무 재미있어. **Es muy divertido.**

A: ¿Te gusta el juguete que te regalé ayer?

B: Sí, es muy divertido. Gracias.

A: 내가 어제 선물한 장난감 마음에 드니?

B: 응, 너무 재미있어. 고마워.

영수증(물품명세서) 주세요.
Deme tu recibo, por favor.

명세서 없이는 옷을 인계할 수 없습니다.
No puedo darle el traje sin recibo.

제 세탁물이 아직 안나왔습니까?
No me han devuelto los artículos lavados.

고객님의 옷은 이미 다 되었습니다.
Su ropa ya está lista.

이 얼룩은 없앨 수 가 없습니다.
Esta mancha no se puede quitar.

새 단추가격을 지불하셔야 합니다.
Tienes que pagar el botón nuevo.

없어진 단추에 대한 것은 저희가 책임을 집니다.
Somos responsables del botón perdido.

Diálogo breve

261. 생각해 볼게. Déjame pensar.

A: ¿Vienes con nosotros de
    excursión el domingo?
B: No lo sé, déjame pensar.

A: 일요일 우리랑 같이 여행갈래?
B: 모르겠어. 생각해 볼게.

10 부동산과 관공서

부동산 중개소에서

전 방 3개짜리 아파트를 원합니다.
Quiero un apartamento de tres cuartos.

전 욕실이 두 개인 아파트를 원합니다.
Quiero un apartamento con dos baños.

욕실이 딸린 작은 방을 원합니다.
Quiero un cuarto sencillo con baño.

집기가 완비된 원룸을 얻고자 합니다.
Quiero alquilar un cuarto con muebles.

전 호수가 보이는 집을 원합니다.
Quiero una casa con vistas al lago.

해가 잘 드는 방을 원합니다.
Quiero un cuarto soleado.

지금 방을 볼 수 있습니까?
¿Podemos ver el cuarto ahora?

언제 들어가 볼 수 있죠?
¿Cuándo puedo entrar?

아파트의 도면을 볼 수 있나요?
¿Puedo ver el plano de los pisos?

이 건물은 안전장치가 있습니까?
¿Hay sistema de seguridad en este edificio?

Diálogo breve

262. 스트레스 받다. Tener mucho estrés.

A: ¿Qué te pasa? Tienes la cara muy pálida.
B: Tal vez porque estos días tengo mucho estrés.

A: 무슨 일이야? 얼굴이 창백해.
B: 아마도 며칠 째 너무 스트레스 받아서 그런가봐.

그 아파트는 몇 층입니까?

¿En qué piso está el apartamento?

아파트의 크기는 어떻게 됩니까?

¿Qué tamaño tiene el apartamento?

그 건물은 애완견을 키울 수 있습니까?

¿Están permitido los animales domésticos en el edificio?

어느 가격을 원하십니까?

¿De qué precio lo quieres?

임대는 얼마입니까?

¿Cuánto cuesta la renta?

임대료에 공공요금은 포함되어 있습니까?

Los servicios están incluidos en la renta?

전기료와 난방비는 포함되어 있습니까?

¿Luz y calefacción están incluidas?

언제 임대료를 지불해야 합니까?

¿Cuándo tengo que pagar la renta?

지불해야 하는 보증금은 얼마입니까?

¿Cuál es el depósito que cobran?

사용하신 전기료는 지불하셔야 합니다.

Tiene que pagar la electricidad que ha usado.

물은 무료입니다.

El agua es gratis.

가스와 전기료는 지불하셔야 합니다.

Tiene que pagar el gas y la electricidad.

전기료는 포함되어 있으나, 난방비는 포함되지 않습니다.

La luz está incluida pero la calefacción no.

Diálogo breve

263. 너도 Y tú también.

A: Eres un machista.
B: Y tú también.

A: 너는 남성우월주의자야.
B: 너도 그래.

도와 드릴까요?

¿Puedo ayudarlo?

무엇을 도와 드릴까요? (1)

¿Qué puedo hacer por Ud.

무엇을 도와드릴까요? (2)

¿En qué puedo ayudarle?

무슨 일이신지요?

¿Cuál es el problema?

앉아서, 잠시 기다려 주세요.

Siéntese y espere un momento.

성함과 주소를 알려주시겠습니까?

Dígame su nombre y su dirección, por favor.

이 양식을 채워 주세요.

Complete este formulario.

비자 연장은 어떤 분과 이야기를 해야합니까?

¿Con quién debo hablar para hacer la extensión de mi visa?

출입국 관리소는 어디에 있습니까?

¿Dónde está la oficina de imigraciones?

Diálogo breve

264. 조금도 귀찮지 않다. No es ninguna molestia.

A: Perdone la molestia.

B: No se preocupe, no es ninguna molestia.

A: 귀찮게 해드려 죄송합니다.

B: 걱정하지 마세요. 조금도 귀찮지 않습니다.

Tema

VIII

긴급 표현

01 난처한 상황
02 분실과 도난
03 교통사고
04 자연재해와 화재
05 병원
06 약국

01 난처한 상황

무슨 일인가요?
¿Qué pasa?

무슨 일이 있었나요?
¿Qué pasó?

여권을 분실했습니다.
Perdí mi pasaporte.

카메라를 도난 당했습니다.
Me robaron la cámara.

제 신용카드를 분실했습니다.
He perdido la tarjeta de crédito.

제 카드를 중지시켜 주세요.
Anule mi tarjeta de crédito, por favor.

전 술이 취했습니다.
Estoy borracho(a).

제 차가 길 한가운데서 고장이 났습니다.
Mi coche se averió en el camino.

전 엘리베이터 안에서 갇혀서 나갈 수가 없습니다.
Estoy encerrado en el ascensor y no puedo salir.

저희 건물에 전기가 나갔습니다.
Hay un corte de electricidad en nuestro edificio.

Diálogo breve

265. 네가 입학하기를 바래. **Espero que seas admitido(a).**

A: Quiero aprobar el examen de ingreso para la Universidad de Seúl.

B: Espero que seas admitido.

A: 나는 서울대학 입학시험에 합격하고 싶어.

B: 네가 입학하기를 바래.

영어 하니?

¿Hablas inglés?

한국어 하는 사람을 불러주세요.

Llame alguien que hable coreano, por favor.

누가 영어 할 수 있나요?

¿Hay alguien que hable inglés?

저는 스페인어를 거의 못합니다.

No puedo hablar español casi nunca.

이것을 스페인어로 뭐라고 합니까?

¿Cómo se dice esto en español?

미안한데, 네 말을 이해 못했어.

Perdón, no te entendí.

미안한데, 난 스페인어를 못해.

Perdón, no hablo español.

내 스페인어는 매우 형편없다.

Mi español es muy malo.

단지 아주 조금의 스페인어만 한다.

Sólo hablo un poco de español.

그것을 다시 말해줄 수 있니?

¿Puedes repetirlo?

난 네 말을 이해 못한다.

No te entiendo.

네가 뭐라고 말하는지 나는 모른다.

No sé qué dices.

Diálogo breve

266. 무슨 말 했어? ¿Qué has dicho?

A: ¿Qué has dicho? ¿Qué una chica de veinte años se casó con un hombre de 70 años?

B: Sí, no entiendo lo que piensan estas chicas.

A: 너 무슨 말 했어? 20살 여성이 70살 남자랑 결혼했다고?

B: 그래. 그런 여성들이 무슨 생각을 하는지 모르겠어.

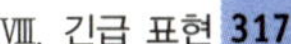

천천히 말씀해주세요.

Hable despacio, por favor.

그것을 써주실 수 있습니까?

¿Podría escribirlo?

위급한 상황일 때

급해요, 급해!

¡Es urgente!

문 좀 열어주세요!

¡Abra, por favor!

나가요!

¡Afuera!

위험해요!

¡Peligro!

조심해요!

¡Cuidado!

부상자들은 어떻습니까?

¿Qué tal están los heridos?

부상자들은 괜찮니?

¿Están bien los heridos?

의사 좀 불러주세요.

Llame a un doctor.

경찰 좀 불러주세요.

Llame a la policía.

구급차 좀 불러주세요.

Llame una ambulancia.

Diálogo breve

267. 너무 우쭐대. Es bastante engreído.

A: No me cae bien Juan, porque es bastante engreído.

B: Pero hombre, se un poco justo, tú también eres muy presumido, ¿no?

A: 후안은 내 마음에 안 들어. 너무 우쭐대

B: 그래도 이 사람아, 조금 공평해져봐. 너도 많이 자만하잖아.

¡Arreste a ese hombre!

¡Ladrón! ¡Detengan al ladrón!

도움을 요청할 때

도와 주세요!

¡Ayúdeme!

거들어 주세요!

¡Écheme un mano!

도움이 필요합니다.

Necesito ayuda.

이 근처에 경찰서가 어디에 있습니까?

¿Dónde está la comisaría cerca de aquí?

분실물센터는 어디에 있습니까?

¿Dónde está la oficina de objetos perdidos?

전 차 안에 열쇠를 두고 잠갔습니다.

He dejado la llave dentro del coche.

죄송한데 이 양식 채우는 것을 도와주실 수 있나요?

Perdón, ¿podría pedirle el favor de ayudarme a rellenar este formulario?

정말 송구스럽습니다만, 휴대폰을 좀 빌릴 수 있을까요?

Me da vergüenza pedirle este favor. Pero ¿podría prestarme un momento su móvil?

제 휴대폰이 여기에서 터지지 않습니다.

Es que el móvil mío no funciona aquí.

차 안에서 열쇠를 꺼내줄 수 있습니까?

¿Puede sacarme la llave de dentro del coche?

Diálogo breve

268. 상관없어. **Me da igual.**

A: ¿Comemos en este restaurante chino o en ese coreano?

B: Me da igual, lo que tú digas.

A: 우리 이 중국식당에서 먹을까 아니면 그 한국식당에서 먹을까?

B: 나는 상관없어. 네가 말하는 곳으로.

실례하지만, 소금을 건네 주실 수 있습니까?

Perdón, ¿podría pasarme la sal?

제게 소금을 건네 주시기 바랍니다.

Haga el favor de pasarme la sal.

제게 다른 치즈를 가져다 주시겠습니까?

¿Podría traerme otro queso?

부탁을 들어주시겠습니까?

¿Podría hacerme un favor?

도움을 줄 수 있겠습니까?

¿Podría echarme una mano?

살려 주세요!

¡Socorro!

함께 와 주세요!

¡Por favor, acompáñeme!

의사 있나요?

¿Hay algún doctor?

누가 지혈을 어떻게 하는지 아나요?

¿Alguien sabe cómo contener la sangre?

누가 심폐소생술을 할 줄 아나요?

¿Quién sabe hacer reanimación cardiorrespiratoria?

응급치료

움직이지 마라.

No te mueves.

팔을 올리세요.

Levante el brazo.

Diálogo breve

269. 아주 좋아. Bastante bien.

A: ¿Qué te parece este ordenador?

B: Está bastante bien.

A: 이 컴퓨터 어때?

B: 아주 좋아.

다리를 올려보세요.
Levante las piernas.

제게 모포를 주세요.
Deme unas mantas.

저희는 붕대가 필요합니다.
Necesitamos unos vendajes.

지혈을 해라.
Corta la sangre.

구급상자를 줘라.
Dame el botiquín de emergencias.

270. 나는 바빠. Estoy ocupado.

A: Juan, vamos a jugar a fútbol, ¿no vienes con nosotros?

B: No puedo, estoy ocupado.

A: 후안, 우리 축구하러 갈건데, 같이 갈래?

B: 못가, 지금 바빠.

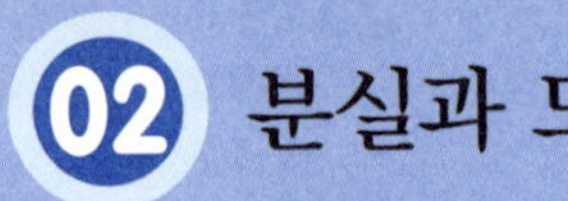

02 분실과 도난

분실했을 때

가방을 잃어 버렸어요.
He perdido el bolso.

버스에 배낭을 두고 내렸습니다.
Dejé la mochila en el autobús.

누구에게 알리는 것이 좋습니까?
¿A quién tengo que comunicar?

분실물센터는 어디입니까?
¿Dónde está la oficina de objetos perdidos?

여행자 수표를 잃어 버렸습니다.
He perdido los cheques de viaje.

재 발행해 주시겠습니까?
¿Podría emitirlos de nuevo?

분실 신고를 하고 싶습니다.
Quiero hacer una declaración de extravío.

도난 당했을 때

여권을 도난 당했어요.
Me han robado el pasaporte.

Diálogo breve

271. 그런 소리 하지마. No digas eso.

A: Todo ha sido la culpa mía, soy tonta.
B: No digas eso. Todos cometemos errores.

A: 모두 내 잘못이야, 나는 멍청이야.
B: 그런 소리 하지마, 모든 사람들은 실수해.

제 지갑이 없어졌어요.

Mi cartera ha sido robada.

지갑을 도난 당했습니다.

Me robaron la cartera.

도난 당했습니다.

He sido asaltado.

아마도 지하철에서 도난 당한 듯 합니다.

Probablemente me lo robaron en el metro.

도난신고를 할 때

경찰에 알리고 싶습니다.

Quiero informar a la policía.

한 남자가 짐을 훔치고 있습니다.

Un hombre está robando el equipaje.

도난 증명서를 만들어 주세요.

Por favor, hágame un certificado de robo.

어떻게 [그 일이] 발생했는지 아세요?

¿Sabe cómo ocurrió?

분실 증명서를 작성해 드리겠습니다.

Le voy a hacer un certificado de extravío.

Diálogo breve

272. 그저 그래. Más o menos. / Así, así.

A: ¿Qué te parecen los platos de este restaurante?

B: Más o menos.

A: 이 식당 요리 어때?

B: 그저 그래.

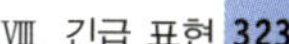

# 교통사고

교통사고를 당했을 때

사고 증명서를 만들어 주세요.
Por favor, deme el certificado de accidente.

저는 교통 사고를 당했습니다.
Tuve un accidente de tráfico.

트럭이 우리 차를 박았습니다. 그리고 손상되었습니다.
Un camión chocó con nuestro coche y lo dañó.

저는 상처를 입어, 움직일 수 없습니다.
Estoy herido(a) y no me puedo mover.

그 사고가 내 인생의 방향을 바꿨습니다.
Ese accidente cambió el rumbo de mi cida.

교통사고를 냈을 때

제가 자동차를 박았습니다.
Choqué con el coche.

난 아버지의 차로 사고를 냈다.
Yo he tenido un accidente con el coche de mi padre.

그는 앞 차에 추돌했다.
Él chocó con el automóvil que iba adelante.

Diálogo breve

273. 기분이 안 좋다. No estar de humor.

A: Estás bromeando, ¿no?
B: No estoy de humor para gastar bromas.

A: (지금) 농담하는 거지, 그렇지?
B: 나 농담할 기분 아니야.

자동차가 전봇대에 충돌했다.

Un choche chocó con un poste.

버스가 트럭과 충돌했다.

Un autobús chocó contra un camión.

그는 운전 잘못으로 담에 부딪쳤다.

Un error de conducción le llevó a chocar contra una tapia.

난 운전을 많이해 피곤했음에 틀림없다.

Debo de haber estado cansado después de conducir tanto.

교통사고 경위를 묻고, 설명할 때

언제 사고가 발생했습니까?

¿Cuándo sucedió el accidente?

몇 명이 부상입니까?

¿Cuántas personas están heridas?

몇 명이 사망했습니까?

¿Cuántas personas han muerto?

종로 3가에서 교통사고가 있었습니다.

Hay un accidente de tráfico en la Calle 3 de Jongro.

제가 증인입니다.

Soy testigo.

저는 증언할 수 있습니다.

Puedo atestiguar.

모든 과정을 봤습니다.

He visto todo el proceso.

Diálogo breve

274. 냉담하다. Ser apático.

A: Vosotros los jóvenes siempre sois así de impulsivos.

B: No seas tan apático, tampoco eres muchos años mayor que nosotros.

A: 너희와 같은 젊은이들은 항상 너무 충동적이야.

B: 그리 냉담하지마. 너도 우리보다 그렇게 나이도 많지 많아.

자동차가 여자를 쳤고, 그녀가 척추에 상처를 입었습니다.
Un coche chocó con ella, le rompió la vértebra.

트럭이 우리 차를 쳤고, 부서졌다.
Un camión chocó con nuestro coche y lo dañó.

그가 차에 깔렸다.
Le aplastó el coche.

전 그 차를 묘사할 수 있습니다.
Puedo escribir el coche.

차에 대한 묘사를 전해드릴 수 있습니다.
Puedo ofrecer una descripción del coche.

저는 가해자에 대해 묘사할 수 있습니다.
Puedo describir al asaltante.

저는 번호판을 기억합니다.
Me acuerdo del número de matrícula.

Diálogo breve

275. 그것이 정확히 내가 말하고 싶었던 것이다. Eso es precisamente lo que quiero decir.

A: ¿Quieres decir que ya no necesario ir a trabajar?

B: Eso es precisamente lo que quiero decir.

A: 넌 이제 일을 하러 갈 필요가 없다는 것을 의미하는 거니?

B: 그것이 정확히 내가 말하고 싶었던 거야.

04 자연재해와 화재

자연재해와 화재에 대해서

비가 많이 온다.
Llueve mucho.

태풍이 분다.
Hay un tifón.

폭풍이 친다.
Hay una ráfaga.

우리는 폭우로 경황이 없다.
Estamos ocupados debido a los fuertes aguaceros.

허리케인은 시속 500킬로미터로 불 수 있는 바람이다
El huracán es el viento que puede girar a una velocidad de quinientos kilómetros por hora.

아이티 국민은 재해로 인해 고통받고 있다.
El Pueblo de Haití está sufriendo un desastre.

재해 대책 본부는 국경지대에 세워졌다.
Se estableció el centro coordinador de las medidas contra desastres en la zona fronteriza.

Diálogo breve

276. 사실이야. Es verdad.

A: Nos vemos en la librería de siempre, ¿te parece?
B: Allí sí que se puede pasar tiempo, pero hay mucha gente y no es tan fácil encontrarnos.
A: Es verdad. Entonces nos vemos en la cafetería al lado de nosotros.

A: 우리 언제나 같은 서점에서 만나자. 알았지?
B: 바로 그곳이야 말로 좋은 시간을 보낼 수 있는 곳이야, 그런데 사람이 너무 많고 서로를 찾는게 어려워,
A: 사실이야, 그럼 우리 옆 커피숍에서 만나자.

화재 때 비상구가 없는 건물이 많다.

Hay muchos edificios peligrosos sin salida emergencia en caso de incendio.

어젯밤 큰 화재가 있었다.

Anoche hobo un gran incendio.

작은 화재로 모든 것이 끝났다.

Todo acabó en un pequeño incendio.

처음 화재가 난 곳은 화장실이었다.

En el baño es donde ha empezado el fuego.

자연재해와 화재

Diálogo breve

277. 넘어지지 않는 사람은 일어설 줄 모른다. Quién no cae, no se levanta.

A: Ya no te comportarás de forma tan imprudente, ¿no?

B: Ya no. Pues quién no cae, no se levanta.

A: 이제 그렇게 무례하게 행동하지마라. 알았니?

B: 이제 안 그럽니다. 왜냐하면 넘어지지 않는 사람은 일어설 줄 모르거든요.(의역: 실패는 성공의 어머니이다.)

05 병원

예약 또는 병원에 갈 때

내일 오후에 의사 선생님과 약속을 잡을 수 있습니까?

¿Me puede dar una cita con el médico para mañana por la tarde?

오늘은 그 의사 선생님께서 시간이 없으십니다.

Hoy el médico no tiene tiempo.

언제 갈 수 있습니까?

¿Cuándo puedo pasar?

약속보다 미리 갈 수 있나요?

¿Puedo ir antes de la cita?

저는 페르난도 의사선생님과 10시반에 예약이 되어 있습니다 지금 갈 수 있습니까?

Tengo una cita con el doctor Fernando a las diez y media. ¿Puedo pasar ahora?

병원에 데려다 주세요.

Lléveme al hospital, por favor.

병원 접수창구에서

무엇을 도와드릴까요?

¿En qué puedo ayudarle?

Diálogo breve

278. 길 조심해. Cuidado en el camino.

A: Préstame tu bicicleta, es que voy al supermercado.	A: 네 자전거 빌려줘. 나 슈퍼마켓에 가야해.
B: Aquí la tienes. Cuidado en el camino.	B: 여기 있어, 길 조심해.

누구를 찾아오셨습니까?
¿A quién visita?

담당 의사가 누구시죠?
¿Quién es su doctor?

몇 시에 약속(예약)을 하셨습니까?
¿A qué hora es la cita?

처음 오셨나요?
¿Es la primera vez que viene aquí?

누가 아프신 거죠?
¿Quién está enfermo?

환자의 성함이 어떻게 되시죠?
¿Cómo se llama el(la) paciente?

건강 보험은 가지고 계신가요?
Tiene seguro de salud[=médico].

보험카드는 가지고 계신가요?
Tiene su tarjeta del seguro?

저희가 (카드를) 복사를 해야합니다.
Tenemos que hacer una copia.

고객님의 보험회사는 어디입니까?
¿Cuál es su compañía de seguros?

고객님의 증권번호는 어떻게 되시죠?
¿Cuál es su número de póliza?

인가 양식에 사인이 필요합니다.
Necesita firmar este formulario de autorización.

이 종이들을 채워주시고, 되돌려 주세요.
Complete estos papeles y devuélvalos.

입원하지 않으면 안됩니까?
Tengo dolor de estómago.

Diálogo breve

279. 이만 갈게. Me voy ya.

A: Perdón, es que luego tengo otros asuntos, y me voy ya.
B: Vale, cuidado en el camino.

A: 미안하지만 나 다른 볼일이 있어서 이만 갈게.
B: 그래. 조심해서 가.

간호사와 함께 가시죠.
Vaya con la enfermera.

어디가 아픈가요?
¿Qué tiene Ud.?

무슨 일이 있나요?
¿Qué le pasa?

어떤 류의 통증입니까?
¿Qué tipo de dolores?

무슨 문제가 있나요?
¿Qué problema tiene Ud.?

증상이 어떠시죠?
¿Cuáles son sus síntomas?

어떤 다른 증상이 있나요?
¿Tiene algún otro síntoma?

당신의 병에 대해서 제게 말씀해 주시겠습니까?
¿Podría decirme algo de su enfermedad?

어지러우세요?
¿Se siente mareado?

여기를 두드리면 통증이 있나요?
¿Le duele cuando le toco aquí?

이것이 얼마나 오래 되었나요?
¿Cuánto tiempo le dura esto?

얼마동안 그러한 상태였나요?
¿Cuánto tiempo ha estado así?

Diálogo breve

280. 다시 한번 부탁합니다. Otra vez, por favor.

A: Perdón, no le he oído bien.
  Otra vez, por favor.
B: He dicho que debemos ir
  juntos.

A: 죄송합니다. 제가 잘못 들었습니다.
  다시 한번 부탁합니다.
B: 우리가 함께 가야 한다고 말했어요.

통증이 언제 시작했죠?

¿Cuándo empezó el dolor?

통증이 서서히 오나요? 갑자기 오나요?

¿El dolor se inició lentamente o de repente?

통증이 어디서 시작했죠?

¿Dónde empezó el dolor?

통증의 위치가 바뀌었나요?

¿Ha cambiado de lugar el dolor?

통증이 여러부분에 나타납니까?

¿Se corre el dolor?

이런 통증이 나타난 것이 처음입니까?

¿Es la primera vez que le aparece este dolor?

증상을 말할 때

기분[컨디션이] 안 좋습니다.

Me siento mal.

몸 상태가 안 좋습니다.

Me encuentro indispuesto.

기운이 하나도 없습니다.

Me siento desanimado.

무기력한 듯합니다.

Me siento débil.

힘이 없습니다.

No tengo energía.

식욕이 없습니다.

No tengo apetito.

Diálogo breve

281. 지금 당장 갈게. **Voy ahora mismo.**

A: Papá, a comer.

B: Voy ahora mismo.

A: 아빠, 식사 하세요.

B: 지금 당장 갈게.

설사와 구토 증세가 있습니다.
Tengo diarrea y vómitos.

어지럽습니다.(1)
Siento mareo.

어지럽습니다.(2)
Me siento mareado.

현기증이 있습니다.
Tengo vértigo.

피부에 발진이 있습니다.
Tengo una erupción en la piel.

피부에 습진이 있습니다.
Tengo eczema en la piel.

머리가 아픕니다.
Tengo dolor de cabeza.

편두통이 있습니다.
Tengo migraña.

머리가 욱신거린다.
Siento la cabeza latiendo.

배가 아픕니다.
Tengo dolor de estómago.

설사를 했습니다.
Tengo diarrea.

감기에 걸렸어요.
Estoy resfriado(a).

열과 기침이 납니다.
Tengo fiebre y tos.

편도선이 부었습니다.
Tengo las glándulas de las garganta hinchadas.

282. 정말 오랜만이야. Cuánto tiempo sin verte.

A: Cuánto tiempo sin verte. ¿Dónde te metiste estos dos años?
B: Estuve en México.

A: 정말 오랜만이야. 지난 2년 동안 어디에 있었니?
B: 멕시코에 있었어.

오한이 납니다.
Tengo escalofrío.

피곤해 죽을 듯합니다
Me estoy muriendo de cansancio.

병력이나 발병 시기를 물을 때

알레르기성 체질입니다.
Tengo predisposición alérgica.

전에 이런 증상이 있었나요?
¿Tiene este síntoma antes?

당신의 어머니는 살아 계시나요?
¿Su madre está viva?

당신의 아버지는 살아 계시나요?
¿Su padre está vivo?

당신의 어머니는 어떻게 돌아가셨나요?
¿Cómo murió su madre?

당신의 아버지는 어떤 질병으로 돌아가셨나요?
¿De qué tipo de enfermedad murió su padre?

당신의 가족에서 심장 질환이 있던 선조가 있습니까?
¿Hay antecedentes de enfermedad cardíaca en su familia?

당신의 가족 중에 관상동맥질환을 앓고 있는 사람이 있습니까?
¿Hay alguien en su familia que tenga cardiopatia coronaria?

당신의 가족 중에 간염을 앓던 사람이 있습니까?
¿Hay alguien en su familia que haya tenido hepatitis?

어떤 약에 부작용이 있습니까?
¿Tiene alguna alergía a alguna medicina?

Diálogo breve

283. 누구를 두고 가다. Pasar de alguien.

A: Él me ha dicho que va a venir, pero ya son las doce y todavía no llega.
B: Pasa de él, vámonos.

A: 그는 올 것이라고 했어. 그런데 이미 12시이고 아직 안 왔어.
B: 그를 두고 가자.

항생제에 대한 부작용이 있습니까?

¿Tiene alergía a la penicilina?

항생제에 알레르기가 있나요?

¿Es alérgico a la penicilina?

통증을 호소할 때

의사를 불러 주세요.

Llame a un médico, por favor.

오한이 나요.

Siento escalofrío.

열이 납니다.

Tengo fiebre.

머리[배]가 아파요.

Tengo dolor de cabeza[estómago].

현기증이 납니다.

Siento vértigo.

설사가 납니다.

Tengo diarrea.

손목이 삐었습니다.

Me torcí la muñeca.

발목에 염좌(삔) 고통이 있습니다.

Sufrí una torcedura en el tobillo.

목에 경련(쥐)이 났다.

Diálogo breve

284. 마음에 두다. Tomarse algo a pecho.

A: Esos dependientes son así, no te enfades, no te tomes a pecho estas cosas insignificantes.

B: Pero la actitud de esa dependienta es tan mala. Aunque no podamos comprarlo, ¿no tenemos derecho a contemplarlo?

A: 그런 직원들은 원래 그래, 화내지 말고 이런 쓸데없는 일을 마음에 두지 마.

B: 하지만 그 여직원의 행동은 너무 나빴어, 우리가 그 물건을 사지 않는다고 해서 구경할 권리도 없어?

Me ha dado un calambre en el cuello.

발목이 부었습니다.

Mi tobillo está hinchado.

머리에 혹(종기)으로 아프다.

Me duele el bulto de la cabeza.

(머리를) 숙일 수가 없습니다.

No puedo agacharme.

어깨가 뭉쳤어요.

Mi hombro está helado.

여기가 따끔따끔합니다.

Me pica aquí.

숨쉴 때, 여기가 아픕니다.

Me duele aquí cuando respiro.

걸을 때, 여기가 아픕니다.

Me duele aquí cuando ando.

일어설 때, 왼쪽 다리가 아픕니다.

Me duele la pierna siniestra cuando me levanto.

뚫어지듯 아픕니다.

Es penetrantemente doloroso.

계단에서 넘어 졌습니다.

Me caí de las escaleras.

축구공에 맞았습니다.

Me golpeó un balón de fútbol.

병으로 머리에 맞았습니다.

Me golpearon con una botella en la cabeza.

기계에 손가락이 잘렸어요.

Me he cortado el dedo con una máquina.

Diálogo breve

285. 막연하고 먼 전망이 있다. Tener perspectivas vagas y remotas.

A: ¿Qué vas a hacer después de la graduación?

B: Todavía no lo sé. Las perspectivas son tan vagas y remotas para mí.

A: 졸업 후에 뭐 할거야?

B: 아직 모르겠어. 전망은 너무 멀고 막연해.

저를 따라오시죠.

Sígame.

탈의하시고, 이 가운으로 갈아 입으세요.

Por favor, desvístase y póngase esta bata

허리까지만 탈의하시고, 이것을 입으세요.

Por favor, desvístase hasta la cintura y póngase esto.

체중계에 올라가시죠.

Por favor, súbase a la balanza.

체중을 재도록 하겠습니다.

Vamos a pesarlo(la).

체중은 72Kg입니다.

Pesa 72(setenta y dos) kilógramos.

최근에 몸무게가 올라 [내려] 갔습니까?

¿Subió[Bajó] de peso recientemente?

체온을 재도록 하겠습니다.

Le voy a tomar la temperatura.

입을 벌려보세요.

Abra la boca.

혀를 내밀어 보세요.

Saque la lengua.

편도선을 보고자 합니다.

Le quiero examinar la garganta.

숨을 깊게 내쉬세요.

Respire hondo[=profundo]

가슴이 아픕니까?

¿Le duele el pecho?

Diálogo breve

286. 네 덕분에. **Gracias a ti.**

A: ¿Te sirvieron los datos que te
   di la otra vez?

B: Sí. Gracias a ti, he terminado
   el trabajo.

A: 내가 지난번에 준 정보 유용했어?

B: 응. 네 덕분에 내 과제를 잘 끝냈어.

청진을 해보겠습니다.

Voy a auscultarle.

체온을 재려고 합니다.

Le voy a tomar la temperatura.

당신의 체온은 37도입니다.

Su temperatura es 37(treinta y siete) grados.

소매를 걷어올리세요.

Súbase la manga, por favor.

혈압을 재도록 하겠습니다.

Le voy a tomar la presión de la sangre.

당신의 혈압은 조금 높 [낮] 습니다.

Su presión arterial es un poco alta[baja].

당신의 맥박을 재도록 하겠습니다.

Le voy a tomar su pulso.

주사를 놓겠습니다.

Le voy a poner una inyección.

허리까지 옷을 벗으세요.

Desvístase hasta la cintura.

얼마 전부터 팔이 아프셨나요?

¿Hace cuántos días que le duele el brazo?

엑스레이를 찍으셔야 합니다.(1)

Hay que hacerle una radiografía.

엑스레이를 찍으셔야 합니다.(2)

Hay que hacerle rayos X.

심전도 검사를 하시는 것이 더 좋을 듯합니다.

Es mejor que le hagan un electrocardiograma.

피[혈액 샘플]를 뽑겠습니다.

Voy a tomar una muestra de sangre.

Diálogo breve

287. 나는 네가 너무 걱정돼. Estoy muerto de preocupación por ti.

A: Anoche no me avisaste de que no volverías, estaba muerto de preocupación por ti.

B: Perdón, se me olvidó.

A: 지난 밤 너는 집에 오지 않는다고 말도 안해서 너무 걱정되었어.

B: 미안해. 깜빡했어.

수술을 한 적이 있습니까?

¿Ha tenido cirugía alguna vez?

전에 입원 한적이 있습니까?

¿Ha sido hospitalizado(a) alguna vez?

소변[대변]을 채취해야겠습니다.

Necesito una muestra de orina[heces].

소변이 나올 때 (초기에)는 지나치세요.

Deje pasar el flujo incial de su orina.

채취통에 소변이 나오는 중간 쯤에 조금 담으세요.

Colecte la porción central del flujo de su orina en el recipiente.

일주일 후에 결과를 받을 수 있습니다.

Tendrá el resultado en una semana.

여기가 아파요.

Me duele aquí.

제 혈액형은 A입니다.

Mi grupo sanguíneo es A.

입원해야 합니까?

¿Tengo que hospitalizarme?

몇 일 정도면 완쾌하겠습니까?

¿Cuánto tardaré en curarme?

여행을 계속해도 됩니까?

¿Puedo continuar mi viaje?

내과에서

전 열이 있습니다.

Tengo fiebre.

Diálogo breve

288. 전문가 앞에서 아는척 하다. Dárselas de experto ante un especialista.

A: Qué vergu/enza, me las doy de experto ante un especialista.

B: No soy especialista tampoco.

A: 창피해. 내가 전문가 앞에서 아는척 하네.

B: 나도 전문가가 아니야.

전 열이 조금 있습니다.

Tengo un poco de fiebre.

전 열이 높습니다.

Tengo la temperatura elevada.

온 몸에서 열이 납니다.

Me arde todo el cuerpo.

식욕이 없습니다.

No tengo apetito.

식욕을 잃었습니다.

Perdí el apetito.

빈혈이 있습니다.

Tengo anemia.

코피가 납니다.

Me sangra la nariz.

전 고혈압입니다.

Tengo hipertensión.

배(위)가 아픕니다.

Me duele el estómago.

최근 이틀 동안 토할 것같습니다.

Tengo ganas de vomitar estos dos últimos días.

먹고 싶은 것을 먹어도 됩니까?

¿Puedo comer todo lo que quiera?

Diálogo breve

289. 거의 ~할뻔하다. **Por si faltaba algo.**

A: Acaba de ser elegido trabajador modelo y, por si faltaba algo, le han admitido en el Partido Democrático.

B: Es verdad que tiene muy buena suerte.

A: 그는 모범 직원을 선택되었고 거의 민주당에 입당할 뻔 했어.

B: 그가 운이 좋은 것은 사실이야.

상처에 피가 납니다.

La herida sagra.

다리에 피가 흐릅니다.

Mis piernas están sangrando.

피가 멈추지 않습니다.

No para de sangrar.

저는 맹장 수술했습니다.

Me operé de apendicitis.

팔이 부러졌습니다.

Mi brazo está roto.

왼쪽 손이 탈골되었습니다.

Mi mano izquierda está dislocada.

뛸 때, 여기가 아픕니다.

Me duele aquí cuando corro.

자려고 할 때, 여기가 아픕니다.

Me duele aquí cuando me acuesto.

상처를 꿰맬 것입니다.(1)

Le voy a coser la herida.

상처를 꿰맬 것입니다.(2)

Le voy a tomar puntos.

7일 후에 실을 뽑겠습니다.

Voy a quitarle los puntos dentro de siete días.

환자는 목발을 짚어야 합니다.

El paciente tiene que andar con muletas.

접골을 해야 합니다.

Tiene que acomodar el hueso.

Diálogo breve

290. 피곤하게 만들다. Darle demasiadas vueltas a la cabeza.

A: Quizá tiene otra mujer.	A: 그는 아마도 다른 여자가 있나봐.
B: Eso no es posible. Le das demasiadas vueltas a la cabeza.	B: 그것은 불가능해. 그 상황은 그를 매우 피곤하게 만들어.

이 남자는 복합 골절이 되었습니다.
Este hombre tiene una fractura complicada.

그는 깁스를 해야 합니다.
Lo tienen que enyesar.

[직역을 하면, '그에게 깁스를 해줘야만 한다' 라고 번역]
몇 주 동안 목발로 걸어야 합니다.
Tiene que andar con muletas unas semanas.

피부과에서

그녀는 피부가 안 좋다.
Ella tiene mal cutis.

씻으러 갔을 때, 데였습니다.
Me quema cuando voy al lavado.

상처가 감염되었습니다.
La herida se infectó.

상처가 조금 덧 낫습니다.
La herida está un poco infectada.

치과에서

이가 아픕니다.
Tengo dolor de dientes.

몇 일전부터 이쪽 이가 매우 아픕니다.
Hace varios días que me duele mucho este diente.

이가 썩었습니다. (썩은 부분을 도려내고) 씌워야 합니다.
Está picado y hay que ponerle un empaste.

Diálogo breve

291. 약속하다. Darle a uno la palabra.

A: Te doy mi palabra y jamás me volveré atrás.
B: Vale, confío en ti.

A: 나는 약속할께. 그리고 절대로 돌이키지 않을께.
B: 알았어. 나는 너를 믿어.

어금니가 충치군요.

Esta muela tiene caries.

이 어금니를 씌워줄 수 있습니까?

¿Me puede empastar esta muela?

이를 뽑아야 합니다. 그리고, 의치를 해 넣어야 합니다.

Tienes que sacártelo y ponerte uno postizo.

내 아들의 이가 흔들린다.

A mi hijo se le ha aflojado este diente.

치주염(齒周炎)이 있습니다.

Tiene periodontitis.

마취하나요?

¿Me va a poner anestesia?

안과에서

눈이 아파요.

Tengo dolor de los ojos.

해가 비출 때, 눈이 아픕니다.

Me duelen los ojos cuando me da el sol.

눈이 충혈되었습니다.

Mis ojos están rojos.

눈이 피곤하다.

Tengo cansados los ojos.

눈에 현기증이 난다.

Me da un vértigo.

눈물을 흘리는 것은 눈의 여러가지 병의 징후이다.

El lagrimeo es síntoma de varias enfermedades de los ojos.

Diálogo breve

292. 이렇게 하는 것이 맞다고 생각해? ¿Crees que es adecuado que lo hagamos así?

A: ¿Crees que es adecuado que lo hagamos así?

B: Como anillo al dedo.

A: 우리가 이렇게 하는 것이 맞다고 생각하니?

B: 당연하지.

그녀는 눈병으로 고생했다.
Ella sufrió de la afección de los ojos.

저는 감기입니다.
Estoy resfriado(a).

심하지 않습니다.
No es nada grave.

저는 감기에 걸렸습니다.
He cogido un catarro.

저는 코감기가 있습니다.
Tengo un constipado.

전 감기에 걸렸습니다.
He pillado un enfriamiento.

전 독감에 걸렸습니다.
Tengo gripe.

심한 감기입니다.
Es un resfriado fuerte.

전 열이 있습니다.
Tengo fiebre.

목이 아픕니다.
Tengo dolor de garganta.

전 목이 부었습니다.
Mi garganta está inflamada.

편도선이 부었습니다.
Tengo las amígdalas hinchadas.

Diálogo breve

293. 물 만난 고기처럼, Como pez en el agua.

A: ¿Te ha gustado la vida en el campo?
B: Mucho, estaba como pez en el agua.

A: 너는 시골에서의 생활이 좋아?
B: 매우 좋아. 마치 물 만난 고기처럼.

코가 막혔습니다.

Mi nariz está taponada.

눈물 콧물이 나옵니다.

Se me caen las lágrimas y los mocos.

몇 일 동안 누워 계셔야 합니다.

Tiene que guardar cama durante varios días.

귀에서 윙 소리가 납니다.

Creo que me zumban los oídos.

어젯밤 미열이 있었습니다. 오늘 아침까지도 몸이 좋지 못합니다.

Anoche he tenido un poco de fiebre, y esta mañana todavía no me siento bien.

신경외과에서

전 불면증으로 고생하고 있습니다.

Sufro de insomnio.

밤새도록 잘 수기 없었습니다.

No he conseguido dormir durante la noche.

일어 설 수가 없습니다.

No puedo levantarme.

어깨가 마비되었습니다.

Siento entumecido el hombre.

손이 마비가 되었습니다.

Siento entumedicas las manos.

술을 마셔 본적 있나요? 얼마나 자주?

¿Ha tomado alcohol alguna vez? ¿Con qué frecuencia?

Diálogo breve

294. 한 손을 앞에 다른 손을 뒤에 두다 (매우 가난하다). Con una mano delante y otra detrás.

A: En ese momento era muy pobre vino con una mano delante y otra detrás.

B: ¿Nadie le ayudó?

A: 당시 그는 매우 가난해서, 돈 한 푼 없이 왔어.

B: 아무도 그를 도와주지 않았어?

자해를 하거나 죽고 싶었던 적이 있습니까?
¿Ha querido hacerse daño o matarse?

산부인과에서

당신의 생리 주기에 문제가 있습니까?
¿Ha tenido problemas con su período menstrual?

당신의 최근 생리는 언제 였습니까?
¿Cuándo fue su período menstrual más recién?

밥을 먹으려 할 때, 토할 것 같습니다.
Tengo ganas de vomitar al comer.

임신한 적이 있습니까?
¿Ha estado embarazada·alguna vez?

최근에 파상풍 백신 주사를 맞은 것은 언제입니까?
¿Cuándo fue la última vez que recibió su vacuna contra el tétanus?

최근에 약을 복용 한적 있습니까?
¿Ha tomado medicinas recientemente?

내진이 필요합니다.
Necesito hacer un examen vaginal.

제 집사람이 임신 중 입니다.
Mi esposa está embarazada.

그녀는 분만실에 있습니다.
Ella está en la sala de parto.

그녀는 분만 중 입니다.
Ella está de parto.

집사람이 5시간동안의 진통을 겪고 있습니다.
Ella tiene dolores de cinco horas de parto.

Diálogo breve

295. 어려운 일이 아니다. Es coser y cantar.

A: Muchas gracias por la ayuda.
B: De nada, es coser y cantar.

A: 도와줘서 감사합니다.
B: 천만해요. 별로 어려운 일도 아니었습니다.

집 사람이 딸을 낳습니다.
Mi esposa dio a luz a niña.

응급실에서

구급차가 도착한다.
Llega una ambulancia.

환자가 침상에 있다.
El paciente está en una camilla.

그는 휠체어에 있지 않다.
No está en una silla de ruedas.

환자를 들것에 눕히거나 휠체어에 앉힙니다.
Ponen al paciente en una camilla o en una silla de ruedas.

그를 응급실로 옮긴다.
Lo llevan a la sala de emergencias.

의사들이 그를 진찰합니다.
Los médicos lo examinan.

바로 간호사가 맥박을 잰다.
En seguida, la enfermera le toma el pulso.

혈압을 잰다.
Le toma la presión sanguínea.

레지던트[인턴] 의사가 응급실에서 그를 진찰한다.
El médico residente[interno] lo examina en la sala de emergencias.

환자는 복통을 앓고 있다.
El paciente tiene dolores abdominales.

환자를 엑스레이실로 데리고 간다.
Llevan al paciente al departamento de radiografía.

Diálogo breve

296. 위험한 일을 자초해서 하다. Cría cuervos y te sacarán los ojos.

A: Estás haciendo una cosa muy peligrosa. Cría cuervos y te sacarán los ojos.
B: No lo creo.

A: 너는 매우 위험한 것을 하고 있어. 위험한 일은 자초해서 하고 있어.
B: 나는 그렇게 생각 하지 않아.

얼마나 안정을 취해야 합니까?
¿Cuánto tiempo tengo que guardar reposo?

조금 좋아졌습니다.
Me encuentro un poco mejor.

얼굴이 창백합니다. 아팠습니까?
Se ve pálido. ¿Ha estado enfermo?

경과가 좋아서 곧 회복했습니다.
Me he recobrado rápidamente.

상당히 좋아졌습니다.
Me encuentro mucho mejor.

여전히 좋지 않습니다.
No me encuentro bien todavía.

회복이 되려면 얼마나 걸릴까요?
¿Cuánto tiempo tardará en curarme?

의사 처방

제가 두 대의 주사와 하나의 약을 처방하겠습니다.
Le voy a recetar dos inyecciones y unas pastillas.

이 약을 드시죠.
Tómese este medicamento.

식사 전에 이 시럽 두 스푼을 드십시오.
Tome dos cucharadas de este jarabe antes de la comida.

Diálogo breve

297. 작은 일에 수선 떨다 Armar alboroto por un asunto de poca monta.

A: Ay, estas sangrando, vete al hospital, rápido.

B: No armes alboroto sobre tan poca cosa, sólo es una herida muy superficial.

A: 아, 너 피가 나잖아. 병원에 가라, 빨리.

B: 작은 일에 수선 떨지 마라. 단지 아주 살짝 상처 난 것이 거든.

약을 식전에 먹어야 합니까? 식후에 먹어야 합니까?

¿Debo tomarlas antes o después de las comidas?

식전에 드셔야 합니다.

Tómelas antes de las comidas.

식후에 드셔야 합니다.

Tómelas después de las comidas.

식사 전 30분에 드셔야 합니다.

Tómelas treinta minutos antes de la comida.

제가 항생제 처방을 하겠습니다.

Le voy a recetar unos antibióticos.

하루 약을 3번 먹어야 합니다.

Tiene que tomar la píldora tres veces al día.

몇 알을 먹어야 합니까?

¿Cuántas pastillas debo tomar?

두 알을 먹어야 합니다.

Debe tomar dos pastillas.

오늘 아무것도 먹어서는 안됩니다.

Hoy no debe comer nada.

물 많이 드세요.

Beba mucha agua.

많이 쉬세요.

Descanse mucho.

다시 와야 합니까?

¿Tengo que venir otra vez?

일주일 내로 한번 더 오셔야 합니다.

 Tiene que venir dentro de una semana una vez más.

처방전을 약국으로 가져가세요.

Lleve la receta a la farmacia.

Diálogo breve

298. 널 귀찮게 하고 싶지 않다. **No te molestes.**

A: Ya es muy tarde. Te llevo en coche a tu casa.	A: 벌써 이렇게 늦었네. 너의 집까지 차로 데려다 줄께.
B: No te molestes, puedo regresar en taxi.	B: 널 귀찮게 하고싶지 않아. 택시로 돌아갈 수 있어.

약국

약국을 찾을 때

가장 가까운 약국이 어디에 있습니까?
¿Dónde está la famacia más cercana?

이 근처에 약국이 있나요?
¿Hay una farmacia por aquí?

처방전을 보이며 약을 달라고 할 때

이 처방전으로 약을 주십시오.
Por favor, deme la medicina de esta receta.

처방전에 의해서만 판매합니다.
Se vende la medicina bajo receta.

의사 처방전이 없다면 이 약을 드릴 수 없습니다.
No puedo darle esta medicina sin receta médica.

증상을 말하며 약을 달라고 할 때

처방전은 없습니다만, 감기 약을 주세요.
Deme un remedio para el resfriado aunque no tenga receta.

299. 콕 꼬집어 내다. Dar en el clavo.

A: Elijo el cuadro rojo.
B: Has dado en el clavo.

A: 나는 빨간 그림을 선택할거야.
B: 너는 콕 꼬집어 냈어.

식욕이 없습니다. 저는 식욕을 돋구기 위해 약을 사고 싶습니다.

No tengo apetito, quiero comprarme unas pastillas para el apetito.

기침에 좋은 약 있나요?

¿Tiene algún medicamento para la tos?

치통을 가라앉히는 약을 제게 주실 수 있나요?

¿Puede darme algunas pastillas para aliviar el dolor de dientes?

불면증입니다. 수면제를 사고 싶습니다.

Tengo insomnio. Quiero comparar unos somníferos.

이 약은 효능이 있습니까?

¿Obra eficazmente esta medicina?

약의 복용법에 대해서

약은 몇 회나 복용합니까?

¿Cuántas veces tengo que tomar la medicina?

하루 세 번 식사 전에, 두 알의 약을 드셔야 합니다.

Antes de las comidas, tómese dos pastillas, tres veces al día.

매식 후 두알을 드셔야 합니다.

Tiene que tomas dos pastillas después de cada comida.

아침 식사 후 한알을 드세요.

Tome una pastilla después de desayunar.

손가락에 약을 바르기만 하면 됩니다.

Sólo debe aplicar un ungüento al dedo.

여기 감기 약이 있습니다. 식후 30분에 드세요.

Aquí tiene la medicina contra el resfriado.
Tómela 30 minutos después de comer.

Diálogo breve

300. 내팽개치다. Dar esquinazo a alguien.

A: Ayer me diste esquinazo.

B: Perdón, es que tenía una urgencia.

A: 어제 너 나를 내팽개쳤어.

B: 미안. 급한 일이 있었거든.

Tema Ⅸ

여행 표현

01 비행기
02 공항
03 숙박
04 길안내
05 관광
06 쇼핑
07 귀국

비행기

항공권을 구할 때

저는 다음 주 일요일에 마드리드행 항공을 예약하고 싶습니다.

Quiero reservar un vuelo para Madrid el próximo domingo.

저는 8월 14일 산티아고 행 표를 예약하고 싶습니다.

Quiero hacer la reserva a Santiago para el catorce de agosto.

멕시코 시티로 가는 다음 비행기는 언제 떠납니까?

¿Cuándo sale el próximo avión a la Ciudad de México?

5월 20일에 마드리드로 가는 비행편과 6월 7일에 돌아오는 편이 있습니까?

¿Tiene algún vuelo a Madrid con salida el veinte de mayo, y vuelta el siete de junio?

아직 좌석이 남아 있습니까?

¿Todavía quedan plazas?

네, 표를 예약해 드렸습니다.

Sí, he hecho una reserva para Ud.

제가 얼마나 일찍 표를 예매할 수 있습니까?

¿Con cuántos días por adelantado puedo reservar un billete?

멕시코시티 행 다른 비행 편을 알아봐 주세요.

Chequéame los vuelos de otras compañías a la Ciudad de México.

빌바오로 갈 수 있는 가장 이른 비행기 표를 제게 주세요.

Póngame en el vuelo que conecte lo más temprano posible con Bilbao.

Diálogo breve

301. 초만원 상태다. Estar de bote en bote.

A: ¿Aquel día había mucha gente?	A: 그날 사람들 많았어?
B: Sí, el teatro estaba de bote en bote.	B: 응. 극장은 초만원 상태였어.

당신은 어떤 항공사를 선호하십니까?

¿Qué compañía aérea prefiere Ud.?

특정 항공사이니까?

¿Alguna línea en especial?

편도입니까? 아니면 왕복권입니까?

¿De ida o de ida y vuelta?

언제 출발을 원하십니까?

¿Cuándo quiere irese Ud.?

어떤 등급의 좌석을 원하십니까?

¿En qué clase lo prefiere Ud.?

흡연석을 원하십니까? 비흡연석을 원하십니까?

¿Lo quiere de fumador o no fumador?

마드리드행 표 한 장을 구매하고 싶습니다.

Quiero comprar un billete para Madrid.

죄송합니다. 오늘의 모든 항공권이 예약되었습니다.

Perdón, todos los vuelos de hoy están reservados.

바르셀로나 행 왕복표를 구매하고 싶습니다.

Quiero comprar un billete de ida y vuelta para Barcelona.

멕시코시티 행 편도 표 한 장을 구매하고자 합니다.

Me hace falta un billete de ida para la Ciudad de México.

지금 발권을 할 수 있습니까?

¿Venden billetes ahora?

죄송합니다. 대기자 14번으로 넣어드릴까요? 취소가 있다면 연락 드리겠습니다.

Perdone, ¿podría ponerle en la lista de espera del 14? Le llamaré si hay alguna cancelación.

저는 부에노스아이레스로 가는 2장의 왕복표를 예매하고 싶습니다.

Yo quiero reservar dos billetes de ida y vuelta para Buenos Aires.

Diálogo breve

302. 좋은 생각이다. Me viene de perlas.

A: ¿Descasamos un momento?

B: Me viene de perlas.

A: 우리 잠시 쉴까?

B: 좋은 생각이야.

환승을 해야 합니까?

¿Tengo que hacer transbordo?

어디에서 공항세를 지불해야 합니까?

¿Dónde puedo pagar las tasas de aeropuerto?

어디에 대기실이 있습니까?

¿Dónde está la sala de espera?

인천 공항에서 체크인을 해야만 합니다.

¿Hay que confirmar en el Aeropuerto de Incheón?

비지니스 클래스의 가격은 얼마입니까?

¿Cuánto cuesta el billete en clase turista?

퍼스트클래스(1등석)의 가격은 얼마입니까?

¿Cuánto cuesta el billete en primera clase?

창가 쪽으로 앉고 싶습니다.

Quisiera estar al lado de la ventanilla.

복도 쪽으로 앉고 싶습니다.

Quisiera estar al lado del pasillo.

[비]흡연석으로 부탁합니다.

Quisiera un asiento de [no] fumador.

예매를 취소하고 싶습니다.

Quiero anular mi reserva.

이 표를 [구매] 취소하고 싶습니다.

Quisiera anular este billete.

이 항공권들은 환불이 되지 않습니다.

Estos billetes no se pueden reembolsar.

제 비행 편을 확인하고 싶습니다.

Quiero confirmar mi vuelo.

고객님의 비행 편을 확인했습니다.

Su vuelo está confirmado.

Diálogo breve

303. 깜빡하다. Dejar la respuesta en el tintero.

A: ¿Y la respuesta, dónde está?   A: 답변은 어디 있어?

B: La dejaron en el tintero.   B: 깜빡했어.

Le he confirmado el vuelo.

3일 내로 고객님께서는 저희 사무실 어디서든지 구입하실 수 있습니다.
Puede comprar su billete en cualquiera de nuestras oficinas
dentro de tres días.

제가 표를 예약했는데, 단지 좌석을 확인하고 싶습니다.
He reservado el billete. Sólo quiero confirmar el asiento.

고객님의 좌석을 확인했습니다.
Su asiento está confirmado.

비행기표를 바꿀 수 있나요?
¿Puedo cambiar el vuelo?

표를 변경하고 싶습니다.
Quisiera cambiar el vuelo.

이 표는 취소하고, 이베리아 항공 157편으로 바꿔주세요.
Anule este vuelo y transfiérame al 157 de la Compañía de Iberia.

가능하다면, 1월 11일 일요일로 바꾸고 싶습니다.
Si es posible, quisiera cambiar la fecha al once de enero, domingo.

태국항공사는 값이 싸다. 그래서 마닐라에서 하룻밤을 머물러야 한다.
La compañía de Thailandia es más barata.
Pero tiene que pasar una noche.

항공사는 숙박과 아침식사를 무료로 제공합니다.
La compañía ofrece alojamiento y desayuno gratis.

비즈니스 좌석은 남아 있지 않습니다.
No quedan billetes en clase turista.

죄송합니다. 저희에게 퍼스트 클래스 좌석만 남아 있습니다.
Perdone, sólo nos quedan en primera clase.

이번 주 일요일의 티켓은 모두 매진되었습니다.
Acabamos de agotar los billetes para este domingo.

Diálogo breve

304. 언제나 그래왔다. Desde que el mundo es mundo.

A: Mamá, ¿Por qué el lobo se
   come a la liebre?
B: Hijo mío, ha sido así desde
   que el mundo es mundo.

A: 엄마, 늑대는 왜 토끼를 잡아먹나요?
B: 아들아, 그것은 언제나 그래왔어.

당신에게 가장 빨리 예매해드릴 수 있는 것은 다음주 수요일입니다.
Lo antes que puedo reservar para Ud. es el miércoles que viene.

고객(카드) 번호를 가지고 계십니까?
¿Tiene número de viajero habitual?

고객님의 마일리지를 사용하시겠습니까?
¿Quiere usar sus millas?

지금은 (우수 이용)고객을 위한 특별 프로그램 시행 중입니다.
Está en programa especial para viajeros regulares.

고객(마일리지) 카드를 만드시겠습니까?
¿Quiere registrarse en nuestro programa para viajeros regulares?

우수(이용)고객을 위한 저희 프로그램에 참여하시겠습니까?
¿Quiere participar en nuestro programa para viajeros regulares?

우수(이용)고객을 위한 저희의 프로그램이 어떤지 알고 싶으십니까?
¿Quiere conocer cómo funciona nuestro programa para viajeros regulares?

아마도 이 비행기를 원하지 않으실 듯합니다. 왜냐하면 도착 현지시각은 새벽 2시입니다.
Quizá no quieras este vuelo, ya que la hora local de llegar son las dos de la mañana.

비행기는 몇 시에 출발합니까?
¿A qué hora sale el avión?

오전 비행기는 몇 시에 출발합니까?
¿A qué hora sale el vuelo de la mañana?

비행은 몇 시간이 걸립니까?
¿Cuánto tiempo va a durar?

몇 시에 도착합니까?
¿A qué hora llega?

도착시간은 어떻게 되죠?
¿Cuál es la hora de llagada?

Diálogo breve

305. 머리를 짜다. Devanarse los sesos.

A: Anoche me devané los sesos sin obtener solución alguna.
B: Pero yo sí que tengo una idea.

A: 지난 밤 나는 머리를 짰지만 아무런 해답을 찾을 수 없었어.
B: 그런데 나는 생각이 떠올랐어.

비행기가 제 시간에 도착할까요?
¿El vuelo llegará a tiempo?

비행기는 제 시간에 도착하죠?
¿El avión va a llegar a tiempo?

직항입니까?
¿Es vuelo directo?

직항입니다.
Es vuelo directo.

도착까지 경유하지 않죠?
¿No para durante el vuelo?

경유 시간이 긴가요?
¿Hace escala larga?

비행동안(도착하기 전에) 경유를 합니까?
¿Hay escala durante el viaje?

파리에서 경유합니다.
Hay parada en París.

경유 시간은 얼마나 됩니까?
¿Cuánto tiempo dura la escala?

마드리드에서 한시간 경유시간이 있습니다.
Hay una parada de una hora en Madrid.

공항에 몇 시에 도착해야 합니까?
¿A qué hora tengo que llegar al aeropuerto?

어느 만큼의 짐을 비행기 내로 들고 갈 수 있습니까?
¿Cuántos equipajes puedo llevar en el avión?

어느 만큼의 짐을 제가 가지고 갈 수 있죠?
¿Cuántos equipajes puedo llevar conmigo?

Diálogo breve

306. 꼬리가 길면 잡힌다. El que siembra vientos cosecha tempestades.

A: El vecino que me robó la otra vez ha entrado en la cárcel debido a otro robo.
B: El que siembra vientos cosechas tempestades.

A: 지난 번 나에게서 도둑질한 이웃이 다른 절도죄로 감옥에 갔어.
B: 꼬리가 길면 잡히는 법이지.

어느 만큼의 짐이 허용됩니까?
¿Cuánto equipaje está permitido?
[=¿Cuánto equipaje se permite?]

비행기를 갈아 타야합니까?
¿Tengo que cambiar de avión?

비행기를 카라카스에서 갈아 타셔야 합니다.
Tiene que cambiar de avión en Caracas.

식사를 제공하죠?
¿Sirven comida?

비행기에서 간식을 제공합니다.
Se sirven pasteles en el avión.

식사가 있습니까?
¿Hay comida?

이 비행기는 먹을 것을 제공하지 않습니다.
No hay nada de comer en este vuelo.
[=No se sirve comida en este vuelo]

특별식을 주문할 수 있습니까?
¿Podría encargar una comida especial?

탑승 수속할 때

목적지가 어디십니까?
¿Cuál es su destino?

짐을 붙이시겠습니까?
¿Va a facturar el equipaje?

고객님의 이름은 이 비행기의 탑승자 명단에 있지 않습니다.
Su nombre no está en la lista de este vuelo.

Diálogo breve

307. 뿌린대로 거둔다. Puestas las condiciones funcionan las cosas.

A: Debes hacer muchos esfuerzos, y en cuanto al resultado, puestas las condiciones funcionan las cosas, créeme.

A: 너는 노력을 많이 해야해, 그리고 그 결과는 뿌린대로 거두게 되어 있어. 나를 믿어.

대기자 명단에 올릴 수 있습니다.

Puedo ponerlo en la lista de espera.

테이프로 고객님의 짐을 붙여 놓으세요.

Ponga su equipaje en la cinta.

기내 반입 짐은 무게를 잴 필요가 없습니다.

No le hace falta pesar el equipaje de mano.

안타깝게도 무게 초과입니다.

Desafortunadamente tiene sobrepeso.

10킬로 무게 초과입니다.

Tiene un sobrepeso de diez kilos.

고객님의 짐은 붙이셔야 합니다. 나머지 것은 들고 가실(타실) 수 있습니다.

Tiene que embarcar su maleta. Lo restante lo puede llevar en la mano.

짐에 라벨을 붙이셔야 합니다.

Tiene que pegar la etiqueta en el equipaje.

고객님의 짐 무게를 달아 볼까요?

¿Podría pesar su equipaje?

제 짐 모두를 (무게) 재부아야 합니까?

¿Debo pesar todo mi equipaje?

손에 드신 짐을 제외하고 그렇습니다.

Sí, a excepción de su cartera de mano.

가방들을 저울 위에 올려 놔주십시오.

Ponga sus maletas en el peso, por favor.

체크인을 하시고, 출발 대기장소에서 기다리세요.

Espere en la sala de salidas después de hacer el check-in.

올라 서세요. 그리고 안전 점검[물품검색]대 쪽으로 수속을 밟으세요..

Vaya arriba y procede al chequeo de seguridad.

Diálogo breve

308. 변명하기 위해 억지스런 말을 한다. **Recurrir a argumentos forzados para justificarse.**

A: Tengo parte de culpa, pero tú eres el principal culpable.

B: Estás recurriendo a argumentos forzados para justificarte.

A: 나는 일부 잘못이 있지만, 네가 제일 큰 잘못을 했어,

B: 너는 지금 변명하려고 억지스런 말을 하고 있어.

탑승권 제시, 부탁합니다.
Su tarjeta de embarque, por favor.

비행기 표를 제게 보여주십시오.
Muéstreme su billete.

제게 당신의 티켓(비행기표)을 보여주실 수 있습니까?
¿Podría mostrarme su pasaje?

당신의 핸드폰, 열쇠, 동전을 쟁반에 올려놓으세요. 그리고 검색대를 지나가 주세요.
Ponga su móvil, llaves y monedas en esta bandeja y luego pase por el detector.

탑승할 때

빨리 비행기에 타자.
Vamos a embarcarnos muy pronto.

우선 아이와 동승하시는 승객분과 특별한 도움을 필요로 하는 승객분들이 먼저 탑승하시길 바랍니다.
Quisiéramos embarcar primero a los pasajeros con niños y a los que necesitan asistencia extra.

이제(지금) 탑승 수속을 시작합니다.
Ahora empezamos el embarque general.

마드리드행 557편 탑승을 하고 있습니다.
Estamos embarcárnos en el vuelo 557 a Madrid.

탑승권과 여권 부탁합니다.
Su tarjeta de embarque y pasaporte, por favor.

두 개의 가방을 가지고 탑승이 허용됩니다.
Está permitido llevar dos maletas.

이 짐을 검색(체크)하셔야 합니다.
Tiene que chequear este equipaje.

Diálogo breve

309. 잘 가 / 잘 자(밤 인사), Buenas noches.

A: Ya es tarde, deja lo que quieras decir para mañana.
B: Entonces hasta mañana. Buenas noches.

A: 벌써 늦었어. 내일로 미루자.
B: 그러면 내일 보자. 잘 가.

다른 짐을 검색(체크)하셔야 합니다.
Tiene que chequear el otro equipaje.

비행기 시간 변경 및 연착 안내할 때

이번 비행기는 연착되었습니다.
Este vuelo se ha retrasado.

이번 비행기는 악천후로 인해 연착되었습니다.
Este vuelo se ha retrasado por mal tiempo.

이 비행기편은 연착되어 출발하지만, 모든 다른 환승편은 상황이 좋습니다.
Este vuelo va con retraso, pero todos los transbordos están bien.

이 비행기는 비행이 취소되었습니다.
Este vuelo se ha cancelado.

이 비행기편은 A1 게이트(문)으로 환승편이 연결되었습니다.
Este vuelo se ha trasladado a la puerta A1.

좌석을 찾고 앉을 때

이 좌석번호는 어디쯤 됩니까?
¿Dónde está este asiento?

따라 오십시오.
Sígame, por favor.

이쪽입니다.
Por aquí.

제 좌석을 제게 알려 주세요.
Muéstreme mi asiento.

Diálogo breve

310. 너무 늦었어, 내일 보자. Ya es tarde, Nos vemos otro día.

A: Ya es tarde, tengo que irme.
B: Cuídate mucho.
A: Gracias, nos vemos otro día.

A: 너무 늦었어. 이만 가봐야 해.
B: 조심해서 가.
A: 고마워. 내일 보자.

좌석을 바꿀 수 있습니까?

¿Puedo cambiarme de asiento?

고객님은 26A 좌석입니다.

Está en el asiento 26A.

짐을 좀 위로 올려 주시겠어요?

¿Podría subir mi maleta?

고객님의 자켓을 걸어 놓으실 수 있고, 머리 위쪽의 짐칸에 작은 것들은 넣을 실 수 있습니다.

Puede poner su chaqueta y cosas pequeñas en el compartimiento encima de su cabeza.

이 무거운 가방은 발 아래쪽에 놓으실 수 있습니다.

Puede poner esta maleta pesada en sus pies.

이것은 호출 버튼입니다. 누르시면서 저희를 호출하실 수 있습니다.

Éste es el botón de llamada. Puede llamarnos presionando.

안전벨트를 매어 주시기 바랍니다.

Abróchese el cinturón de seguridad, por favor.

이것이 의자 각도 조절 버튼입니다.

Éste es el botón del asiento abatible.

세면장(화장실)은 비행기의 중간과 뒤편에 있습니다.

Los lavabos están en el medio y la parte posterior del avión.

비상 출구는 비행기의 날개 쪽 위의 양옆으로 있습니다.

Las salidas de emergencia se encuentran en los lados del avión encima de las alas.

승무원이 안전 수칙을 설명할 때, 중앙 통로에 주의를 기울여 주십시오.

Presten atención al pasillo central cuando el personal explique las reglas de seguridad.

안전벨트를 착용하기를 원하신다면, 안전벨트의 양끝을 연결하십시오.

Conecten los dos cabos del cinturón si quieren abrocharlo.

Diálogo breve

311. 어떠한 정도까지 못가다. No llegaría a tal extremo.

A: Está muy enfadado.

B: Lo sé, pero no llegaría a tal extremo de no hacerme caso, ¿no?

A: 그는 매우 화났어.

B: 알아, 그런데 나를 모른체 하지는 못할꺼야. 아닐까?

안전벨트를 풀기 원하신다면, 커버를 위쪽으로 당기세요.

Tiren de la pestaña hacia arriba si quieren soltarlo.

고객님과 가장 가까이 출구가 위치해 있습니다.

Localice la salida más cercana a Ud.

신호(등)이 꺼질 때까지 안전벨트를 착용한 채로 계속 계십시오.

Mantengan su cinturón abrochado hasta que se apague la señal.

기내 방송을 할 때

저희 KAL비행기를 이용해주심에 감사를 드립니다.

Gracias por volar con KAL.

모든 짐은 고객님의 앞쪽 좌석 밑 또는 머리 위쪽의 짐칸에 넣어 주셔야 합니다.

Tiene que poner todo el equipaje de mano debajo del asiento delante de Ud. o en el compartimiento encima de su cabeza.

비행기가 곧 이륙할 것입니다.

El avión va a despegar en unos instantes.

비행기가 이륙합니다. 안전벨트를 착용하십시오.

El avión va a despegar. Abróchénse los cinturones de seguridad.

저희는 12킬로미터 상공을 비행하고 있습니다.

Vamos a volar a una altura de doce mil metros.

우리의 비행시간은 약 10시간이 될 것입니다.

Nuestro tiempo de vuelo será aproximadamente de diez horas.

우리는 시속 1,200 킬로미터로 비행하고 있습니다.

Vamos a volar a una velocidad media de mil doscientos kilómetros por hora.

필요한 것이 있다면, 의자 팔걸이의 버튼을 눌러주십시오.

Presionen el botón del reposabrazos si necesitan algo.

비행기가 속도를 줄이고 있습니다. 저희는 착륙할 것입니다.

El avión está decelerando. Vamos a aterrizar.

312. 마지막 순간에 생각을 바꾸다. Cambiar de idea en el último momento.

A: ¿Por qué todavía no ha llegado?

B: Tal vez ha cambiado de idea en el último momento.

A: 왜 아직 안 왔어?

B: 아마도 마지막 순간에 생각을 바꾸었나봐.

고객님의 *안전벨트가 잘 채워져 있는지 확인하시고, (뉘어진) 좌석이 원위치로 되도록 확인하십시오.

Asegúrese de que su cinturón está bien abrochado y de que el asiento está
en posición vertical.

비행기가 완전히 멈출 때까지 자리에서 일어나지 마십시오.

No se levante de su asiento hasta que el avión no se haya parado por completo.

긴급 상황 시에는 고객님의 좌석 아래에 구명조끼가 있습니다.

Hay un chaleco de salvavidas bajo su asiento en caso de emergencia.

물 위에 불시착하는 상황에서는 고객님의 좌석의 방석(쿠션)이 튜브처럼 여러분께 도움이 될 것입니다.

En el caso improbable de un aterrizaje en el agua, el cojín de su asiento
puede servirle como flotador.

긴급 상황에서 산소마스크가 천장에서 떨어질 것입니다.

En caso de emergencia una máscara de oxígeno se desprenderá del techo.

이 비행기는 대기의 불안정한 상황 때문에 천천히 운항되고 있습니다.

Este vuelo va con retraso debido a las malas condiciones atmosféricas.

기내 서비스를 받을 때

비행하는 동안 저녁식사가 제공될 것입니다.

Durante el vuelo se servirá la cena.

저는 멀미가 납니다.

Me siento mareado.

멀미약이 있습니까?

¿Tenéis algo contra el mareo?

물 한잔 주세요.

Un vaso de agua, por favor.

한국과 스페인의 시차는 어떻습니까?

¿Qué diferencia horaria hay entre Corea del Sur y España?

Diálogo breve

313. 제 버릇 개 못 준다. Genio y figura hasta la sepultura.

A: ¿Cómo se comporta últimamente?	A: 그는 최근에 어떻게 행동해?
B: Juega todos los días.	B: 메일 게임만 해.
A: Genio y figura hasta la sepultura.	A: 제 버릇 개 못 주는구나.

지금 멕시코 시티의 시간은 어떻게 됩니까?

¿Qué hora es ahora en la Ciudad de México?

한국 잡지나 신문이 있습니까?

¿Tenéis revistas o periódicos coreanos?

종이와 펜을 좀 빌려 주시겠습니까?

¿Podría dejarme un papel y un bolígrafo?

지금 안전벨트를 풀 수 있습니까?

¿Ahora me puedo quitar el cinturón de seguridad?

비행기에 아이들을 위한 장난감이 있나요?

¿Hay juguetes para niños en el avión?

식사가 나오면 깨워주세요.

Despiérteme para la comida, por favor.

기내식을 먹을 때

기내에서는 식사가 제공됩니까?

¿Se sirve comida en el avión?

점심 제공 시간입니다.

Es hora de almorzar.

(앞) 테이블을 내려 주십시오.

Bajen la bandeja, por favor.

무슨 음료를 드시겠습니까?

¿Qué quiere beber?

식사와 무슨 음료를 선호하십니까? 위스키, 와인, 맥주, 주스 또는 음료수가 있습니다.

¿Qué prefiere beber con la comida, whisky, vino, cerveza, jugo o refresco?

커피와 차 중에 어떤 것을 드시겠습니까?

¿Cuál prefiere Ud, café o té?

Diálogo breve

314. 그저 그렇다. Más o menos.

A: Dicen que tienes muy buenas relaciones con la gente.	A: 네가 사람들이랑 좋은 관계를 가지고 있다고 들었어.
B: Más o menos.	B: 그저 그래.
A: No seas tan modesto.	A: 겸손해 하지마.

견과류는 어떠세요?

¿Qué le parecen unas nueces?

전채요리(에피타이저)를 드릴까요?

Le doy un aperitivo?

무슨 종류를 원하십니까? 닭고기 아니면 소고기?

¿De qué lo quiere, pollo o ternera?

비행기 내에서 대화할 때

비행기로 마드리드로 여행 가보셨어요?

¿Has viajado a Madrid en avión?

비행기에서 잠을 편히 잘 수 있나요?

¿Puede dormir bien en el avión?

비행기로 여행하는 것에 익숙해지셨어요?

¿Está acostumbrado a viajar en avión?

복도 쪽 자리가 제게 딱 맞는 것 같습니다.

El asiento al lado del pasillo me parece perfecto.

저와 자리를 바꿔 주실 수 있습니까?

¿Puede cambiar el asiento conmigo?

비행기가 활주로 위에서 미끄러져 들어가고 있다.

El avión está deslizándose sobre la pista.

우리는 편안한(조용한) 비행을 했다.

Tuvimos un vuelo tranquilo.

기내 면세품을 구입할 때

기내에서 면세 제품을 파나요?

¿Se venden productos libres de impuestos a bordo?

Diálogo breve

315. 관계를 이성적으로 정리하다. Romper la relación racionalmente.

A: Si durante el noviazgo no se llevan bien, hay que romper la relación racionalmente.

B: Estoy de acuerdo contigo.

A: 약혼 기간 동안 서로 잘 안 맞으면 관계를 이성적으로 정리해야 한다.

B: 나는 너와 동의해.

면세 위스키를 조금 구매하고 싶습니다.
Quiero comprar un poco de whisky libre de impuestos.

저는 나폴레옹을 살지 발렌타인을 살지 고민하고 있습니다.
Estoy pensando en cuál comprar Napoleón o Valentine.

200개피 담배 이상의 것은 돈(위약금)을 내야 합니다.
Tiene que pagar por los cigarrillos más de 200(doscientos).

입국카드를 작성할 때

이 양식을 기재하는 방법을 가르쳐 주세요.
Enséñeme cómo rellenar este formulario.

이 카드를 적어 주세요.
Complete esta tarjeta, por favor.

통과 · 환승할 때

이용객 안내소가 어디에 있습니까?
¿Dónde está el mostrador de atención al usuario?

공중 전화는 어디에 있죠?
¿Dónde está el teléfono público?

세면대(화장실)가 어디에 있습니까?
¿Dónde está el lavabo?

세면대(화장실)는 복도 끝의 왼쪽이 있습니다.
El lavabo está al final del pasillo a la izquierda.

저는 *아르헨티나로* 가는 통과 여행객입니다.
Yo voy a la Argentina en un vuelo de transbordo.

Diálogo breve

316. 처음부터 다시 시작하다. Empezar desde cero.

A: Empieza desde cero y olvídate
    del pasado desagradable.

A: 처음부터 다시 시작하고 안 좋은 과거
    는 잊어버려.

B: Lo intentaré.

B: 노력해볼게

저는 멕시코로 가는 편으로 갈아타려 합니다.
Soy un pasajero en tránsito y me dirijo hacia México.

이베리아 항공의 *557*편을 타려고 합니다.
Tomaré el vuelo No. 557 de la línea aérea IBERIA.

예약은 *마드리드*에서 확인했습니다.
La reservación está confirmada en Madrid.

수하물 보관소는 어디입니까?
¿Dónde está la consigna?

탑승 수속을 하는 곳은 어디입니까?
¿Dónde puedo hacer los trámites de embarque?

마요르까행 환승을 위해 어디로 가야만 합니까?
¿Adónde tengo que ir para el trasbordo para Mallorca?

이 비행기는 리마로 가는 직항입니까?
¿Este vuelo es directo a Lima?

전 AZ407편의 환승 객입니다. 어디서 환승 비행기를 타죠?
Soy un pasajero de tránsito para el vuelo AZ407.
¿Dónde embarco para el vuelo de conexión?

저는 파리를 경유하여 인천에서 마드리드로 갑니다.
Voy de Incheón a Madrid via París.

안달루씨아로 가는 연결(환승)편은 언제 이륙합니까?
¿Cuándo despega el vuelo de conexión para Andalucía?

악천후로 인해 빌바오로 가는 연결편 비행기를 놓쳤습니다.
Perdí el transbordo a Bilbao por mal tiempo.

환승 고객님들께서는 (탑승) 대기장소로 들어가실 수 있습니다.
Los pasajeros de trásito pueden entrar en la sala de espera.

환승 고객님들께서는 이민국과 세관을 통과하셔서는 안됩니다.
Los pasajeros de trásito no tienen que pasar por immigración y aduana.

Diálogo breve

317. 의미가 없다. No tiene sentido.

A: Ir a la escuela para mí no tiene sentido, por eso quisiera dejar la escuela y aprender a montar un negocio.

B: Estás loco.

A: 학교가는 것은 나에게 의미가 없어. 그래서 학교를 그만 두고 사업을 시작 하는 것을 배우고 싶어.

B: 너는 미쳤어.

el puerto de embarque 탑승 장소   el avión 비행기

la compañía de líneas aéreas 항공회사

la terminal en la ciudad 시내 항공터미널

el vuelo doméstico 국내선   el vuelo internacional 국제선

la sala de espera 대합실   el vuelo regular 정기편

el vuelo extraordinario 특별기편   el pasaje 운임

el equipaje de mano 들고 타는 짐   el talón de equipaje 짐표(확인용)

las tasas del aeropuerto 공항 이용료 la tienda libre de impuestos 면세품점

Diálogo breve

318. 시간이 모자르다. No alcanzar el tiempo a alguien.

A: Voy a buscarlo ahora mismo.

B: No te alcanza el tiempo, pues el tren se marchó ya.

A: 나는 그를 지금 당장 데리러 갈거야.

B: 시간이 안돼. 기차가 이미 떠났어.

02 공항

입국심사를 받을 때

전 관광객입니다.
Soy turista.

전 비즈니스로 온 관광객입니다.
Soy viajero de negocios.

저는 5일동안 머무를 예정입니다.
Voy a quedarme aquí 5 días.

전 그랜드 호텔에 투숙을 할 것입니다.
Voy a alojarme en el Hotel Grande.

전 두 번째 [세 번째] 방문입니다.
Es la segunda[tercera] visita.

국적은 어디십니까?
¿Cuál es su nacionalidad?

스페인에 오신 동기는 무엇입니까?
¿Cuáles son los motivos para venir a España?

저는 여행자로 일주일 동안 여기서 머물 것입니다.
Voy a quedarme aquí por una semana como turista.

얼마나 체류하실 것입니까?
¿Cuánto tiempo quiere quedarse aquí?

저는 한달 동안 여기에서 체류할 것입니다.
Me voy a quedar aquí por un mes.

Diálogo breve

319. 한 푼도 없다. No tener ni un centavo.

A: A decir verdad, no tengo ni un centavo.
B: Entonces sin dinero para qué vienes.

A: 사실은 나 한 푼도 없어.
B: 그럼 돈 없이 왜 왔어?

어떤 타입의 여행을 하고 계십니까?

¿Qué tipo de viaje está haciendo?

저는 바르셀로나 대학교에서 한국어를 가르치기 위해 초청된 교수입니다.

Estoy como profesor invitado para enseñar coreano en la Universidad Autónoma de Barcelona.

당신의 여행 목적이 무엇입니까?

¿Cuál es el propósito de su viaje?

저는 사업차 여기에 있을 것입니다.

Voy a estar aquí por negocios.

저는 비행기 환승편 여행객입니다.

Soy pasajero de tránsito.

저는 단지 당신의 나라를 거쳐가고 있습니다.

Sólo estoy de paso por su país.

저는 학생 비자를 가지고 여기에 머물고 있습니다.

Estoy aquí con visado de estudiante.

당신의 여권을 볼 수 있을까요?

¿Podría ver su pasaporte?

죄송합니다만, 당신의 여권의 기한이 끝났습니다.

Perdón, su pasaporte está caducado.

어떤 경우라도, 당신의 여권에 있는 비자가 유효해야 합니다.

En todo caso, tiene que una visa válida en su pasaporte.

당신과 동행하는 누가 있습니까?

¿Hay alguien que le acompaña?

당신이 여행하고자 하는 다른 나라들이 있습니까?

¿Hay otros países adónde quiera viajar?

우리는 당신에게 48시간의 환승 허가를 제공합니다.

Le hemos concedido un permiso de tránsito de 48 horas.

Diálogo breve

320. 진정해. Tranquilo.

A: Tengo muchas ganas de darle un buen golpe.

B: Tranquilo, no seas tan impulsivo.

A: 나 너에게 주먹 한번 날리고 싶어.

B: 진정해. 너무 충동적으로 행동하지 마.

짐을 어디서 찾아야 하나요?

¿Dónde puedo recoger mi equipaje?

대한민국에서 온 짐은 어느 수하물 찾는 곳에 있습니까?

¿En qué cinta están los equipajes de Corea del Sur?

짐 나르는 카트는 돈을 지불해야 합니까?

¿Tengo que pagar por la furgoneta?

제 짐을 찾지 못하겠습니다.

No puedo encontrar mi equipaje.

제 짐이 없어졌습니다.

Mi equipaje se ha perdido.

제 가방 중에 한 개가 없어진 것 같습니다.

Uno de mis bolsos parece que se ha perdido.

제 짐이 어디에 있는지 확인해 줄 수 있습니까?

¿Puede chequear dónde está mi equipaje?

공항이 잘못되었군요. 그래서 단지 제 가방 중에 하나만 비행기에·있었어요.

El aeropuerto estaba equivocado y sólo pusieron una de mis maletas en el avión.

아마도 제 가방은 동경으로 가 있겠군요.

Posiblemente mi maleta está en Tokyo.

제 생각에는 제 짐이 제 비행기로 온 것 같지 않습니다.

Creo que mi equipaje no ha llegado con mi vuelo.

짐들 속에서 제 것은 나타나지 않습니다.

En los equipajes no aprarece el mío.

제 짐이 도착할 지를 언제 기다려야 하나요?

¿Cuándo se espera que llegue mi equipaje?

Diálogo breve

321. 즉각 본론으로 들어가다. Ir al grano.

A: Te digo yendo al grano, no estoy satisfecho con tu comportamiento.

B: ¿No me podría dar una oportunidad?

A: 즉각 본론으로 들어가자면, 나는 너의 행동에 대해 만족하지 않아.

B: 나에게 다시 한번 기회를 줄 수 없어?

제 짐이 다음 비행기로 도착할까요?

¿Llegará mi equipaje en el próximo vuelo?

여기, 수하물 표가 있습니다.

Aquí está el talón de equipaje.

저는 IBA 501편으로 도착했습니다.

He llegado por el vuelo No. 501 de IBA.

깨지기 쉽습니다. 조심해주세요.

Es frágil, tenga cuidado.

저는 이틀동안 짐을 여기에 맡기고 싶습니다.

Quiero depositar el equipaje aquí por dos días.

제 짐이 손상되었습니다. 어디에서 항의를 해야 하죠?

Mi equipaje está dañado. ¿Dónde tengo que reclamar?

세관을 통과할 때

신고할 것이 없습니다.

No tengo nada que declarar.

이 신고서를 채워 넣으세요.

Rellene este impreso de declaración.

신고서를 잘 준비하세요.

Prepara bien el impreso de declaración.

세관신고 카드 여기에 있습니다.

Aquí tiene la tarjeta de declarar.

신고할 무엇을 가지고 계시나요?

¿Lleva algo que deba declararse?

금지된 무엇을 가지고 계신가요?

¿Tiene algo prohibido?

Diálogo breve

322. 상상이 되다. 당연하다. Se puede imaginar.

A: Mi compañero chatea en internet todos los días.

A: 내 동료는 매일 인터넷에서 채팅을 한다.

B: Se puede imaginar que no sacará muy buenas notas.

B: 당연히 성적이 나쁘겠네.

당신이 소지한 외국 돈을 등록하세요.

Registre el dinero extranjero que lleve consigo.

개인 소지품에 대한 세금을 지불할 필요는 없습니다.

No tiene que pagar impuestos por las pertenencias personales.

이것들은 모두 개인 소지품입니다.

Éstos son mis efectos personales.

이것은 제 친구를 위한 선물입니다.

Éste[Ésta] es un regalo para mi amigo.

이것은 한국에 가져갈 기념품입니다.

Esto es un recuerdo que llevo a Corea.

전 위스키 한병을 가지고 있습니다.

Tengo una botella de whisky.

이 짐들을 수하물 보관소에 맡겨 주세요.

Haga el favor de guardar este equipaje en depósito.

수하물 보관증을 받을 수 있죠?

¿Podría obtener un recibo de esto?

이 디지털 카메라[노트북]는 제가 사용하는 것입니다.

Esta cámara digital[el ordenador portátil] es para mi uso personal.

이 가방 속에 반입금지품이 없죠?

¿No hay un artículo prohibido de llevar a bordo dentro de esta maleta?

액체는 기내로 반입이 되지 않습니다.

El líquido no lo lleva a la cabina del avión.

대한민국으로 얼마만큼의 향수를 들여올 수 있습니까?

¿Qué cantidad de perfume puedo traer a Corea del Sur?

영수증을 제게 주시겠습니까?

¿Puede darme un recibo?

Diálogo breve

323. 다행이다. 제발 ..... 하기를 ¡Ojalá!

A: Se me olvidó traerme el libro
de lengua extranjera.

B: No te preocupes, hoy no lo
usaremos.

A: ¡Ojalá!

A: 외국어 책 가져오는 것은 잊어버렸어.

B: 걱정마, 오늘은 안 쓸거야.

A: 다행이다.

여기 고객님의 영수증(물품명세서)가 있습니다.

Aquí tiene su talón.

이제 세관의 수속은 마치셨습니다.

Ya ha pasado las formalidades aduaneras.

고객님의 예방 [백신] 접종 확인서는 어디에 있죠?

¿Dónde está su certificado de vacunación?

이 귀중품들 때문에 많은 세금을 지불하셔야 합니다.

Tiene que pagar muchos impuestos por estos objetos de valor.

공항 안내소에서

관광 안내소는 어디에 있습니까?

¿Dónde está la oficina de información de turismo?

게이트 번호를 가르쳐 주세요.

Enséñeme el número de la puerta.

(47)번 게이트는 어디입니까?

¿Dónde está la puerta No. 47(cuarenta y siete)?

탑승 수속은 어디서 합니까?

¿Dónde puedo tramitar el embarque?

~항공 카운터는 어디입니까?

¿Dónde está el mostrador de la línea aérea ~?

아시아나 항공의 카운터는 모퉁이에 있다.

El mostrador de la línea aérea Asiana está en la esquina.

어디서 환전을 할 수 있습니까?

¿Dónde puedo cambiar dinero?

어디를 통해 나갈 수 있는지 제게 말씀해 주실 수 있습니까?

¿Puede decirme por dónde puedo salir?

Diálogo breve

324. 벽들도 귀가 있어. Las paredes oyen.

A: Ssiii..., en voz baja, recuerda que las paredes oyen.

B: Es mejor que hablemos de algo distinto.

A: 쉿. 목소리 낮춰. 별들도 귀가 있다는 것을 명심해.

B: 그럼 다른 이야기 하자.

짐꾼을 불러 주세요.

Por favor, llame al botones.

어디에서 짐꾼을 찾을 수 있습니까?

¿Dónde puedo encontrar un porteador?

이 짐을 택시 정류장까지 운반해 주세요.

Por favor, lleve este equipaje a la parada de taxi.

마드리드에서 온 KAL 211편이 도착했습니까?

¿Ha llegado el vuelo KAL 211 de Madrid?

Diálogo breve

325. 여전히 Como siempre.

A: Diez años sin verte, y sigues tan guapa como siempre.

B: Y tú todavía sigues tan joven.

A: 너를 못 본지 10년이 지났지만 너는 여전히 예뻐.

B: 그리고 너는 아직도 계속 너무 젊어.

 **숙박**

숙박처를 찾을 때

한국 호텔이 어디에 있습니까?
¿Dónde está el hotel Hankuk?

가격이 더 저렴한 호텔이 근처에 있습니까?
¿Hay un hotel (más) barato por aquí.

여기서 호텔 예약이 가능합니까?
¿Aquí es posible hacer la reserva del hotel?

숙박을 예약할 때

객실 비용은 얼마입니까?
¿Cuál es el precio de la habitación?

몇 일을 계실 것입니까?
¿Para cuántas noches?

몇 분이시죠?
¿Cuántas personas?

싱글 룸을 원하십니까? 더블 룸을 원하십니까?
¿Quiere una habitación individual o doble?

싱글 룸을 원합니다.
Quiero una habitación sencilla.

 **Diálogo breve**

326. 만지지 마세요. No lo toque, por favor.

A: ¿Puedo tocar este objeto?
B: No lo toque, por favor, es frágil.

A: 이 물건 만져도 되나요?
B: 만지지 마세요. 깨지기 쉽습니다.

2인 실을 원합니다.

Me gusta una habitación con dos camas.

세금과 봉사료가 포함된 요금인가요?

¿Están incluidos los impuestos y el servicio?

아침식사도 포함되어 있습니까?

¿Está incluido el desayuno en este precio?

선(예약)금이 필요합니까?

¿Es necesario hacer algún depósito?

체크인할 때

예약하셨습니까?

¿Ha hecho reserva?

예약했습니다.

La reservación fue hecha.

어떤 분의 이름으로 예약이 있으시죠?

¿A nombre de quién?

예약은 서울에서 했습니다. 여기 확인증이 있습니다.

La reservación está hecha en Seúl. Esto es el resguardo.

신분증 가지고 계시죠, 부탁합니다.

¿Tiene algún documento de identidad, por favor.

개인 신상을 이 카드에 채워주실 수 있습니까?

¿Me puede completar esta ficha con sus datos personales?

여기에 서명을 해 주십시오.

Firme aquí, por favor.

오늘밤부터 3 일간 머물겠습니다.

Voy a hospedarme tres noches.

Diálogo breve

327. 완전히 좌절이다. Totalmente frustrado.

A: ¿Cómo te ha salido este examen?

B: Ni lo menciones, totalmente frustrado.

A: 너 시험 잘 봤어?

B: 말도 마. 완전히 좌절이야.

오늘밤 머무를 수 있습니까?

¿Puedo hospedarme esta noche?

객실 비용은 얼마입니까?

¿Cuál es el precio de la habitación?

하루에 200유로입니다.

El precio por noche es de doscientos euros.

요금은 아침식사 포함입니까?

¿Está incluido el desayuno en este precio?

아침 식사는 포함되어 있습니다.

El desayuno está incluido.

좀 더 싼 방은 없습니까?

¿No hay otra habitación más barata?

욕실[샤워실]이 있는 방을 원합니다.

Quiero una habitación con baño[ducha].

지금 곧 방에 들어갈 수 있습니까?

¿Puedo entrar ahora mismo a la habitación?

방을 지금 사용할 수 있습니까?

¿Puedo ocupar ahora la habitación?

방을 비워야 되는 시간은 언제입니까?

¿A qué hora tengo que dejar la habitación?

하루 더 묵고 싶습니다.

Me gusta quedarme un día más.

하루를 앞당겨서 떠나고 싶습니다.

Voy a salir un día antes.

정오까지 체크아웃입니다.

El check-out es hasta mediodía.

이 것이 방 열쇠입니다.

Ésta es la llave de su habitación.

Diálogo breve

328. 생각대로 말하지 않는다. No decir lo que se piensa.

A: ¿Cómo es ese hombre?

B: Es un tipo que nunca dice lo que piensa.

A: 그 사람 어떤 사람이야?

B: 본인의 생각을 절대로 드러내는 사람이 아니야.

내 짐을 올려다 주세요.
Envíeme mi equipaje.

체크인에 문제가 있을 때

저희 빈방이 없습니다.
No tenemos habitación libre.

더 조용한 방을 주세요.
Deme una habitación más silenciosa.

다른 호텔을 소개해 주실 수 없겠습니까?
¿Podría recomendarme otro hotel?

고객님의 여권을 보여주시겠습니까?
Enséñeme su pasaporte, por favor.

제게 당신의 신분증을 제시해 주시겠습니까?
Presénteme su carné de identidad, por favor.

방을 확인할 때

엘리베이터를 타시고, 나가실 때 오른쪽으로 돌아가세요.
Coja el ascensor y al salir gire a la derecha.

비누 [수건]이 없습니다.
No hay jabón[toalla].

변기가 고장입니다.
El inodoro tiene averia.

화장실의 물이 내려가지 않습니다.
No vierte el agua del excusado.

Diálogo breve

329. 다른 선택권이 없다. No tener otra opción.

A: ¿Por qué tienes que volver a tu país?
B: No tengo otra opción.

A: 너는 왜 다시 조국으로 돌아가야해?
B: 나는 다른 선택권이 없어.

온수가 나오지 않습니다.

No sale agua caliente.

욕조의 물마개가 닫혀지지 않습니다.

No cierra bien el tapón de la bañera.

텔레비전이 켜지지 않습니다.

No funciona el televisor.

룸서비스를 이용할 때

내일 아침 7시에 깨워주세요.

Por favor, despiértame mañana por la mañana a las 7.

방에서 아침식사를 하고 싶습니다.

Me gusta tomar el desayuno en la habitación.

따뜻한 마실 물 좀 가져다 주세요.

Tráigame agua caliente para beber.

얼음과 물을 좀 가져다 주세요.

Por favor, tráigame hielo y agua potable.

이 옷을 세탁 좀 부탁합니다.

¿Quisiera enviar esta ropa a la lavandería?

귀중품을 맡길 수 있습니까?

¿Puedo depositar las cosas valiosas?

금고를 사용하고 싶습니다.

Quiero usar una caja fuerte.

방 청소를 하기 위해 청소부를 불러주세요.

Avise a la camarera para que limpie mi cuarto.

Diálogo breve

330. 솔직하게 말하다. A decir verdad.

A: A decir verdad, ella me trata bastante bien.

B: Entonces, ¿por qué quieres separarte de ella?

A: 솔직히 말해서, 그녀는 나에게 너무 잘 대해줘.

B: 그런데, 왜 그녀와 헤어지려고 해?

식당은 어디에 있습니까?

¿Dónde está el comedor?

스낵바는 없나요?

¿No hay cafetería?

식당은 몇 시부터입니까?

¿A qué hora abre el comedor?

비상구는 어디에 있습니까?

¿Dónde está la salida de emergencia?

영어를 할 줄 아는 사람은 없습니까?

¿No hay aquí alquien que hable inglés?

여기 미용실이 있나요?

¿Hay aquí una peluquería?

상점은 지하에 있으며, 엘리베이터 왼쪽입니다.

El centro comercial está en la planta baja, a la izquierda del ascensor.

아침식사는 오전 7시부터 9시 반까지 됩니다.

El desayuno está abierto desde las siete de la mañana hasta las nueve y media.

외출할 때 및 카운터에서

이 짐을 맡아 주실 수 있습니까?

¿Podría depositar este equipaje?

맡긴 짐을 찾고 싶습니다.

Entrégueme el equipaje depositado.

제게 메모 온 것이 있나요?

¿Ha llegado un recado para mí?

Diálogo breve

331. 이상한 일이 아니다. **No es de extrañar.**

A: El teléfono de mi casa no funciona.

B: Entonces no es de extrañar que no haya podido llamarte.

A: 내 집 전화기 고장났어.

B: 그럼 내가 너와 통화를 못한 것이 아상한 일이 아니구나.

Tema Ⅸ 숙박

제게 온 편지는 없나요?

¿No ha llegado una carta dirigida a mí?

귀중품을 맡아 주실 수 있나요?

¿Podría guardar los efectos de valor?

이 호텔의 주소가 적힌 카드 한 장 주세요.

Por favor, deme una carta con la dirección de este hotel.

여기서 가장 가까운 지하철역이 어딥니까?

¿Dónde está la estación de metro más cercana desde aquí?

어디서 관광버스 티켓을 구입할 수 있습니까?

¿Dónde se puede comprar el billete del autobús de turismo?

숙박 이용에 문제가 있을 때

방을 바꿨으면 좋겠습니다.

Deseo cambiar de habitación.

뜨거운 물이 안 나옵니다.

No sale agua caliente.

화장실 물이 안 나옵니다.

No vierte el agua del excusado.

자물쇠가 고장입니다.

Esta cerradura está rota.

서비스맨 한 명 올려보내 주세요.

Por favor, mande que venga el camarero.

이 방은 너무 시끄럽습니다.

Esta habitación es muy ruidosa.

열쇠를 방안에 두고 나왔습니다.

Olvide la llave dentro de mi habitación.

Diálogo breve

332. 너무 비극적이라서 누구든 슬퍼한다. Ser tan trágico que uno se horroriza al verlo.

A: ¿Has visto el informe sobre el atentado del 11 de septiembre?

B: Sí, es tan trágico que uno se horroriza al verlo.

A: 너 9월 11일 테러에 대한 보도 봤어?

B: 응. 너무 비극적이라서 누구든 슬퍼할 일이야.

주문한 아침식사가 아직도 도착하지 않았습니다.

Todavía no me han traído el desayuno que he pedido.

체크아웃을 준비할 때

체크아웃 시간은 몇 시입니까?

¿A qué hora tengo que dejar la habitación?

가장 늦게 방을 비울수 있는 시간은 어제입니까?

¿Cuándo es la hora más tarde para dejar la habitación?

방에서 나갈 시간을 몇시간 더 늘릴 수 있습니까?

¿Puedo extender unas horas más la salida de la habitación?

내일 오전 9시에 떠나겠습니다.

Partiré mañana a las 9 de la mañana.

방을 비울 준비가 됐습니다.

Estoy listo para dejar libre el cuarto.

지금 방을 비우겠습니다.

Ahora voy a dejar la habitación.

짐을 가지고 내려갈 사람을 보내주세요.

Por favor, mande a un camarero para bajar mi equipaje.

택시 좀 불러 주세요.

Por favor, llame un taxi.

체크아웃을 할 때

지금 체크아웃 하겠습니다.

Ahora, voy a dejar la habitación.

Diálogo breve

333. 놀리다. Tirarse de los pelos.

A: ¿Qué dijo sobre eso?

B: Estaba que se tiraba de los pelos.

A: 그는 그것에 대해 뭐라 말했니?

B: 그는 놀리고 있었다고 봐.

국제공항까지 택시로 얼마나 걸립니까?

¿Cuántos minutos se tarda en llegar al aeropuerto internacional en taxi?

택시를 좀 불러 주세요.

Por favor, llame un taxi.

맡겨둔 귀중품을 다시 찾고 싶습니다.

Por favor, devuélvame mis efectos de valor depositados.

이 짐을 5시까지만 좀 보관해 주세요.

Haga el favor de guardar este equipaje hasta las 5.

숙박비를 계산할 때

결재 준비해 주세요.

Prepáreme la cuenta, por favor.

계산서 부탁합니다.

La cuenta, por favor.

서비스요금은 계산서에 포함되어 있습니다.

El coste del servicio está incluido en la cuenta.

이것은 사용하신 룸서비스 때문입니다.

Esto es por los servicios del cuarto que ha usado.

신용카드를 받습니까?

¿Acepta tarjeta de crédito?

여행자 수표를 받습니까?

¿Aceptan cheques de viajero?

잘 지냈습니다 [=호텔 서비스가 아주 좋았습니다].

El servicio de este hotel ha sido excelente.

Diálogo breve

334. 사람을 헷갈리다. Te equivocas de persona.

A: ¡María!	A: 마리아!
B: Te equivocas de persona, no soy María.	B: 너 사람이 헷갈리지, 난 마리아가 아니라고.

04 길안내

길을 물을 때

실례하지만, 여기가 어디입니까?

¿Perdón, qué lugar es aquí?

길 좀 알려줄 수 있습니까?

¿Puede mostrarme el camino?

미안합니다만, 중앙 광장으로 가는 길을 가르쳐 주세요.

Perdón. enséñeme el camino para la Plaza Central.

여기에 약도를 그려주시겠습니까?

Por favor, dibújeme aquí un pequeño plano.

이 지도에서 제가 있는 곳을 알려주시겠습니까?

¿Puede indicarme dónde estoy en el mapa?

~호스텔은 여기서 멉니까?

¿Está el hostel ~ lejos de aquí?

가는 도중에 있는 이정표들을 말씀해 주세요.

Por favor, dígame algún punto de referencia en el camino.

곧장 가야합니까?

¿Tengo que ir todo derecho?

a la derecha 오른쪽으로	a la izquierda 왼쪽으로
a 5 minutos 5분 거리	a 10 kilómetros 10Km의 거리
a pie 걸어서	en autobús 버스를 타고

Diálogo breve

335. 원하는대로. Como quieras.

A: Vamos a la Gran Muralla o al Palacio Imperial?

B: Como quieras.

A: 우리 만리장성 갈까 아님 궁전에 갈까?

B: 네가 원하는대로.

이 거리의 이름이 무엇입니까?
¿Cómo se llama esta calle?

저 건물은 무엇입니까?
¿Qué es el edificio?

이 근처에 우체국이 있습니까?
¿Hay una oficina de Correos cerca de aquí?

이 근처에 공중 화장실이 있습니까?
¿Hay cerca de aquí algún servicio público?

이곳에서 얼마나 멉니까?
¿A qué distancia está de aquí?

화장실은 어디입니까?
¿Dónde está el servicio?

리베라 호텔은 여기서 멉니까?
¿Está el hotel Rivera lejos de aquí?

시간과 거리를 물을 때

여기서 얼마나 먼가요?
¿A qué distancia está de aquí?

얼마나 걸립니까?
¿Cuánto tiempo se tarda?

전철역에 도착하는데 얼마나 걸립니까?
¿Cuánto tiempo se tarda en llegar a la estación del metro?

Diálogo breve

336. 남의 호의를 무시하다. No saber valorar la amabilidad ajena.

A: Este regalo es para ti.
B: Gracias, pero no lo puedo aceptar.
A: ¡No sabes valorar la amabilidad ajena!

A: 이 선물 네 것이야.
B: 고마워, 그런데 나는 받을 수 없어.
A: 너는 남의 호의를 무시하는 거야!

저것은 무슨 건물이죠?

¿Qué es ese edificio?

똑바로 가면 됩니까?

¿Tengo que ir todo derecho?

전철역이 얼마나 먼가요?

¿A qué distancia estamos de la estación del metro?

이 길이 종로로 가는 길 맞나요?

¿Es éste el camino correcto que va hacia Chong-ro?

길을 가리켜줄 때

그곳은 고야 거리에 있는 것으로 압니다.

Creo que está en la calle Goya.

곧장 가세요.

Siga todo recto.

좌[우]회전하세요.

Doble a la izquierda[derecha].

걸어서 저쪽에 갈 수 있습니다.

Puede ir allí a pie.

걸어서 10분 걸립니다.

Se tarda 10 minutos a pie.

버스로 갈 수 있습니다.

Puede ir en autobús.

우체국 옆에 있습니다.

Está al lado de Correos.

Diálogo breve

337. 생각지도 못한 행운이 오다. Dar en el blanco por suerte.

A: Fui solamente a probar, pero inesperadamente aprobé.

B: Así que diste en el blanco por suerte.

A: 나는 그냥 시도하려고 갔지만, 생각지도 못하게 합격했어.

B: 생각지고 못한 행운이 온거야.

죄송합니다. 잘 모릅니다.
Perdón, no lo sé.

죄송합니다. 저도 초행길이라서요.
Perdón, soy forastero.

경찰관에게 물으세요.
Pregúntele al policía.

택시를 타고 가시는 편이 났겠습니다.
Le recomiendo que tome un taxi.

길을 잃었을 때

길을 잃었습니다.
Estoy perdido(a).

여기는 어디입니까?
¿Dónde estamos ahora?

북쪽은 어느 쪽입니까?
¿Hacia dónde cae el Norte?

이 거리를 뭐라고 부르죠?
¿Cómo se llama esta calle?

현재 위치를 가르쳐 주세요.
Por favor, indíqueme dónde estamos ahora.

여기에 약도를 그려 주십시오.
Por favor, dibújeme aquí el plano.

관광 안내소는 어디에 있습니까?
¿Dónde se encuentra la oficina de información turística, por favor?

Diálogo breve

338. 네가 시키는대로 할게. Estoy a tu disposición

A: ¿Cómo vamos, en taxi o en autobús?

B: Lo que tú digas, estoy a tu disposición.

A: 우리 어떻게 갈까? 택시로 아니면 버스로?

B: 네가 결정해. 네가 시키는대로 할게.

가장 가까운 공중전화는 어디에 있습니까?

¿Donde está el teléfono público más cercano?

은행 가는 길을 알려 주시겠습니까?

Por favor, enséñeme el camino para ir al banco.

Diálogo breve

339. 뭐라고! 다시 한번 말해봐, 제발. ¡Qué! Otra vez, por favor.

A: Javier ha tenido un accidente.   A: 하비에르가 사고 났다는데.

B: ¡Que! Otra vez, por favor.   B: 뭐! 다시 한번 말해봐, 제발.

05 관광

관광안내소에서

이 도시의 지도를 얻을 수 있을까요?

¿Podría obtener el plano de esta ciudad?

시내관광을 위한 책자를 얻고 싶습니다.

Quisiera un folleto de turismo de la ciudad.

무료 시내 지도는 없습니까?

¿Hay algún plano de la ciudad gratuito?

저는 '성 가족 성당'을 보고 싶습니다.

Me gusta ver la Sagrada Familia.

저는 쁘라도 박물관에 가부고 싶습니다.

Me gusta ir al Museo del Prado.

시내로 들어가는 버스 [택시]는 있습니까?

¿Hay servicio de autobúses[taxis] para el centro de la ciudad?

버스 [택시] 정류장은 어디에 있습니까?

¿Dónde está la parada de autobús[taxi]?

여기서 렌트카 예약이 가능합니까?

¿Aquí se puede hacer la reserva del coche de alquiler?

시내의 한 호텔을 예약해 주세요.

Por favor, hágame la reserva para un hotel en el centro de la ciudad.

영어를 할 줄 아는 가이드가 필요합니다.

Dialogic Style

340. 잘못을 강렬히 인정하지 않다. Reacio a reconocer la falta.

A: No tengo culpa.

B: Si sigues reacio a reconocer la falta, tu padre te pegará.

A: 나는 잘못이 없어.

B: 계속 잘못을 강렬히 인정하지 않는다면 네 아빠가 너를 때려줄 꺼야.

Quisiera un guía que hable inglés.

[가이드비용이] 하루에 얼마입니까?

¿Cuánto se le paga por día?

제게 인기있는 관광지를 알려주실 수 있습니까?

¿Podría indicarme los lugares de interés turístico?

그라나다를 하루 안에 갔다 올 수 있습니까?

¿Puedo ir y volver a Granada en un día?

바르셀로나를 갈 수 있는 가장 편안한 형태를 알려줄 수 있나요?

¿Podría enseñarme la forma más conveniente para ir a Barcelona?

투어를 이용할 때

투어버스가 있습니까?

¿Hay algún autobús turístico?

연극이나 축제를 볼 수 있는 코스가 있습니까?

¿Tiene alguna excursión en la que pueda ver obras teatrales o fiesta?

쇼나 연극을 관람하는 관광코스는 없나요?

¿Hay algún recorrido que vaya a espectáculo o teatros?

입장료가 관광코스에 포함되어 있나요?

¿Están incluidas las entradas en el precio de este recorrido?

입장권을 살 때

표는 어디서 구입하죠?

¿Dónde puedo comprar el boleto?

공연 시작 [종료]는 몇 시죠?

¿A qué hora empieza[termina] la función?

Diálogo breve

341. 동정심이 전혀 없다. Sin el más mínimo asomo de piedad.

A: Me criticó sin el más mínimo asomo de piedad.

B: ¡Bien lo mereces!

A: 전혀 동정심 없이 나를 비난했어.

B: 그럴만해!

언제까지 공연이 계속되죠?
¿Cuántos días durará?

좌석을 예약하고 싶습니다.
Quiero reservar un asiento.

입장료는 얼마입니까?
¿Cuánto cuesta la entrada?

학생증이 있으면 할인이 됩니까?
¿Con carné de estudiante se da descuento?

입장료는 포함돼 있습니까?
¿Están incluidas las entradas en el precio de este recorrido?

관광지에서

입장료는 얼마입니까?
¿Cuánto cuesta la entrada?

일요일에 왕궁을 방문하는 것은 무료입니까?
¿Es gratis la visita al Palacio Real el domingo?

쁘라도 박물관 개관 시간은 어떻게 되죠?
¿Cuál es el horario del Museo del Prado?

이 지방의 민속 음악 [춤]이 뭐죠?
¿Qué es la música[danza] folklórica en este pueblo?

이 지역은 상업지역이다.
Éste es el sector comercial.

와! 거리에 사람들이 엄청 많다.
¡Qué cantidad de gente en la calle!

오늘은 일요일이고, 방금 전에 미사가 끝났다.
Hoy es domingo y acaban de salir de misa.

Diálogo breve

342. 아주 조금 남았다. Me falta un poquito.

A: ¿Has terminado de leer este libro?
B: Me falta un poquito.

A: 이 책 다 읽었어?
B: 아주 조금만 남았어.

저것은 무슨 성당입니까?
¿Qué iglesia[catedral] es aquélla?
카페테리아에 사람 많은 것 보입니까?
¿Ve Ud. las cafeterías tan llenas?
저기, 길들이 너무 좁다 [넓다].
Las calles allí son muy estrechas[anchas].
여기서 사진을 찍을 수 있습니까?
¿Aquí se pueden sacar fotos?

관람할 때

지금 뭐가 인기 있습니까?
¿Cuál es la obra teatral de mayor suceso en este momento?
요즘 인기있는 프로그램은 뭐죠?
¿Cuál es el programa de más popularidad actualmente?
싸르쑤엘라공연를 보고 싶어요.
Me gusta ver el teatro de la Zarzuela.
(쇼)는 어디서 볼 수 있습니까?
¿Dónde puedo ver (espectáculos)?
누가 출연하고 있습니까?
¿Quiénes son los actores[= las estrellas]?
제 좌석으로 안내해 주세요.
Haga el favor de indicarme mi asiento.
개막(종막)은 몇 시입니까?
¿A qué hora empieza(termina) la función?
지금 뭘 하고 있습니까?
¿Qué obra teatral están dando ahora?

Diálogo breve

343. 완전히 다른 두 주제. Dos asuntos completamente distintos.

A: ¿Los que fuman mucho
también beben mucho?

B: Son dos asuntos
completamente distintos.

A: 담배를 많이 피는 사람들은 술도 많
이 마셔?

B: 그것은 완전히 다른 주제야.

지금은 무엇을 공연하고 있습니까?

¿Qué están representando ahora?

여기 기념품 상점이 있습니까?

¿Hay alguna tienda de recuerdos cerca de aquí?

기념 촬영할 때

(우리) 사진 찍으시죠.

Saquemos fotos.

제가 사진을 찍어드릴까요?

¿Quiere que le saque una foto?

여기서 사진을 찍어도 됩니까?

¿Puedo sacar fotos aquí?

사진 좀 찍어 주시겠어요?

¿Podría sacar una foto para mí?

미안합니다만, 셔터 좀 눌러 주시죠?

Perdón, ¿Tendría apretar el botón del obturador?

저와 함께 사진을 찍어 주시겠습니까?

¿Tendría inconveniente en sacarse una foto conmigo?

플래쉬를 사용해도 됩니까?

¿Puedo usar Flash?

거기 잠깐만 서 계세요.

Párese allí por un momento.

좀 웃으세요.

Sonría, por favor.

움직이지 마세요.

No se mueva.

Diálogo breve

344. 완벽한 사람은 없다. Nadie es perfecto.

A: Nadie es perfecto, todos cometemos algún error.

B: Estoy totalmente de acuerdo contigo.

A: 완벽한 사람은 없어. 모든 사람들은 실수해.

B: 나는 너의 말에 완전히 동의해.

제 카메라로 사진 좀 찍어주실 수 있나요?

¿Me puede sacar una foto con mi cámara?

당신 사진을 찍어도 됩니까?

¿Me permite tomarle una foto?

사진을 보내 드리겠습니다.

Le enviaré la foto?

집 주소를 여기에 써 주세요.

Por favor, escriba aquí su dirección.

이메일을 여기에 써주세요.

Por favor, escriba aquí su correo electrónico[=E-mail].

카메라 상점에서

35mm 칼라 필름을 주세요.

Deme un rollo de 35 milímetros de color.

흑백 필름 한통 주세요.

Deme un carrete [rollo] en blanco y negro.

디지털 카메라 5G(기가) 메모리카드 주세요.

Deme 5G(gigabytes) de la tarjeta SD para la cámara digital.

셔터가 제대로 움직이지 않습니다.

El obturador no funciona bien.

이것을 점검해 주시겠어요?

¿Podría examinar esta cámara?

이 카메라에 맞는 건전지 2개주세요.

Deme 2 pilas secas para esta cámara.

카메라를 구경하고 싶습니다.

Quisiera ver algunas cámaras.

Diálogo breve

345. 다시 하다. Lo volvería a hacer.

A: Fuiste muy valiente.
B: No es nada, lo volvería a hacer.

A: 넌 정말 용감했어.
B: 별일 아니야. 다시 한번 해볼께.

어떤 종류의 카메라를 원하십니까?

¿Qué clase de cámara desea?

작동하기 쉬운 것을 원합니다.

Quiero una cámara que sea fácil de operar.

이 것은 초급자에게 알맞은 것입니다.

Ésta es la apropiada para principiantes.

이 디지털 카메라는 보증이 일년입니다.

Esta cámara digital tiene garantía por un año.

사용 설명서가 있습니까?

¿Tiene folleto explicativo?

Diálogo breve

346. 뭐!? 네말이 들리지 않아. ¡Qué? No te oigo.

A: Vámonos

B: ¡Qué? No te oigo. Aquí hay
mucho ruido.

A: 가자.

B: 뭐!? 네 말이 안들려. 여긴 소음이 심
하다고.

06 쇼핑

쇼핑센터를 찾을 때

이 도시의 상가가 어디에 있죠?
¿Dónde está el centro comercial de esta ciudad?

백화점이 이 근처에 있습니까?
Hay grandes almacenes por aquí?

면세품 상점은 있습니까?
¿Hay alguna tienda libre de impuesto?

이 지역은 상업지구이다.
Éste es el sector comercial.

여기가 이 도시에서 가장 좋은 상점들이 있다.
Aquí están las mejores tiendas de esta ciudad.

매장을 찾을 때

이 동네의 꽃집은 어디입니까?
¿Dónde está la florería de este barrio?

(그것)을 어디서 살 수 있습니까?
¿Dónde puedo comprar (eso)?

~파는 곳은 어디입니까?
¿Dónde venden ~?

Diálogo breve

347. 어쩌다가 이곳으로 온거야? ¿Qué te trae por aquí?

A: ¿Qué te trae por aquí?

B: Nada, te echo de menos, por eso vengo a verte.

A: 어쩌다가 이곳으로 온거야?

B: 그냥 네가 보고싶어서 너를 보려고.

장난감 파는 곳을 찾고 있습니다.
Estoy buscando la sección de juguetes.
남자 신발은 어디서 팔죠?
¿Dónde venden calzado masculino?
스페인 기념품을 어디서 살 수 있습니까?
¿Dónde puedo comprar recuerdos de España?

가게로 가고자 할 때

여기에서 가까운 빵집은 어디에 있습니까?
¿Hay una panadería cerca de aquí?
속옷 매장은 어디에 있습니까?
¿En qué piso está la sección de ropa interior?
가구매장은 에스컬레이터 반대편 쪽에 있습니까?
¿Está la sección de muebles al otro lado de la escalera macánica?

가게에 들어설 때

무엇을 도와드릴까요?
¿En qué puedo ayudarle?
도움이 필요하십니까?
¿Necesita ayuda?
쇼핑을 하고 싶습니다.
Quiero comprar algo.
무엇을 원하십니까?
¿Qué desea Ud.?

Diálogo breve

348. 그렇게 부주의한 방식으로 De manera tan descuidada.

A: Siempre haces las cosas de manera tan descuidada.
B: Solamente lo sabes tanto.

A: 항상 넌 그렇게 부주의한 방식으로 일을 하더라.
B: 너만 그렇게 알고 있어.

어떤 종류를 원하십니까?

¿Qué clase desea?

무엇을 찾고 있으신가요?

¿Qué está buscando?

영업 시간은 몇 시부터 몇 시까지입니까?

¿A qué hora abre y a qué hora cierra esta tienda?

물건을 찾을 때

안내를 받고 계십니까?

¿Le atienden?

이 동네 특산물은 무엇입니까?

¿Cuál es el producto especial de este pueblo?

가죽 가방을 사고 싶어요.

Me gusta comprar la maleta de cuero.

■ 기념품

la galleta 과자	la postal 엽서
el llavero 열쇠고리	el perfume 향수
el vino 와인	el licor típico 전통술.
la bufanda 스카프	la corbata 넥타이
el billetero 지갑	la bolsa 가방
el chocolate 초콜릿	la camiseta T-셔츠
la miel 꿀	el té 차

그저 구경만 하는 것뿐입니다.

Estoy solamente mirando.

Diálogo breve

349. 내가 제대로 기억하는 것이라면... Si no recuerdo mal...

A: Si no recuerdo mal, llegaste el 10 de noviembre del año pasado.

B: Exacto, en ese momento ya empezaba a hacer fresco.

A: 내가 제대로 기억하는 것이라면 너는 작년 11월 10일에 왔어.

B: 맞아. 점점 쌀쌀해 지는 때였지.

저 시계 좀 보여주시겠습니까?
Muéstrame aquel reloj.

죄송합니다. 다 팔렸습니다.
Lo siento, se nos ha agotado.

제 것을 주문해 주실 수 있나요?
¿Me lo puede mandar a pedir?

시간이 얼마나 걸릴까요?
¿Cuánto tiempo tardará?

물건을 보여 달라고 할 때

어떤 종류의 상품이 있습니까?
¿Qué clase de productos están en venta?

지갑을 보여 주세요.
Por favor, enséñeme el billetero.

이것과 같은 것이 있습니까?
¿No tiene otro igual a éste?

다른 것을 보여주십시오.
Enséñeme otro, por favor.

그 브로치 좀 보여주세요.
Muéstrame ese broche.

색상을 고를 때

어떤 색을 원하십니까?
¿De qué color quiere Ud.?

Diálogo breve

350. 먹는 것 빼고 다른 할 일 없을까? Salvo comer, ¿qué más sabes hacer?

A: ¿Qué comemos hoy?

B: Todo el día sólo preocupes por la comida. Salvo comer, ¿qué más sabes hacer?

A: 우리 오늘 뭐 먹을까?

B: 하루 종일 먹을 것만 생각해. 먹는 것 빼고 다른 할 일 없을까?

이 색은 마음에 안 듭니다.

A mí, no me gusta este color.

같은 것으로 다른 색깔은 없습니까?

¿No tiene otro igual que éste en otro color?

저희는 원하시는 색을 가지고 있지 않습니다.

No tenemos el color que desea.

이 색이 잘 어울리십니다.

Le queda bien este color.

사이즈가 어떻게 되나요?(1)

¿De qué talla es?

사이즈가 어떻게 되나요?(2)

¿Cuál es su talla?

신발 사이즈가 어떻게 되죠?

¿Qué número calza Ud.?

이 치수로 하나 골라 주세요.

Enséñeme otro de este tamaño.

더 큰 [작은] 것을 있습니까?

¿Tiene uno más grande[pequeño]?

더 작은 것은 없나요?

¿No tiene otro más pequeño?

Diálogo breve

351. 원숭이도 나무에서 떨어질 때가 있다. Al mejor cazador se le escapa la liebre.

A: Siempre dices que eres el mejor vendedor, y esta vez...

B: ¿No sabes que al mejor cazador se le escapa la liebre?

A: 너는 항상 자신이 잘나가는 작가라면서 이번에는...

B: 원숭이도 나무에서 떨어질 때가 있는 법이야. [※직역 : 산토끼도 노련한 사냥꾼에게서 도망간다.]

죄송합니다, 저희는 원하시는 치수를 보유하고 있지 않습니다.
Perdone, no tenemos las medidas que quiere Ud.

입어봐도 되나요?
¿Podría probármelo?

(신발을) 신어봐도 되나요?
¿Podría probármelos?

(구두) 굽이 너무 높습니다.
Los tacones son muy altos.

사이즈를 고를 때

이 신발은 잘 맞지 안습니다.
Éstos no me quedan bien.

너무 꽉 끼입니다.
Me quedan demasiado apretados.

너무 [조금] 헐렁합니다.
Me quedan demasiado [un poco] grande.

폭이 너무 좁 [넓]습니다.
Son muy estrechos[anchos].

■ 신발

los zapatos 구두   las zapatillas de deporte 운동화
las botas 부츠   las sandalias 샌들
las chanclas 슬리퍼

Diálogo breve

322. 일찍 일어나는 새가 벌레를 잡는다. Al que madruga, Dios le ayuda.

A: ¿Por qué te levantas tan
   temprano?
B: ¿No sabes que al que madruga,
   Dios le ayuda?

A: 왜 이렇게 일찍 일어난 거니?
B: 일찍 일어나는 새가 벌레를 잡는다는
   거 몰라?

디자인을 고를 때

최신 유행하는 것입니다.
Está de última moda.

이 타입이 좋습니다.
Me gusta mucho este tipo.

너무 요란 [칙칙]합니다.
Es demasiado llamativo[apagado].

이 디자인이 수수하고 멋집니다.
Este diseño es sencillo y elegante.

저는 이 줄무늬 블라우스가 좋습니다.
Me gusta esta blusa de rayas.

저는 체크 무늬 와이셔츠를 좋아하지 않습니다.
No me gusta la camisa a cuadros.

이 넥타이와 와이셔츠가 잘 어울립니다.
Esta corbata hace buen juego con la camisa.

품질을 물을 때

품질이 매우 좋습니다.
La calidad es excelente.

이것은 저것보다 다소 품질이 떨어진다.
Éste es de calidad inferior a aquél.

품질 좋은 제품들을 보여 주세요.
Muéstreme los productos de buena calidad.

이 제품은 가격에 비해 품질이 우수하다.
Este producto es mejor de calidad comparado con el precio.

Diálogo breve

353. 자신과 상관없으면 외면한다. Así me las den todas.

A: Mira, tantos espectadores y ninguno echa una mano.

B: Como dice el refrán: Así me las den todas.

A: 봐봐, 이렇게 많은 구경꾼이 있는데도 누구도 도와주려 하지 않아.

B: 그런 말이 있어. '자신과 상관없으면 모두 외면하다' 라고

좀 더 싼 것이 있습니까?
¿Enséñeme algo más barato?

할인되지 않습니까?
¿No hay algún descuento?

비싼 것을 원하지 않습니다.
No quiero nada demasiado caro.

정찰제입니다.
Es precio fijo.

물건값을 흥정할 때

제게는 너무 비쌉니다.
Está demasiado caro para mí.

싸게 할 수 없습니까?
¿Puede rebajarlo un poco?

얼마 정도를 예상하십니까?
¿Qué precio está dispuesto a pagar?

할인 좀 해주세요.
Hágame un descuento, por favor.

이 카드[쿠폰]로 10% 정도 할인을 받을 수 있나요.
Puedo obtener un diez de descuento con esta tarjeta[este cupón].

만약 10유로라면 제가 사겠습니다.
Lo compro si cuesta diez euros.

Diálogo breve

354. 반짝이는 것이라고 다 금은 아니다. Todo lo que reluce no siempre es oro.

A: Parece que tiene mucho dinero, pues lleva ropas de marcas muy conocidas.

B: Recuerda que todo lo que reluce no siempre es oro.

A: 당신은 많은 돈을 가지고 있는 것 뿐만 아니라 유명한 의류 브랜드 또한 소유하고 있다.

B: 반짝이는 것이라고 다 금은 아니라는 것을 명심해라.

가장 싸게 부르는 가격은 얼마입니까?
¿Cuál es el precio más bajo?

할인을 해준다면, 모두 사겠습니다.
Lo compro si tiene descuento.

물건값을 계산할 때

이것을 사겠습니다.
Me quedo con esto.

전부 얼마입니까?
¿Cuánto cuesta en total?

계산이 틀리지 않나요?
¿No está equivocada la cuenta?

거스름돈이 잘못되었습니다.
El cambio está equivocado.

다시 한번 확인해 주세요.
¿Podría Ud. revisarla otra vez?

현금으로 지불하겠습니다.
Pago en efectivo.

신용카드도 받으십니까?
¿Acepta tarjeta de crédito?

할부로 가능합니까?
¿Se puede pagar a plazos?

3개월 할부로 해주세요.
Me gustaría pagarlo en tres meses.

Diálogo breve

355. 경험은 지혜를 낳는다. Tropezando y cayendo se va aprendiendo.

A: Al ver que sufre tanto, siento mucha pena.
B: No te preocupes, tropezando y cayendo se va aprendiendo.

A: 저렇게 고생하는 것을 보니, 매우 마음이 아프다.
A: 걱정하지마, 경험이 지혜를 낳는거야.
[※ 직역 : 부딪치며, 넘어지며 배워간다.]

여행자 수표[신용카드]로 지불해도 됩니까?

¿Podría pagar con cheque de viajero[la tarjeta de crédito]?

유로로 지불 할 수 있나요?

¿Puedo pagar con euros?

돈은 이미 지불했습니다.

La cuenta ya está pagada.

영수증 좀 주세요.

Déme el recibo, por favor.

이미 돈을 지불했습니다.

Ya he pagado la cuenta.

AS가 됩니까?

¿Hay servicios de postventa?

포장을 부탁할 때

포장을 좀 잘해주세요.

Por favor, envuélvamelo bien.

선물하려 합니다.

Es para regalar.

포장해 드리겠습니다.

Se lo envolveré.

그 인형을 포장해서 스페인으로 보내줄 수 있습니까?

¿Podría empacar la muñeca y enviarla a España?

그것을 이 주소로 부쳐 주세요.

Por favor, mándala a esta dirección.

Diálogo breve

356. 원숭이가 실크로 옷을 입었다 해도 원숭이이다. Aunque la mona se vista de seda, mona se queda.

A: Quizá no es tan malo.

B: No lo creo. Aunque la mona se vista de seda, mona se queda.

A: 그렇게 나쁘지 않을지도 몰라.

B: 난 그렇게 생각하지 않아. 원숭이가 실크로 옷을 입었다 해도 원숭이니까.

그것을 포장해서 부쳐드리겠습니다.
Se la empacaremos y enviaremos por correo.

제가 산 것을 모두 함께 싸 주세요.
Por favor, envuélvame junto todo lo que he comprado.

배달과 배송을 부탁할 때

이 옷들을 저희 집으로 배송해 줄 수 있죠?
¿Podría repararlas a mi casa?

꼬르떼스 호텔로 배달해 주세요.
Envíelo al hote Cortés, por favor.

내일까지 집으로 배송해 주세요.
Por favor, envíelo a mi domicilio hasta mañana.

선편 [항공편]으로 배송 부탁합니다.
 Por favor, envíelo por barco[vía aerea].

이 서류 좀 작성해 주시겠습니까?
¿Podría rellenarme este documento?

교환 · 반품 · 환불을 원할 때

어제 여기에서 이 카세트를 샀는데, 고장이 났습니다.
Ayer compré esta grabadora aquí, pero está rota.

핸드폰 작동이 안됩니다.
Este celular no funciona.

이것을 교환할 수 있나요?
¿Podría cambiar esto?

Diálogo breve

357. 침묵은 긍정의 의미이다. El que calla otorga.

A: ¿Todos están de acuerdo? El que calla otorga.	A: 모두다 동의한거지? 침묵은 긍정의 의미야.

이것을 다른 것으로 바꿀 수 있습니까?

¿Podría cambiármelo por otro?

이것은 파손되어 있습니다.

Esto está roto.

이것은 고장입니다.

Esto está descompuesto.

교환이나 환불 됩니까?

¿Acepta el cambio o la devolución?

환불하고 싶습니다.

Quiero que me devuelvan el dinero.

면세품을 구입할 때

면세점은 있습니까?

¿Hay tienda libre de impuesto?

어디에 면세점이 있습니까?

¿Dónde está la tienda libre de impuesto?

어느 제품을 원하십니까?

¿Qué marca quiere?

데킬라 한병 주세요.

Déme una botella de Tequila.

탑승권을 보여 주시겠습니까?

¿Podría ver su pase de abordar?

면세 술은 몇 병 살 수 있습니까?

¿Cuántas botellas libres de impuesto puedo comprar?

몇 갑의 면세 담배를 가져갈 수 있습니까?

¿Cuántos paquetes de cigarrillos libres de impuesto?

Diálogo breve

358. 무(無)에서는 아무것도 만들어질 수 없다. De la nada no se hace nada.

A: Abuelo, y ¿al final? ¿Ella ha podido preparar una comida muy rica sin nada?

B: No, hijo mío, pues de la nada no se hace nada.

A: 할아버지, 그래서 마지막은요? 그녀는 아무것도 없이 아주 맛있는 음식을 만든거에요?

B: 아니, 아들아, 무(無)에서는 아무것도 만들어질수 없단다.

담배는 12갑을 가져가실 수 있습니다.
Puede llevar doce paquetes de cigarrillos.

el reloj de pulsera 손목시계	el perfume 향수
el licor 술	el wisky 위스키
el coñac 꼬냑	el cigarrillo 담배
el collar 목걸이	la cámara digital 디지털카메라
la piedra preciosa 보석	la perla 진주
la polvera 콤팩트	la barra de labios 립스틱
el chocolate 초콜릿	el bolígrafo 볼펜
la pluma fuente 만년필	

이 볼펜들을 보여주세요.
Muéstrame estos bolígrafos, por favor.

여기에 써봐도 됩니까?
¿Puedo escribir aquí con éste?

매우 잘 써지네요.
Se escribe muy bien.

한 다스에 얼마입니까?
¿Cuánto cuesta la docena?

Diálogo breve

359. 빵은 빵이고 와인은 와인이다. (이것과 저것은 전혀 다른 문제다.)
Al pan, pan, y al vino, vino.

A: ¿No puedes ceder un poco?
Pues ese libro tampoco te
importa tanto.
B: Pero al pan, pan, y al vino,
vino. Este libro es mío, ¿por
qué se lo voy a dar a él?

A: 조금이라도 줄 수 없어? 그럼 이 책
도 전혀 중요하지 않아.
B: 이것과 저것은 전혀 다른 문제야. 이
책은 내것이야. 왜 그에게 주어야 하
지?

가게 영업시간은 몇 시부터입니까?

¿Cuál es el horario de los negocios?

언제부터 언제까지 문을 엽니까?

¿De cuándo a cuándo está abierto?

몇 시에 문을 엽니까?

¿A qué hora abren?

오전 9시 반에 문을 엽니다.

Abren a las nueve y media de la mañana.

몇 시에 문을 닫습니까?

¿A qué hora cierran?

몇 시까지 문을 엽니까?

¿Hasta qué hora está abierto?

오후 8시에 문을 닫습니다.

Se cierra a las ocho de la noche.

토요일에도 문을 엽니까?

¿Está abierto los sábados?

Diálogo breve

360. 이판사판이다. Echar a cara o cruz.

A: Aquí hay dos caminos, ¿en qué dirección vamos?

B: Lo echamos a cara o cruz.

A: 여기 두개의 길이 있다. 우리 어떤 쪽으로 갈까?

B: 그 길로 하자, 이판사판이다.

07 귀국

귀국편을 예약할 때

바르셀로나까지 이코노믹 클래스 티켓 두 장이요.
Dos billetes en clase económica para Barcelona.

창문 쪽 [복도 쪽] 좌석을 부탁합니다.
 Por favor, deme a la ventanilla[al pasillo]

지금 탑승할 수 있는 마드리드행의 바로 다음 비행기를 예약해 주십시오.
Por favor, hágame la reserva para el primer vuelo que salga para Madrid.

저는 이 비행편으로 예매하겠습니다.
Voy a hacer una reserva para este vuelo.

예약을 재확인할 때

비행기 예약을 다시 확인하고 싶습니다.
Deseo confirmar la reserva del vuelo.

5월 10일에 떠나는 JAL 207편입니다.
Es el vuelo No. 207 de JAL, del 10 de mayo.

Diálogo breve

361. 소수는 다수의 의견을 따라야해. La minoría debe somenterse a la mayoría.

A: Nosotros dos quisiéramos comer en la Lottería, ¿Y vosotros?

B: Nosotros preferimos ir al Macdonald.

A: Entonces, la minoría debe somenterse a la mayoría.

A: 우리 둘을 롯데리아에 먹으러 가고 싶어. 너희는?

B: 우리는 맥도날드가 더 좋아.

A: 그럼, 소수는 다수의 의견을 따라야하겠군.

이 비행기는 정시에 이륙합니까?
¿Saldrá este vuelo a la hora exacta?

얼마나 지연됩니까?
¿Cuánto tiempo tiene de retraso?

다른 항공편을 알아봐 주십시오.
Hágame el favor de ver los vuelos de salida de otras líneas.

예약을 변경하고 싶습니다.
Deseo cambiar la reserva.

이 예약을 취소해 주십시오.
Por favor, anule la reserva de este vuelo.

공항에서

이 공항에서 쇼핑을 할 수 있습니까?
¿Puedo hacer compras en este aeropuerto?

이 공항에서 얼마나 체류하게 됩니까?
¿Cuánto tiempo para en este aeropuerto?

몇 시부터 탑승합니까?
¿A qué hora empieza el embarque?

몇 번 게이트입니까?
¿Qué puerta es?

46번 게이트는 어디에 있습니까?
¿Dónde está la puerta No. 46?

Diálogo breve

362. 사람들은 다 취향이 다른 법이다. Cada uno tiene su propio gusto.

A: Todo el mundo dice que no es un buen chico, pero yo sí que estoy enamorada de él.

B: Pues, cada uno tiene su propio gusto.

A: 모든 사람들이 그가 나쁘다고 이야기하지만 나는 그와 사랑에 빠졌어.

B: 뭐, 사람들은 다 취향이 다른 법이지.

Tema Ⅸ 귀국

이 양식을 기재하는 방법을 가르쳐 주세요.

Enséñeme cómo rellenar este formulario.

이 짐을 보내고 싶습니다.

Me gusta enviar este bulto[equipaje].

짐은 모두 3개입니다.

Son 3 bultos en total.

이 짐은 분리해서 보내주세요.

Por favor, envíe este equipaje por separado.

초과 요금이 얼마입니까?

¿Cuál es la tarifa de exceso de equipaje?

비행기 안에서

미안합니다만, 잠깐 지나가겠습니다.

Permítame pasar, por favor.

물[콜라] 한잔 주세요.

Un vaso de agua[Cocacola], por favor.

의자를 뒤로 젖혀도 되겠습니까?

¿Puedo reclinar el asiento?

한국어[스페인어] 신문이 있습니까?

¿Tiene Ud. un periódico en coreano[español]?

지금 어디 근방을 날고 있는 중입니까?

¿Por dónde estamos volando ahora?

비행기에서 면세품을 판매합니까?

¿Se venden artículos libres de impuestos en el avión?

Dialogic Style

363. 개개인이 자신의 취향이 있는거지. Cada uno tiene su propio gusto.

A: Dicen que vas a España. ¿Por qué vas a España tantas veces?	A: 사람들이 너 스페인 간다던데. 왜 넌 그렇게 자주 스페인에 가니?
B: Pues cada uno tiene su propio gusto.	B: 개개인이 자신의 취향이 있는 거잖아.

Tema

X

비즈니스 관련 표현

01 구인과 취직
02 사무실
03 회사 방문
04 회의
05 상담
06 납품과 클레임

01 구인과 취직

구직 서류를 작성할 때

이름?
¿Nombre?

주소?
¿Dirección?

전화번호?
¿Número de teléfono?

직업?
¿Ocupación?

수입수준?
¿Nivel de ingresos?

교육수준?
¿Nivel de educación?

성별?
¿Sexo?

종교?
¿Religión?

Diálogo breve

364. 불행 중 다행이다. Tener un problema menos es mejor que un problema más.

A: Me gustaría ayudar a ese tipo.

B: Tener un problema menos es mejor que un problema más.

A: 그런 타입의 일은 내가 도와주고 싶었어.

B: 불행 중 다행이다.(작은 문제를 가지고 있다는 것이 큰 문제를 가지고 있는 것보다는 낫다.)

나이?

¿Edad?

인종?

¿Raza?

결혼 날짜?

¿Fecha de nacimiento?

출생지?

¿Lugar de nacimiento?

결혼 유무?

¿Estado civil?

일자리를 찾을 때

일자리를 찾으세요?

¿Busca Ud. un puesto de trabajo?

일자리를 찾습니다.

Busco un puesto de trabajo.

요즘 일자리 구하기가 어떻게 어렵다고 생각하십니까?

¿Sabe Ud. cómo está difícil encontrar trabajo estos días?

아르바이트 일자리 찾기가 쉽지 않아요.

No es fácil encontrar un trabajo de media jornada.

그는 드디어 그 회사에 일자리를 구했어.

Por fin él ha encontrado un puesto de trabajo en aquella empresa.

그가 그 일자리를 얻게 될 가능성은 충분히 있어.

Es muy posible que que él pueda conseguir aquel trabajo.

그는 취직면접을 준비했어.

Él se preparó para la entrevista.

Diálogo breve

365. 중의적인 입장을 취해서는 안 돼. No debes nadar entre dos aguas.

A: Yo sé que quiero a Ramón, pero también me cae muy bien Luis. No sé que puedo hacer.

B: No debes nadar entre dos aguas.

A: 나는 라몬뿐만 아니라 루이스도 정말 좋아해. 어떻게 해야 할지 모르겠어.

B: 중의적인 입장을 취해서는 안 돼.(양 다리를 걸쳐서는 안돼.)

제게 추천서를 (써)주세요.

Deme su carta de recomendación.

나는 일자리를 잃었어요.

Él perdió su trabajo.

어슬렁거리지 말고 일자리나 잡도록 애쓰세요.

Deje de vagabundear y esfuérzese para conseguir un empleo.

취직만 되면 좋겠습니다.

Lo único que deseo es conseguir un trabajo.

올해는 취직을 할겁니다.

Este año voy a obtener un empleo.

면접에 응할 때

귀사에 일자리가 있습니까?

¿Tiene Ud. un puesto libre en su empresa?

귀사에 지원하고 싶은데요.

Deseo solicitar un puesto en su empresa.

우리 회사를 어떻게 아셨습니까?

¿Cómo ha tenido conocimiento de nuestra empresa? .

전단지에서 구인광고를 보았습니다.

He visto el anuncio de oferta de trabajo en un folleto.

내일 면접 보러 오실 수 있습니까?

¿Puede Ud. venir mañana para acudir a la entrevista?

어떻게 하면 제가 면접을 볼 수 있습니까?

¿Qué tengo que hacer para recibir la entrevista?

이력서를 보내 주십시오.

Envíe su currículo.

Diálogo breve

366. 네가 먼저가고 다음에 내가 갈께. Ve tú primero, ahora voy yo.

A: Ve tú primero, ahora voy yo.

B: Vale, te espero.

A: 네가 먼저가고 다음에 내가 갈께.

B: 그래. 너를 기다릴게.

당신의 이력서를 보여주십시오.
Muéstreme su curriculum vitae.

스페인어 [영어] 이력서를 접수받습니까?
¿Acepta Ud. currículo en español[inglés]?

오늘 오셔서 면접을 받을 수 있습니까?
¿Puede Ud. venir hoy para recibir la entrevista?

어떻게 지원하면 되지요?
¿Cómo puedo solicitarme?

면접 날짜와 시간이 정해졌나요?
¿Se ha fijado la fecha y la hora de la entrevista?

지금 긴장되니?
¿Estás nervioso(a)?

취직 면접 때문에 아주 초조해.
Estoy muy impaciente a causa de la entrevista de trabajo.

언제쯤 면접 결과를 알 수 있을까요?
¿Cuándo aproximadamente puedo saber el resultado de la entrevista?

저는 이것을 면접으로 알고 있었습니다.
Creí que esto era una entrevista.

오늘 면접이 있었어.
Hoy he tenido una entrevista.

면접을 할 때

어디 대학에서 수학했습니까?
¿En qué universidad ha estado?

당신은 대학에서의 전공이 무엇입니까?
¿Cuál es su especialidad en la especialidad?

Diálogo breve

367. 내가 아무 말도 하지 않은 것처럼. Como si yo no hubiera dicho nada.

A: Olvídalo, como si yo no hubiera dicho nada.
B: No te preocupes.

A: 그것을 잊어버려, 마치 내가 아무 말도 하지 않은 것처럼.
B: 걱정하지 마.

대학 때 성적은 어떻죠?

¿Cuáles son tus notas de la universidad?

최고의 학력은 어떻게 되죠?

¿Cuál es su título más alto?

왜 우리 회사에 지원했나요?

¿Por qué se candidató a nuestra empresa?

왜 이 일에 관심이 있으시죠?

¿Por qué le interesa este trabajo?

이 일에서 가장 관심이 가는 것은 무엇이죠?

¿Qué es lo que te interesa más en este trabajo?

어떤 외국회사에서 일을 했었나요?

¿Has trabajado en alguna empresa extranjera?

어떤 자격증을 가지고 계십니까?

¿Cuáles tipos de certificado tiene usted?

어떤 자격들을 취득했습니까?

¿Qué calificaciones ha obtenido?

어떤 경력을 가지고 계십니까?

¿Cuáles carreras tiene usted?

어떤 전문적인 경험을 가지고 있습니까?

¿Tiene alguna experiencia profesional?

이 직종에 경력이 좀 있으십니까?

¿Tiene experiencias en este tipo de trabajo?

당신이 왜 이 일에 적임이라고 생각합니까?

¿Por qué cree que está calificado para este trabajo?

행정에서 어떤 경력이 있습니까?

¿Tiene alguna experiencia en la administración?

아르바이트를 해봤나요?

¿Ha trabajado la media jornada?

368. 나는 정의를 실현하는 너를 도와줄 거야. Voy a ayudarte a que se haga justicia.

A: Voy a ayudarte a que se haga justicia.	A: 나는 정의를 실현하는 너를 도와줄 거야.
B: Déjalo.	B: 괜찮아.

어떤 아르바이트를 하고 있습니까?

¿Cuál tipo de trabajo de media jornada hace actualmente?

전에 무슨 보직을 가졌었습니까?

¿Qué posición tuviste antes?

전 직장에 대해 일반적인 묘사를 제게 해주실 수 있나요?

¿Podría darme una descripción general de su anterior trabajo?

왜 전의 직장을 그만두셨죠?

¿Por qué dejó su trabajo anterior?

저희 회사의 일원이 되기를 원하시나요?

¿Quiere formar parte de nuestra empresa?

어떤 일을 하고 싶나요?

¿Qué trabajo desea hacer usted?

언제부터 일을 할 수 있습니까?

¿Cuándo puede empezar a trabajar?

당신의 장점은 무엇입니까?

¿Cuáles son sus méritos?

어떤 일이 자신에게 맞는다고 생각하십니까?

¿Cuál tipo de trabajo cree que más le adecúa?

정규직을 원하십니까? 아니면 계약직을 원하십니까?

¿Desea usted un trabajo permanente o un trabajo irregular?

1주일에 며칠 일할 수 있습니까?

¿Cuántos días puede (usted) trabajar por semana?

어느 시간에 일할 수 있습니까?

¿Cuál es la hora que le conviene trabajar?

얼마의 급여를 원하십니까?

¿Qué salario espera Ud.?

Diálogo breve

369. 어쩌면 그렇게 바보 같을 수 있니? ¡Cómo puedes ser tan insensato!

A: Luis, ¡qué temprano has llegado!

B: ¡Cómo puedes ser tan insensato! Debes llamarle "profesor".

A: 루이스, 너 정말 빨리 도착했구나!

B: 어쩌면 그렇게 바보 같을 수 있니! 그를 '교수님' 이라고 불러야해.

급료를 어느 정도 생각하십니까?
¿Cuánto es el salario que estima usted?

그럼, 근무 조건을 설명 드리겠습니다.
Entonces, le explicaré las condiciones de trabajo.

연락 드리겠습니다.
Le llamaremos.

면접을 받을 때

취업비자가 없는데 일할 수 있습니까?
¿Puedo trabajar aunque no tengo visa de trabajo?

1주일에 몇 시간 일합니까?
¿Cuál es la carga horaria laboral por semana?

1주일에 몇 시간 일해야만 합니까?
¿Cuántas horas tengo que trabajar a la semana?

잔업(야근)을 해야만 하죠?
¿Tendré que trabajar horas extras?

잔업수당은 있습니까?
¿Existe bonificación de horas extras?

고정 급여가 있죠?
¿Es el salario?

Diálogo breve

370. 사자의 꼬리 보다는 쥐의 머리가 되는게 더 낫다. Más vale ser cabeza de ratón que cola de león.

A: ¿Por qué no quieres ir a esa empresa más grande? En esta empresa pequeña, aunque te prestan mucha atención, pero no creo que tengas mucho futuro.

B: Para mí, más vale ser cabeza de ratón que cola de león.

A: 왜 너는 더 큰 회사로 가지 않니? 이 작은 회사에서 네게 큰 관심을 보인다고 해도, 네게 더 큰 미래가 있다고 보이지는 않는데.

B: 나는 말이지, 사자의 꼬리 보다는 쥐의 머리가 되는게 더 낫다고 봐.

보수(월급)는 얼마나 됩니까?

¿Cuál es el salario mensual?

유급휴가가 있습니까?

¿Existen vacaciones remuneradas?

직원 복지제도가 있습니까?

¿Existe un sistema bienestar social para los trabajadores?

여기 정년은 몇 살까지입니까?

¿Cuál es la edad de jubilación?

귀하의 지원에 깊이 감사드립니다.

Agradecemos su aplicación[= solicitud].

회사를 위해서라면 무엇이든 하겠습니다.

Haré cualquier cosa por esta empresa.

취직을 했을 때

저는 1년간 취업 교육을 받았습니다.

Recibí educación para el trabajo durante 1 año.

그녀는 즉석에서 그 회사에 취직되었어.

Ella consiguió inmediatamente un trabajo en aquella empresa.

그는 연줄로 취직했습니다.

Él tomó el cargo por intermedio (influencia) de alguien.

비서로 취직했어요.

Conseguí un trabajo de secretaria(o).

저는 취직하지 못할 수도 있습니다.

Puedo no conseguir el trabajo.

보험 서류를 작성하겠습니다.

Voy a rellenar un formulario de seguro.

Diálogo breve

371. 눈에는 눈, 이에는 이 Ojo por ojo, diente por diente.

A: Ella es muy vengativa, para ella, el principio de la vida es ojo por ojo, diente por diente.

B: Así tampoco puede vivir feliz.

A: 그녀는 정말 보복적이야. 그녀에게 삶의 모토는 눈에는 눈, 이에는 이 라니까.

B: 그래서는 누구도 행복하게 살순 없어.

02 사무실

업무를 부탁할 때

제 업무를 맡아 주시겠어요?
¿Puede usted hacer cargo de mi trabajo?

당신이 해야 할 일이 좀 있어요.
Usted tiene un poco de trabajo a hacer.

지금 무슨 일을 하고 계세요?
¿Qué trabajo está haciendo ahora?

오늘은 아주 바빠요.
Hoy estoy muy ocupado(a).

밀린 일이 많아요.
Tengo mucho trabajo acumulado.

너무 바빠서 그걸 할 시간이 없어요.
No puedo hacerlo porque estoy muy ocupado(a).

할 일이 많아요.
Tengo mucho trabajo a hacer.

왜 그렇게 일이 밀렸습니까?
¿Por qué su trabajo está tan acumulado?

그에게 업무를 맡깁시다.
Vamos a encargarle el trabajo (a él).

Diálogo breve

372. 내가 너에게 이야기 하지 않았나? ¿Te lo he dicho, no?

A: ¿Te he dicho que iban a venir algunos invitados, no?
B: Perdón, no lo había oído.

A: 몇 명의 손님들이 온다고 내가 너에게 이야기 하지 않았니?
B: 죄송하지만 그런말 들은적이 없어요.

시작합시다.

Vamos a empezar.

어느 것을 먼저 할까요?

¿Por cuál trabajo empezamos?

금방 할게요.

Lo haré pronto.

처음부터 다시 합시다.

Vamos a empezar nuevamente desde el principio.

이 일을 어떻게 시작해야 할지 모르겠어요.

No sé cómo empezar este trabajo.

업무 진행과 확인

그 건은 어떻게 되고 있나요?

¿Cómo está la situación de aquel asunto?

그게 얼마나 있으면 끝날까요?

¿Cuánto tiempo se tardará para terminarlo?

그건 이미 처리했어요.

Eso ya fue resuelto.

아직 반도 안 끝났어요.

Todavía no se ha terminado ni la mitad.

일이 아직 안 끝났어요.

El trabajo todavía no está terminado.

그 일을 어서 끝냅시다.

Terminemos luego ese trabajo.

Diálogo breve

373. 예전의 잘못을 저지르다. Ya cometes el viejo defecto.

A: Quería fumar.

B: Ya cometes el viejo defecto.

A: 담배피고 싶어.

B: 넌 예전의 잘못을 저지르는 거야.

마감 시간에 맞춰야 해요.

Hay que adecuarse al plazo de término.

내일까지 이 보고서를 끝내세요.

Termine este reporte hasta mañana.

마감일이 얼마 남지 않았어요.

Falta poco tiempo hasta la fecha límite.

그 일은 당신이 맡으세요.

Encárguese usted de ese trabajo.

제가 알아서 하겠습니다.

Lo haré por mi cuenta.

그 일은 제가 하겠습니다.

Ese trabajo lo haré yo.

잠깐 점심 먹고 일합시다.

Vamos a trabajar después de tener un tiempo de almuerzo.

한숨 돌립시다.

Descansemos un rato.

드디어 끝났어요.

Al fin lo terminé.

우선 그 서류 좀 봅시다.

Veamos ese documento primero.

이것 좀 설명해 주세요.

Explíquemelo, por favor.

이것 좀 서명해 주십시오.

Confírmelo, por favor.

다음 할 일이 뭐죠?

¿Cuál es el próximo trabajo?

374. 새 것을 구하다. Coger a uno de nuevas.

A: ¿Por qué no me lo dijiste antes?

B: Quería cogerte de nuevas.

A: 왜 나한테 예전에 얘기하지 않은거야?

B: 너에게 새 것을 구해주고 싶었어.

이 서류를 팩시밀리로 보내 줄 수 있습니까?

¿Puede enviarme este documento por fax?

팩스가 깨끗하게 잘 나왔습니까?

¿El fax se ha salido limpio?

팩스로 받아 보고 있는 중이에요.

Estoy recibiendo el fax.

제게 다시 팩스를 보내 주세요.

Envíeme nuevamente el fax.

전화를 팩스로 바꿔주세요.

Cambie la función de teléfono para el fax.

가능한 한 빨리 팩스로 보내주세요.

Envíeme por fax lo más pronto posible.

이거 복사 좀 해주실 수 있나요?

¿Podría hacerme una copia de este papel?

복사가 번졌어요.

La copia se ha emborrachado.

복사가 흐리게 나왔군요.

La copia ha salido tenue.

종이가 복사기에 끼었어요.

El papel se ha atascado en la fotocopiadora.

10부를 복사해 주겠어요?

Hágame hacer 10 copias, por favor.

이쪽 면을 30장만 복사해 주세요.

Hágame hacer sólo 30 copias de esta parte, por favor.

복사기를 독점하지 마세요.

No haga uso exclusivo de la fotocopiadora.

Diálogo breve

375. 아무일도 없었다는 듯이 Como si tal cosa.

A: Tranquila, mujer, olvídalo.

B: Es imposible, ya no puedo volver a mi vida anterior, como si tal cosa.

A: 아가씨, 진정하세요. 모두 다 잊어요.

B: 마치 아무일도 없었다는 듯이 나의 예전 삶으로 돌아가는 것은 불가능해요.

이 자료를 컴퓨터에 입력해 주세요.
Introduzca(input) este documento en el ordenador.

파일 이름을 뭐라고 지정했죠?
¿Cuál fue el nombre designado para el archivo?

데이터가 다 없어졌어요.
Los datos se han desaparecido.

제 컴퓨터는 고장이 났습니다.
Mi ordenador está averiado.

저는 컴퓨터를 어떻게 작동시키는지 몰라요.
No sé cómo activar el ordenador.

컴퓨터에 대해서 잘 아세요?
¿Sabe bien sobre ordenadores?

제 컴퓨터가 CIH 바이러스에 감염됐어요.
Mi ordenador fue contaminado por el virus CIH.

인터넷과 이메일

인터넷에 접속되어 있어요?
¿Está conectado al internet?

당신은 인터넷을 할 수 있습니까?
¿Sabe usted usar el internet?

인터넷에 접속하는 데 시간이 많이 걸려요.
Se tarda mucho tiempo para acceder al internet.

인터넷에 접속하는 법을 가르쳐 줄래요?
¿Podría enseñarme cómo se accede al internet?

Diálogo breve

376. 그렇게 작은 일은 언급하지 않아도 된다. Un asunto tan pequeño no merece mencionarse.

A: Le estoy tremendamente agradecido.
B: Un asunto tan pequeño no merece mencionarse.

A: 당신께 정말로 감사드립니다.
B: 그렇게 작은 일은 언급하지 않으셔도 됩니다.

이메일(홈페이지) 주소가 어떻게 되세요?

¿Cuál es su dirección electrónica (página web)?

인터넷 써핑을 했어요.

Navegué por internet.

제가 쓴 이메일을 교정해 주시겠습니까?

¿Podría corregir el mensaje de e-mail que escribí, por favor?

이메일 글씨가 깨졌어요.

Las letras del mensaje de e-mail están quebradas.

최근에 보내 주신 이메일에 감사드립니다.

Agradezco por el mensaje de e-mail que me ha enviado recientemente.

Diálogo breve

377. 무능력하고 모든 일을 망칠 수 있다. Ser incapaz de hacer cosa alguna pero propenso a estropearlo todo.

A: ¿Por qué no me llevas?

B: Porque eres incapaz de hacer cosa alguna pero propenso a estropearlo todo.

A: 왜 저를 고용하지 않는 겁니까?

B: 왜냐하면 너는 무능력하고 모든 일을 망칠 수 있기 때문이야.

03 회사 방문

방문객을 접수할 때

안녕하십니까, 선생님.
Buenos días (Buenas tardes), señor.

누구십니까?
¿Quién es Ud.?

어느 회사에서 오셨습니까?
¿Viene usted por parte de qué empresa?

무슨 용건이십니까?
¿Qué desea usted?

약속은 하셨습니까?
¿Ha fijado una cita?

잠시 기다려 주십시오.
Espere un momento.

앉으시겠어요?
¿Quiere sentarse?

기다려 주셔서 감사합니다. 그분은 곧 나오실 겁니다.
Gracias por esperar. El señor ya saldrá.

그분은 곧 이리 오실 겁니다.
El señor estará aquí pronto.

네, 미스터 베이커, 방문하실 거라는 연락을 받았습니다.
Sí, señor Baker. Recibí la información de que el señor iba a hacer la visita.

Diálogo breve

378. 어느 방면에서 나보다 나은 겁니까? ¿En qué aspecto es mejor que yo?

A: ¿En qué aspecto es mejor que yo?
B: En todos los aspectos.

A: 어느 방면에서 나보다 나은 겁니까?
B: 모든 방면에서.

그와 약속을 하셨습니까?

¿Tiene una cita con él?

그분의 사무실로 안내해 드리겠습니다.

Le acompañaré hasta su oficina.

이쪽으로 오십시오.

Por aquí, por favor.

죄송합니다만, 외출 중입니다.

Lo siento, pero está ausente[= fuera].

10분 정도면 이리 오십니다.

Él estará aquí después de 10 minutos.

지금 중요한 회의 중입니다.

En este momento está en una reunión muy importante.

바쁘시면 내일 다시 오겠습니다.

Si está ocupado volveré mañana.

거래처를 방문했을 때

S사의 미스터 리입니다.

Soy el señor Lee de la empresa S.

미스터 브라운 있습니까?

¿Se encuentra el señor Brown?

5시에 그 사람과 만나기로 약속이 되어 있습니다.

Tengo una cita con esa persona a las 5.

수출부를 방문하고 싶습니다.

Deseo visitar el departamento de exportación.

수출부가 어디에 있습니까?

¿Dónde está el departamento de exportación?

Diálogo breve

379. 곤란을 무릅쓰고 싸우다. Luchar contra viento y marea.

A: Debes atreverte a luchar contra viento y marea.
B: Gracias por animarme.

A: 너는 곤란을 무릅쓰고 싸워야 할거야.
B: 응원해줘서 고마워.

책임자를 만날 수 있습니까?
¿Puedo hablar con el responsable?

처음 뵙겠습니다. 브라운 씨.
Mucho gusto, señor Brown.

한국에 잘 오셨습니다!
Bienvenido(a) a Corea.

명힘을 주시겠습니끼?
¿Podría darme su tarjeta de visita?

당신 이름을 발음해 주시겠습니까?
¿Puede pronunciar su nombre, por favor?

이 전화번호로 저에게 연락이 가능합니다.
Es posible contactarse conmigo por este número de teléfono.

이건 직통 번호입니다.
Éste es el número directo.

저희 회사를 찾아주셔서 감사합니다.
Gracias por visitar nuestra empresa.

제가 안내해 드릴까요?
¿Quiere que le acompañe?

제가 회의실로 모시겠습니다.
Le acompañaré hasta la sala de reunión.

Diálogo breve

380. 기대를 전혀 하지 않을 때 기대하는 것이 일어난다. Cuando menos se piensa salta la liebre.

A: Cuando menos se piensa salta la liebre.
A: 기대를 전혀 하지 않을 때 그것이 일어나.

B: Por eso debemos prepararnos bien.
B: 그래서 우리는 항상 준비되어 있어야 돼.

이쪽으로 오십시오.

Por aquí, por favor.

화장실은 엘리베이터 옆에 있습니다.

El servicio está al lado del ascensor.

잠깐 쉽시다.

Descansemos un rato.

여기가 저희 본사입니다.

Aquí es nuestra oficina central.

381. 예의상으로 No es nada más que una visita de cortesía.

A: ¿Por qué vamos a visitar a Carlos?

B: No es nada más que una visita de cortesía.

A: 왜 우리가 까를로스를 보러가는 거니?

B: 별거 아니야. 그냥 예의상으로.

회의 준비

회의는 언제입니까?

¿Cuándo es la reunión?

회의는 언제 열립니까?

¿Cuándo se celebra la reunión?

몇 시에 회의합니까?

¿A qué hora es la reunión?

회의는 내일 오전 9시에 있습니다.

La reunión será mañana a las nueve de la mañana.

회의 시간이 오후 9시에서 7시로 앞당겨졌습니다.

La hora de la reunión se ha adelantado de las 9 a las 7 de noche.

회의는 몇 시에 시작할까요?

¿A qué hora empieza la reunión?

이 일을 마치고 곧 회의가 있습니다.

Tengo una reunión luego después de terminar este trabajo.

회의에 늦지 말아 주십시오.

Pedimos que no se tarden en la reunión.

Diálogo breve

382. 이것은 산초의 자필서명이다. Es la firma de puño y letra de Sancho.

A: Mira, aquí está la firma de puño y letra de Sancho.

B: Hombre, ¿dónde la conseguiste?

A: 봐봐, 여기에 산초의 자필서명이 있어.

B: 야, 이거 어디서 난거야?

여기를 주목해 주시겠습니까?

Presten atención aquí, por favor.

지금부터 회의를 시작하려 합니다.

A partir de este momento vamos a empezar la reunión.

오늘의 의제로 들어갈까요?

Vamos a entrar en el tema del día.

그럼, 그 계획에 관해 최종 검토를 시작하겠습니다.

Entonces, empezaremos la revisión final de ese plan.

미스터 박, 토의를 시작하도록 할까요?

Podemos empezar el debate, señor Park.

미스터 브라운, 당신에게 넘겨 드립니다.

Le paso a usted, señor Brown.

본 의제로 들어가겠습니다.

Entremos en el tema principal.

다음 주제로 넘어가겠습니다.

Vamos a pasar al próximo tema.

그의 설명에 대해 어떻게 생각하십니까?

¿Qué piensa usted sobre su explicación (de él).

이 특정 문제에 대해 질문이 있습니까?

¿Hay alguna pregunta sobre este problema específico?

그것에 대해 투표를 합시다.

Hagamos una votación sobre eso.

이 일에 대한 최종 결정은 다수결로 정하겠습니다.

La decisión final sobre este asunto, será realizada por mayoría de votos.

찬성하시는 분은 손을 들어 주십시오.

Que levanten sus manos los que están de acuerdo.

Diálogo breve

383. 시간이 되면 알게 될거야. Ya lo sabrás cuando llegue el momento.

A: ¿Qué pasa?

B: Ya lo sabrás cuando llegue el momento.

A: 무슨 일이야?

B: 시간이 되면 알게 될거야.

남은 문제는 다음 번 회의에서 토론하도록 합시다.

Discutiremos sobre los asuntos restantes en la próxima reunión.

내일 여기에서 계속합시다.

Continuaremos mañana en este lugar.

회의 종료

회의가 끝났습니다.

La reunión se ha terminado.

오늘은 그만 할까요?

¿Nos quedemos hoy hasta aquí?

회의 결과가 어떻게 됐어요?

¿Cómo se ha quedado el resultado de la reunión?

Diálogo breve

384. 다듬어지지 않은 다이아몬드 Diamante en bruto.

A: Es un diamante en bruto.

B: Estoy de acuerdo contigo. Si le formamos adecuadamente, dentro de unos años será muy brillante.

A: 그는 아직 다듬어지지 않은 다이아몬드야.

B: 나는 너와 동의해. 만약에 제대로 훈련을 받는다면 그는 정말 멋있어 질꺼야.

05 상담

바이어를 맞이할 때

처음 뵙겠습니다.
Mucho gusto.

만나서 반갑습니다.
Me alegro de verle.

다시 만나게 되어 기쁩니다.
Estoy feliz por verle nuevamente.

저희 회사에 와 주셔서 감사합니다.
Gracias por venir a nuestra empresa.

어젯밤 비행기로 파리에 도착했습니다.
He llegado a París ayer por la noche de avión.

비행은 어땠습니까?
¿Cómo fue el vuelo?

장시간의 비행으로 피곤하시겠습니다.
Debe estar cansado por el largo tiempo de vuelo.

따뜻하게 맞아 주셔서 감사합니다.
Agradezco por la cálida bienvenida.

찾아와 주셔서 감사합니다.
Gracias por su visita.

전 K사의 기술부에서 근무하고 있습니다.
Estoy trabajando en el departmento técnico del empresa K.

Diálogo breve

385. 둘이 먹을 수 있다면 셋도 먹을 수 있다. Donde comen dos, comen tres.

A: Siéntate y come con nosotros, donde comen dos, comen tres.
B: Es Ud. muy amable.

A: 여기 앉아 우리와 같이 먹어요. 둘이 먹을 수 있다면 셋도 먹을 수 있잖아요.
B: 당신은 정말 착하시군요.

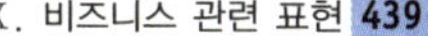

명함을 받으십시오.
Aquí está mi tarjeta de visita.

고맙습니다. 여기 있습니다.
Muchas gracias. Aquí está.

명함을 주시겠습니까?
¿Podría darme su tarjeta profesional?

네, 여기에 있습니다.
Sí, aquí está.

그럼 일에 관한 이야기를 할까요?
Entonces, vamos a hablar sobre negocios.

저희 회사는 업무용 소프트웨어를 전문으로 하고 있습니다.
Nuestra empresa es especializada en software para uso profesional.

저희 회사는 각종 혁신적인 서비스로 알려져 있습니다.
Nuestra empresa es conocida por prestar varios servicios innovadores.

이것이 저희 회사의 신제품입니다.
Éste es el nuevo producto de nuestra empresa.

아마 저희 제품을 들어보셨으리라 생각됩니다.
Es probable que usted ya ha oído hablar sobre nuestro producto.

이것과 비슷한 제품을 사용해본 적이 있으십니까?
¿Alguna vez ha usado usted un producto similar a éste?

Diálogo breve

386. 당신이 말하는 것. Lo que diga Ud.

A: ¿Y ahora qué vamos a hacer, ir de compras o descansamos un poco?
B: Lo que diga Ud.

A: 우리 지금 뭐할까, 쇼핑갈까 아니면 조금 쉴까?
B: 당신이 말하는 것으로.

지난 주에 갓 발매되었습니다.

Fue recién lanzado la semana pasada.

이게 제품 카달로그입니다.

Éste es el catálogo de los productos.

구입을 희망할 때

이 제품의 특징에 대해 설명해 드리겠습니다.

Le explicaré las características de este producto.

이것은 혁신적인 제품입니다.

Éste es un producto innovador.

이 제품은 상당한 수요가 예상됩니다.

Se estima que habrá bastante demanda de este producto.

많은 주목을 받고 있습니다.

Está recibiendo mucha atención.

다양한 연령층이 사용할 수 있습니다.

Puede ser usado por personas de varias edades

조작은 매우 간단합니다.

El manejo es muy sencillo.

놀라울 정도로 효율이 높습니다.

La eficiencia es sorprendentemente alta.

분명 만족하실 겁니다.

Es seguro que estará satisfecho(a).

AS는 충실합니다.

El servicio posventa es leal.

Diálogo breve

387. 월계관(=지위)에 의존하면 안 된다. No deben dormirse en los laureles.

A: Los que han tenido algunos éxitos, no deben dormirse en los laureles, y los que acaban de empezar, tienen que esforzarse en conseguirlos.

A: 조금 성공한 사람들은 월계관 (=지위)에 의존하면 안 돼. 그리고 시작한지 얼마 되지 않은 사람들은 열심히 노력해서 그것을 얻으려 노력해야 돼.

가격에 대해서 말씀드리고 싶은데요.
Quiero hablar sobre el precio.

가격에 대해서 어느 정도 생각하십니까?
¿Cuánto estima usted sobre el precio?

귀사의 최저가격을 제시하십시오.
Muestre el precio mínimo de su empresa.

견적을 내 주십시오.
Deseo una estimación (oferta).

단가는 얼마입니까?
¿Cuánto es el precio unitario?

그 가격으로는 받아들일 수 없습니다.
No puedo aceptar a este precio.

할인을 부탁합니다.
Le pido un descuento (rebaja).

지난번 주문과 같은 조건으로 해 주세요.
Aplique las mismas condiciones del pedido anterior.

배송료는 어느 쪽 부담입니까?
¿Quién hará el cargo del gasto de entrega?

납품은 언제가 되겠습니까?
¿Cuándo será realizada la entrega?

납품은 어느 정도 시간이 걸립니까?
¿Cuánto tiempo se tardará aproximadamente hasta la entrega?

Diálogo breve

388. 성공에게 부모가 많고 실패는 고아이다. El éxito tiene muchos padres y el fracaso es huérfano.

A: Cuando era rico, tenía muchos amigos, y ahora que no tengo dinero nadie se preocupa por mí.

B: En este mundo eso es normal, pues el éxito tiene muchos padres y el fracaso es huérfano.

A: 내가 부자였을 때 나는 친구도 많았어. 하지만 지금 돈이 없는 나를 신경 써 주는 사람은 한명도 없어.

B: 요즘 세상에는 그게 정상이야. 그래서, 성공에는 많은 부모를 모시고, 실패는 고아라고 하잖아.

죄송하지만 전 결정할 수 없습니다.
Lo siento, pero no puedo hacer la decisión.

그 문제는 다음 회의로 넘기기로 합시다.
Vamos a pasar este problema para la próxima reunión.

남은 세부 사항들은 다음 회의에서 다루기로 합시다.
Tratemos los detalles restantes en la próxima conferencia.

확인을 받고 나서 다시 만납시다.
Nos vemos otra vez después de recibir la confirmación.

다음 협상에서는 더 진전되리라고 믿습니다.
Creo que tendrá más evolución en la próxima negociación.

좀 더 검토가 필요한 점이 있습니다.
Hay necesidad examinarlo un poco más.

그럼, 그것에 대해 생각해 봅시다.
Entonces, vamos a pensar sobre eso.

부장님의 지시를 받을 때까지 기다려 주십시오.
Espere hasta recibir la orden del director de departamento.

가격을 검토하려면 좀 더 시간이 필요합니다.
Se necesita de más tiempo para examinar el precio.

조건에 합의할 때

좋습니다.
Bueno.

좋을 것 같군요.
Parece bueno.

Diálogo breve

389. 모든 가족은 그들만의 이야기가 있다. Cada familia tiene su hueso duro de roer.

A: No sabía que su vida también fuera tan amarga.
B: Cada familia tiene su hueso duro de roer.

A: 그도 그렇게 힘든 삶을 살았는지 정말 몰랐어.
B: 모든 가족은 그들만의 이야기가 있는 법이야.

저희에게는 좋습니다.
Está bien para nosotros.

동의합니다.
Estoy de acuerdo.

우리는 몇 가지 조건을 받아들일 수 있다고 생각합니다.
Creemos que no podemos aceptar algunas condiciones.

대충 합의가 되었군요.
Se ha acordado más o menos.

모든 점에서 합의가 되었군요.
Se ha acordado en todos los puntos.

이 계약은 3년간 유효합니다.
Este contrato es válido por 3 años.

이 조항에 몇 가지 첨가하고 싶은 게 있는데요.
Hay algunos puntos que quiero agregar en este artículo.

이 조항은 합의한 내용과 다른 것 같습니다.
Este artículo parece diferente de lo acordado.

이제 계약에 사인할 수 있을 것 같습니다.
Creo que ahora puedo firmar el contrato.

귀사와 합의가 되어서 매우 기쁩니다.
Me alegra mucho por haber acordado con su empresa.

조건을 거부할 때

그것은 동의할 수 없습니다.
No puedo asentir a eso.

미안하지만 할 수 없습니다.
Lo siento, pero no puedo hacerlo.

Diálogo breve

390. 나는 네가 무언가를 알고 있다고 생각해. Creo que te conozco de algo.

A: Creo que te conozco de algo.
B: ¿Sí?

A: 나는 네가 무언가를 알고 있다고 생각해.
B: 응?

할 수 없을 것 같습니다.

Parece que no es posible hacerlo.

유감입니다만, 그것은 불가능합니다.

Es una pena, pero eso es imposible.

현 단계에서는 긍정적인 답을 드릴 수 없습니다.

En esta etapa, no puedo darle una respuesta positiva.

동의할 수 없는 몇 가지 점이 있습니다.

Hay algunos puntos que no consentir.

죄송하지만, 당신의 요구에 응할 수 없습니다.

Lo siento, pero no puedo aceptar sus exigencias.

글쎄요, 그것은 어려운 문제입니다.

Pues mire, eso es un problema difícil.

타협점을 찾도록 노력해 봅시다.

Hagamos más esfuerzos para buscar puntos de acuerdo.

Diálogo breve

391. 해는 항상 떠있어. El sol sale para todos.

A: No te pongas tan triste. El sol sale para todos.

A: 너무 슬퍼하지마. 해는 항상 떠있어.

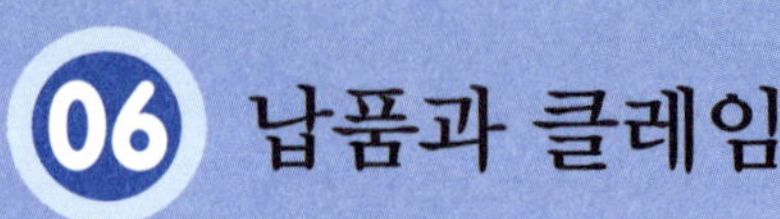

06 납품과 클레임

납품할 때

귀사의 제품에 대해 여쭙고 싶은데요.
Tengo una pregunta sobre el producto de su empresa.

RC-707은 재고가 있습니까?
¿Hay stock del producto RC-707?

금요일까지 10대 납품해 줄 수 있습니까?
¿Es posible entregar 10 piezas hasta el viernes?

언제 납품받을 수 있나요?
¿Cuándo puedo recibir el producto?

가능하면 빨리 필요한데요.
Necesito lo más pronto posible.

다음 주에는 입하할 예정입니다.
La llegada está prevista para la próxima semana.

클레임을 제기할 때

클레임이 있는데요.
Tengo una queja.

클레임 담당자는 누구입니까?
¿Quién es el encargado de recibir las quejas?

Diálogo breve

392. 시간이 모든 것을 해결해 준다. El tiempo todo lo cura.

A: ¿Qué voy a hacer ahora?
   Quiero morirme.
B: No le des muchas vueltas a la
   cabeza, el tiempo todo lo cura.

A: 나 이제 뭐하지? 나 정말 죽고 싶어.
B: 너무 고민 하지마. 시간이 모든 것을
   해결해 줄 꺼야.

귀사의 제품에 문제가 있습니다.

Hay un problema en el producto de su empresa.

책임자와 이야기를 나누고 싶은데요.

Quiero hablar con el responsable.

주문한 상품이 아직 도착하지 않았습니다.

El producto pedido todavía no ha llegado.

우리는 이제까지 그 물품들을 인수하지 못했습니다.

Hasta ahora no pudimos recibir esos productos.

주문한 물건이 도착했는데, 한상자가 부족합니다.

La mercancía pedida ha llegado, pero falta una caja.

당장 알아봐 주세요.

Averíguelo inmediatamente.

왜 이런 일이 일어났는지 설명해 주세요.

Explíqueme por qué ha sucedido un incidente como esto.

이 일에 대해 우리의 고객들이 불평을 해 오고 있습니다.

Nuestro cliente ha venido quejándose de este problema.

최근에 품질이 급격히 저하되었습니다.

Últimamente la calidad ha caído repentinamente.

클레임에 대응할 때

조사해서 즉시 연락 드리겠습니다.

Le comunicaremos luego después de examinarlo.

당장 조치하겠습니다.

Tomaré las medidas ahora mismo.

당장 올바른 물건을 보내드리겠습니다.

Le enviaré un producto normal inmediatamente.

Diálogo breve

393. 인생을 살다보면 항상 좋은 일만 일어나진 않아. En la vida, no todo es color de rosa.

A: Hija mía, recuerda en la vida, no todo es color de rosa.

A: 내 딸아, 꼭 기억해. 인상을 살다보면 항상 좋은 일만 일어나진 않아.
[※직역 : 모든 것이 핑크 빛은 아니다.]

그 문제는 저희들이 처리하겠습니다.

Resolveremos nosotros mismos ese problema.

당장 부족 분을 보내드리겠습니다.

Le enviaremos ahora mismo la parte que falta.

곧바로 대체(상)품을 보내드리겠습니다.

Vamos a enviarle en seguida un producto sustitutivo.

저희들의 착오였습니다.

Fue nuestra equivocación.

그 사고는 제 불찰입니다.

Este accidente fue por mi descuido.

선적이 지연되어 사과 드립니다.

Rogamos disculpen el retraso del envío.

폐를 끼쳐드려 죄송합니다.

Pedimos perdón por las molestias.

이제 모든 것을 해결했습니다.

Ahora todo está resuelto.

이것은 귀사의 잘못이지 저희 잘못은 아닙니다.

Esto no es culpa nuestra sino de su empresa.

그것은 귀사의 문제라고 생각합니다.

Creo que eso es un problema de su empresa.

Diálogo breve

394. 이상하게 생각하지 마. 좋은 의도로 한 거야. No seas mal pensado, iba con buenas intenciones.

A: ¿Por qué tocas mi bicicleta?

B: El viento la ha tirado y te he ayudado a levantarla. No seas mal pensado, iba con buenas intenciones.

A: 내 자전거 왜 만진 거야?

B: 바람 때문에 넘어져서 내가 세운거야. 이상하게 생각하지 마. 좋은 의도로 헌거야.

Tema XI

학교 생활

01 수업시간에
02 학교 생활

 01 수업시간에

질문

질문이 있습니다.

Tengo una pregunta.

오늘은 몇 페이지부터입니까?

¿En qué página empezamos hoy?

지난번에 어디까지 하다 끝났지요?

¿Dónde nos hemos parado la última clase?

조 군, 이 문단을 읽기 시작해보겠니?

Señor Cho, ¿empieza a leer esta párrafo?

"컴퓨터"를 스페인어로 뭐라고 하죠?

¿Cómo se dice "Computer" en español?

"멕시코"를 스페인어로 어떻게 쓰죠?

¿Cómo se escribe "Mexico" en español?

선생님, 이 줄의 뜻을 모르겠습니다. 설명해 주시겠습니까?

Profe, no entiendo el sentido de este trozo.

¿Quiere Ud. tener la bondad de explicármelo?

선생님, 칠판 글씨가 잘 보이지 않습니다.

Profesor, no puedo ver bien las palabras en la pizarra.

Diálogo breve

395. 그것은 당신의 상상에 지나치지 않습니다.

Eso no es más que tu imaginación.

A: Me siento muy mal, doctor, creo que tengo cáncer.

B: Eso no es más que tu imaginación, en realidad, tienes muy buena salud.

A: 의사선생님, 저 정말 상태가 좋지 않아요. 제 생각에 저 암인거 같아요.

B: 그것은 당신의 상상에 지나치지 않습니다. 실제로는 당신은 정말 건강합니다.

대답

오늘은 10페이지부터입니다.

Hoy comenzamos en la página 27(veintisiete).

이번 (학)과는 12페이지 중간부분부터입니다.

Esta lección empieza a la mitad de la página 12(doce).

이번 (학)과는 15페이지 마지막부분부터입니다.

Esta lección empieza al final de la página 15(quince).

이번 (학)과는 82페이지 처음부분부터입니다.

Esta lección empieza al principio de la página 82(ochenta y dos).

22 페이지의 끝에서 10줄부터 시작입니다.

Empezamos en la líea 10(diez) contando desde abajo de la página 22(veintidós)

오늘 (학)과의 71페이지 3번째 문단부터입니다.

La lección de hoy empieza en el párrafo 3 de la página 71(setenta y uno)

컴퓨터는 스페인어로 "엘 오르데나도르"라고 한다.

Computer, se dice "el ordenador" en español.

멕시코는 스페인어로 "메히꼬"라고 쓴다.

Mexico, se escribe "México" en español.

숙제를 못한 경우

죄송합니다. 오늘은 예습을 하지 못했습니다.

Lo siento. no lo tengo preparado hoy.

다음 시간 숙제는 무엇입니까?

¿Cuál es la tarea para la próxima clase?

언제까지 저희 숙제를 제출해야 합니까?

¿Hasta cuándo tenemos que entregar nuestro trabajo?

Diálogo breve

396. 마지막까지 내 말을 들을 수 있지? ¿Puedes escucharme hasta el final?

A: Quieres decir que ya no es posible este asunto, ¿no?

B: ¿Puedes escucharme hasta el final?

A: 이제 이 일이 불가능하다는 것을 의미하는 거지, 그렇지?

B: 마지막까지 내 말을 들을 수 있지?

다음 수업까지 몇 페이지를 읽어야 합니까?
¿Cuántas páginas tendremos que leer para la próxima clase?

준비물을 안 가지고 온 경우

노트를 집에 두고 왔습니다.
Se me dejó el cuaderno.

오늘은 깜빡하고 책을 가져오지 못했습니다.
He olvidado de traer hoy mi libro.

옆 친구와 책을 같이 봐도 되겠습니까?
¿Puedo seguir la clase con el libro de mi colega?

Diálogo breve

397. 내가 그렇게 말하지 않았다면, 더 좋았을 텐데. Sería mejor si no hubiera dicho eso yo.

A: Parece que está enfadada conmigo.

B: Claro, le has reprochado la equivocación.

A: Sería mejor si no hubiera dicho eso yo.

A: 내게 더 화난 것 처럼 보인다.

B: 맞아, 네가 그에게 실수를 질책했다면서.

A: 내가 그렇게 말하지 않았다면 더 좋았을 텐데.

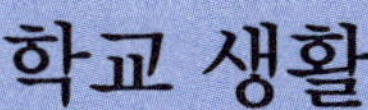 학교 생활

소개

저는 3학년입니다.

Estoy en el 3° (tercer) año.

저는 스페인어과 학생입니다.

Soy estudiante del departamento de español.

하루에 6시간씩 수업이 있습니다.

Tenemos 6(seis) horas de clase al día.

그는 한국외대 부속외고 스페인어선생님이십니다.

Él es profesor de español de la Academia Hankuk de Estudios Extranjeros.

그녀는 서울의 한 여자고등학교에서 교편을 잡고 계십니다.

Ella enseña a los estudiantes en una escuela femenina de bachillerato en Seúl.

한국의 고등학교 과정은 3년입니다.

El curso de la escuela de bachillerato dura 3(tres) años en Corea.

교육과정

이번 학기는 매우 얽혀 있니[바쁘니]?

¿Estás muy liado este semestre?

Diálogo breve

398. 널 만족시킬 수 없다. No puedo complacerte.

A: Quisiera viajar contigo por España en las vacaciones de verano, papá.

B: Lo siento, hija mía, no puedo complacerte.

A: 아빠, 나 아빠와 여름방학에 스페인을 여행하고 싶어.

B: 미안하다, 딸아. 난 널 기쁘게 해 주질 못한단다.

이번 학기에 많이 바쁘지 않아.
Este semestre no estoy muy liado.

이번 학기에 집중[힘든] 과정이 있니?
¿Tienes cursos intesivos este semestre?

지난 3년 동안 너무 힘들었어.
Los tres años pasados han sido bastantes intensivos.

이번 학기에는 몇 과목을 선택했니?
¿Cuántas asignaturas has elegido este semestre?

필수과목이 몇 개니?
¿Cuántas asignaturas obligatorias tienes?

이번 학기에 선택과목이 있니?
¿Tienes clases optativas este semestre?

3개는 필수과목이고, 2개는 선택과목이야.
Tengo tres asignaturas obligatorias y dos optativas.

넌 스페인어 작문수업 선택했니?
¿Has elegido redacción en español?

스페인 문화는 필수냐 선택이냐?
¿"La cultura española" es obligatoria u optativa?

넌 너무 수업이 많은 것 같다.
Creo que tienes demasiadas clases.

네가 이번 학기에는 수업이 많지 않은 것 같다.
No creo que tengas muchas clases este semestre.

네 총 학점은 충분하니?
¿Son suficientes tus créditos totales?

넌 이번 학기에 많은 과목을 선택하지 않았더라, 왜?
Este semestre no has elegido muchas asignaturas, ¿por qué?

Diálogo breve

399. 마침내 조금 쉴 수 있다. Por fin puedo relajarme un poco.

A: Se han terminado los exám-
enes, por fin puedo relajarme
un poco.
B: Espero que todos tengamos
buenas notas.

A: 시험이 끝났다. 이제 조금 쉴 수 있다.
B: 난 우리 모두가 좋은 성적을 받길 바래.

난 졸업을 위한 한 학기만 남았다.

Sólo me queda un semestre para graduarme.

난 한국외대에서 스페인어 학사과정을 밟을 것이다.

Voy a hacer la licenciatura de filosofía española en la Universidad Hankuk de Estudios Extranjeros.

난 내년에 스페인어 언어학 박사과정을 시작하고 싶다.

Quiero empezar el doctorado de la ligüística española el año que viene.

난 스탠포드 대학에서 대학원과정을 밟을 것이다.

Voy a hacer el curso de posgraduado en la Universidad Stanford.

난 외국에서 공부하기 위해서 아마도 장학금을 받을 것이다.

Tal vez yo consiga una beca para estudiar en el extranjero.

학교 생활 말하기

몇 학년이지?

¿En qué año estás tú?

수업은 매일 몇 시간씩 있습니까?

¿Cuántas horas de clase tiene Ud. al día?

제가 오늘 수업 가지 못할 수 있습니다.

Puedo no ir a clase hoy.

제가 오늘 수업에 빠질 수 있습니까?

¿Puedo saltarme la clase hoy?

내일까지 (빠지는 것을) 허락해 주십시오.

Me da permiso para mañana, por favor.

그녀는 저와 같은 학년입니다.

Ella está en el mismo año que yo.

(=Ella está en el mismo semestre que yo.)

Dialogic Style

400. 신경을 쓰다. Hacer caso.

A: Te insultó y ¿por qué no dijiste nada?

B: No quería hacerle caso.

A: 네게 욕했다는데 왜 넌 아무 말?

B: 난 그에게 신경쓰고 싶지 않았다.

너희 학교에서는 모든 과목이 필수이수과목이니?

¿Son obligatorias todas las asignaturas en tu escuela?

아니 몇 과목은 선택과목이야.

No, algunas (asignaturas) son facultativas.

수업시간들 사이에 10분씩의 휴식시간이 있습니다.

Hay diez minutos de intervalo entre las clases.

졸업장은 550명 학생들에게 수여됩니다.

Los diplomas se concederán a quinientos cincuenta alumnos.

10월 10일은 우리학교 창립 5주년임으로 쉽니다.

A causa del quinto anverisario de la fundación de nuestra escuela, no tenemos clase el 10(diez) de octubre.

산초 선생님이 결근하셨기 때문에, 오늘은 휴강입니다.

Por ausencia del profesor Sancho, no dará hoy su clase.

모이세스 선생님이 출장을 가셔야 하기 때문에, 6교시 스페인어 수업을 4교시로 앞당깁니다.

Por el viaje de negocios oficiales del profesor Moisés, la clase de español de la sexta hora se traslada a la cuarta.

방학은 언제 시작합니까?

¿Cuándo empiezan las vacaciones?

7월 15일부터입니다.

Empiezan el 15(quince) de diciembre.

방학은 몇 일간입니까?

¿Cuánto tiempo duran las vacaciones?

55일간입니다.

Durarán 55(cincuenta y cinco) dís.

난 올해 고등학교 졸업장을 받는다[졸업한다].

Este año recibo mi diploma de bachiller.

Diálogo breve

401. 그는 매우 답답한 사람이다. Es una persona muy pesada.

A: ¿No te gusta tratar con él?

B: No, es una persona muy pesada.

A: 넌 그와 상대하고 싶지 않니?

B: 싫어. 그는 매우 답답한 사람이야.

성적관련 말하기

제 성적을 알고 싶습니다.
Quiero saber mi nota.

제게 성적을 말씀해 주실 수 있습니까?
¿Podrí decirme la nota?

성적의 평균은 어떻게 됩니까?
¿Cuál es la media de las notas?

제 성적에 관해 선생님과 상담을 할 수 있습니까?
¿Podrí hablar con Ud.[= el profesor] sobre mi nota?

반에서 성적 A를 받은 학생은 몇 명입니까?
¿Cuántos sobresalientes hay en clase?

그는 반에서 공부를 가장 잘하는 학생입니다.
Él es el mejor alumno de la clase.

그는 학생들 중에 공부를 가장 못합니다.
Él es el más atrasado de los discípulos.

그녀는 일등을 했습니다.
Ella ha obtenido el primer premio.

그녀는 우등생입니다.
Ella ha obtenido sobresaliente.

그는 장학생이 되었습니다.
Él ha ganado una beca.

그녀는 과락(학)생입니다.
Ella es un suspenso.

시험을 잘 쳤습니다.
Yo he salido bien el examen.

시험을 망쳤습니다.
Yo he salido mal el examen.

Diálogo breve

402. 어제밤 어머니와 논쟁을 했다. Anoche discutí con mi madre.

A: Anoche discutí con mi madre.	A: 어제밤, 어머니와 논쟁을 했다.
B: ¿Por qué?	B: 왜?
A: Porque se quejó de que regresé demasiado tarde.	A: 왜냐하면 그녀는 내가 너무 늦게 온 것에 대해 화를 내셨다.

시험관련 말하기

언제 시험입니까?
¿Cuándo es el examen?

시험에 무엇이 들어갑니까?
¿Qué entrará en el examen?

저희가 시험을 위해 무엇을 공부(복습)하기를 바라십니까?
¿Qué desea que repasemos para el examen?

시험은 얼마 동안 봅니까?
¿Cuánto tiempo va a durar el examen?

공부(복습)할 과가 있습니까?
¿Hay lección de repaso?

공부를 해야겠다.
Me voy a estudiar.

공부를 해야만 한다.
Tengo que estudiar.

영어를 복습해야 한다.
Tengo que repasar inglés.

난 수학과 씨름을 해야 한다.
Tengo que meterme con las matemáticas.

난 기말고사 바로 전에라도 도움을 필요하다.
Tengo que buscar ayuda en el último momento antes del examen final.

기말고사 바로 전에는 원하지 않던 노력을 해야만 한다.
Tengo que hacer esfuerzos desesperados justo antes del examen final.

기말고사 잘 준비했니?
¿Has preparado bien los exámenes finales?

난 준비할 시간이 없었다.
No tengo tiempo para preparármelo.

Diálogo breve

403. 날 오해하지 마라. No me malinterpretes.

A: ¿Por qué no cambias de móvil?

A: 왜 핸드폰을 바꾸지 않니?

B: ¿Qué quieres decir con eso?

B: 그것이 무엇을 의미하니?

이번 토요일의 영어시험 준비 다했니?
¿Estás listo(a) para el examen de inglés de este sábado?

시험에 합격했습니까?
¿Ha aprobado Ud. el examen?

몇 점을 받았니?
¿Qué nota has obtenido Ud.?

어떻게 그렇게 좋은 학점을 받을 수 있었니?
¿Cómo has podido sacar tan buenas notas?

스페인어 시험의 학점은 어떻게 돼?
¿Qué nota sacaste en el examen de español?

난 이 시험에서 A+를 받았다.
Saqué un "sobresaliente" en este examen.

난 이번 시험이 매우 어려웠다고 들었다.
He escuchado que este examen es muy difícil.

난 내가 왜 이 과목을 선택했는지 모르겠다.
No sé por qué elegí esta asignatura.

난 이 시험에서 낙제를 했다.
Me suspendieron este examen.

시험은 매우 어려웠고, 우리 그룹의 반 이상이 낙제를 했다.
Ha sido muy difícil, y más de la mitad del grupo ha suspendido.

합격점은 몇 점입니까?
¿Cuál es la nota para ser admitido?

플렉스(FLEX) 1급 받는 것이 어렵니?
¿Es difícil aprobar FLEX categoría 1(uno)?

이 시험 시간은 얼마나 줍니까?
¿Cuánto tiempo se da para esta prueba?

Diálogo breve

404. 누구에게도 그것을 말하지 말아줘! No se lo digas a nadie, por favor.

A: ¿Por qué cambiaste de número de móvil?
B: No se lo digas a nadie, por favor.
A: Parece que has tenido algún problema.

A: 왜 핸드폰 번호를 바꿨니?
B: 누구에게도 그것을 말하지 말아줘.
A: 너 무슨 문제가 있는 것 같다.

전공 말하기

네 전공이 뭐니?

¿Cuál es tu carrera?

넌 무슨 전공을 공부하니?

¿Qué especialidad estudias?

어떤 분야에서 너는 전공을 하고 있니?

¿En qué campo te estás especializando?

넌 뭘 공부할 꺼니?

¿Qué vas a estudiar?

네 졸업 논문의 제목은 뭐니?

¿Cuál es el título de tu tesina de graduación?

이 주제에 관해 네가 논문을 쓰는 것은 쉽지 않다.

No es fácil escribir tu tesina sobre este tema.

내 전공은 스페인어 어학이다.

Mi carrera es lingüística española.

난 스페인어 문학을 공부하고 있다.

Estoy estudiando la literatura española.

나의 전공은 고고학이다.

Mi especialidad es "Arqueología".

입학관련 말하기

당신의 입학을 축합니다.

Le felicito a Ud. por su admisión.

입학 절차가 매우 복잡하다.

Las formalidades de ingreso son muy confundidas.

Diálogo breve

405. 거짓말은 꼬리가 잡힌다. **La mentira tiene patas cortas.**

A: No mientras más, pues la mentira tienes patas cortas.

B: Pero no estoy mintiendo.

A: 너 더 이상 거짓말하지마, 왜냐하면 거짓말은 꼬리가 잡혀.

B: 하지만, 난 거짓말을 하지 않아.

내가 대학에 들어간 해는 1995년이다.

El año de mi ingreso a la universidad es el 1995.

이 학교는 필기 시험에 따라 입학이 허가 됩니다.

La admisión en esta escuela es por el examen escrito.

작년에는 지원자 3000명중에서 350만 합격하였습니다.

Sobre 3.000(tres mil) candidatos en el año pasado fueron admitidos 350(trescientos cincuenta) solamente.

이 고등학교에 입학하려면 중학교 과정을 이수해야 합니다.

Para ser admitido en esta escuela de bachillerato tiene que haber cursado la segunda enseñanza.

도서관

도서대출카드를 신청하고 싶습니다.

Quisiera solicitar un carné para la biblioteca.

도서관대출카드를 신청해야 합니까?

¿Tengo que solicitar el carné para la biblioteca?

도서 목록표를 어떻게 사용하는지 말씀해 주실 수 있습니까?

¿Podría decirme cómo utilizar las fichas de los catálogos?

이 잡지들을 빌릴 수 있습니까?

¿Puedo pedir estas revistas?

대출은 되지 않습니다. 그러나 원하는 기사를 복사할 수 있습니다.

No puedes llevártelo a casa, pero puedes fotocopiar el artículo que quieras.

최근 출간된 것이 있습니까?

¿Tienen el recién publicado?

스페인 역사책을 빌릴 수 있습니까?

¿Quisiera pedir un libro de historia de España?

Diálogo breve

406. 이것은 너무도 어려운 일이었다. Éste es un hueso duro de roer.

A: ¿Cuánto tiempo lleváis trabajando para reparar esta máquina?

B: Tres días. Éste es un hueso duro de roer.

A: 이 기계를 고치기 위해 일하는 시간이 얼마나 걸렸죠?

B: 3일이요. 이것은 너무도 어려운 일이었다.

저는 과학에 관한 책을 찾고 싶습니다.
Quisiera buscar un libro sobre ciencia.

죄송합니다. 그 책은 이미 대출되었습니다.
Lo siento, ese libro ya está prestado.

죄송합니다. 당신이 원하는 책을 저희는 찾을 수 없습니다.
Lo siento, no encontramos el libro que quiera.

제게 "AP Spanish"에 관한 책을 한 권 추천해 주실 수 있나요?
¿Podría recomendarme un libro sobre "AP Spanish".

네게 이 책장들에서 책들을 어떻게 찾는지 알려주실 수 있습니까?
¿Podría enseñarme cómo buscar libros en estas estanterías?

저는 책장들에서 그 책을 찾을 수 없습니다.
No he encontrado ese libro en las estanterís?

언제 이 책을 반납해야 합니까?
¿Cuándo tengo que devolver este libro?

제가 얼마 동안 이 책을 빌릴 수 있습니까?
¿Cuánto tiempo puedo quedarme con este libro?

오늘부터 한달 기한입니다.
Desde hoy es un mes para el vencimiento.

만약 기한 날짜 전에 반납을 하지 않는다면, 벌금을 내야만 한다.
Si no devuelves el libro antes de la fecha de vencimiento, tendrás que pagar una multa.

한번에 몇 권의 책을 빌릴 수 있습니까?
¿Cuántos libros puedo pedir de una vez?

대학원생들은 한번에 10권을 빌릴 수 있습니다.
Los estudiantes de posgrado pueden pedir diez de una vez.

Diálogo breve

407. 내 친구의 친구들은 내 친구들이다. Los amigos de mis amigos son mis amigos.

A: Cualquier cosa que necesites, me lo dices, ¿vale? Pues sabes que los amigos de mis amigos son mis amigos.

B: Muchas gracias. Eres muy amable.

A: 네게 필요한 것은 어떤 것이라도, 내게 그것을 말해라. 알았지? 왜냐하면 너도 알다시피, 내 친구의 친구들도 내 친구이다.

B: 매우 고맙다. 넌 매우 친절하구나.

저는 한 달 더 이 책을 빌리고 싶습니다.

Quisiera quedarme con este libro un mes más.

날짜를 늘이기 위해서는 어떻게 해야합니까?

¿Qué tengo que hacer para alargar la fecha?

기한 날짜가 도달했을 때, 다시 재 대출을 할 수 있습니다.

Puedes renovarlo cuando llegue la fecha de vencimiento.

Diálogo breve

408. 넌 매우 조금[얇게] 옷을 입었네. Llevas muy poca ropa.

A: ¡Qué frío!

B: Llevas muy poca ropa, por eso tienes frío.

A: 너무 춥다!

B: 넌 너무 조금[얇게] 옷을 입었네. 그러니 춥지.